Charlotte Valandrey
Mein fremdes Herz

PIPER

Zu diesem Buch

Woran kann man sich festhalten, wenn einem das eigene Herz fremd ist? Wenn es für jemanden schlägt, den man noch nie zuvor getroffen hat? Nach jahrelangem Leiden scheint die französische Schauspielerin Charlotte Valandrey endlich aufatmen zu können: Ihr schwaches Herz wird gegen ein starkes ausgetauscht, und sie kann endlich ein neues Leben beginnen. Doch dann kommen die ersten Albträume. Ein unbekannte Straße, ein Unfall, ein fremder Ehering an der eigenen Hand. Charlotte bekommt Lust auf Nachspeisen, die sie bislang nicht mochte, und erinnert sich an Dinge, die ihr nie passiert sind. Eines Tages liegt in ihrer Fanpost ein Brief für sie, der ihr Leben für immer verändern soll. Er beginnt mit den Worten: »Ich kenne das Herz, das in Ihnen schlägt.« Kurze Zeit später begegnet sie dem Unbekannten, den ihr Herz schon immer geliebt hat …

Charlotte Valandrey war in den 80er Jahren der aufsteigende Stern in der Filmwelt. 1986 wurde sie für ihre Rolle in »Rouge baiser« für den César in Cannes nominiert und gewann den Silbernen Bären auf der Berlinale. Dann jedoch erkrankte sie schwer und kämpft seitdem mit ihrem schwachen Herz. Ihr Schicksal bewegt ganz Frankreich.

Charlotte Valandrey

MEIN FREMDES HERZ

Aus dem Französischen von
Annette Lallemand

Piper München Zürich

Mehr über unsere Autoren und Bücher:
www.piper.de

MIX
Papier aus verantwortungsvollen Quellen
FSC® C083411

Deutsche Erstausgabe
November 2012

Titel der französischen Originalausgabe:
»De coeur inconnu«, le cherche midi, Paris 2011

Umschlaggestaltung: semper smile, München
Umschlagfoto: Marianne Rosenstiehl
Satz: Satz für Satz. Barbara Reischmann, Leutkirch
Gesetzt aus der Minion
Papier: Munken Print von Arctic Paper Munkedals AB, Schweden
Druck und Bindung: CPI – Clausen & Bosse, Leck
Printed in Germany ISBN 978-3-492-30088-9

Für meine Tochter Tara
und für Anna

Paris, November 2005

Wieder hatte ich diesen schrecklichen Traum, der mich nicht losließ, mich blendete und beutelte. Es war mitten in der Nacht, als ich schreiend aufwachte. Ich war tot. Endlich.

Ich träumte, dass ein letztes Nachbeben, zwei Jahre nach der Transplantation, meinem Ersatzherzen zum Verhängnis wurde. Ein dritter Infarkt, der entscheidende, *the big one*. Alles kann man eben nicht überleben.

Zu Beginn meines Traums machte alles noch Sinn. Der lähmende Schmerz im Brustkorb, der auf den ganzen Arm übergreift und die Finger versteift, dieses mir brutal in den Leib gerammte Schwert, dann das Zusammensacken, als löse mein Körper sich auf, das schwarze Loch, das schrille Jaulen des Martinshorns, das mir immer Gänsehaut verursacht, wie wenn jemand mit quietschender Kreide über eine Tafel fährt.

Dann die Hektik auf der kardiologischen Intensivstation. Blitzschnell wird mein noch zuckender Körper mit Röhrchen und transparenten Lanzen gespickt. Um mich herum ein Wall von Bildschirmen, von Monitoren, die das Leben kontrollieren. Wie am Set einer Fernsehshow. Was drehen wir heute? Deinen Tod. In einer einzigen Einstellung.

Die Tonqualität ist miserabel, dieses ewige Piepen geht mir auf die Nerven. Blutrote Zahlen blinken auf. Dann wird das Kreischen der Apparate noch schriller, das Signal dafür, dass nichts mehr nach Plan läuft. Immer wieder fliegen die Flügeltüren auf, wie in einem schäbigen Westernsaloon, ein unablässiges und schwindelerregendes Kommen und Gehen. Ich befinde mich nicht einmal in einem echten Krankenzimmer, da ist kein Fenster, und auf dem Boden sind Plastikplanen ausgebreitet, die jegliche Flüssigkeit auffangen sollen. Kurz mit dem Schwamm drüber, und schon ist alles weg, keine Spur mehr, der Nächste bitte.

Ich bin nicht hier, um zu schlafen, sondern um zu überleben, jetzt und sofort. Letzte Chance für mein Herz.

Hektisches Treiben um mich herum. Diesmal scheint es ernst zu sein.

Der Traum ist merkwürdig und befremdend. Jedes Bild ist von einem hübschen goldenen Schein umkränzt, wie auf den Heiligenbildchen, die ich als Kind wie Schätze sammelte.

Schemenhaft erkenne ich meinen Vater, er steht stumm, wie erstarrt, und Lili, meine langjährige Freundin, hat die Augen voller Tränen. Wir werden doch jetzt nicht weinen! Was geht hier eigentlich vor?

Mein eingenähtes Herz schlägt nur noch 30 Takte pro Minute, dann 29, 28, 27, der Blutdruck fällt. Mein Körper möchte den Eindringling ein für alle Mal verstoßen.

»Gleich ist sie weg!«, brüllt mein Vater plötzlich. »So tun Sie doch endlich was, verdammt noch mal!«

Es ist lange her, dass ich meinen Vater so außer sich gesehen habe. Das tut gut, Papa. Du solltest öfter so brüllen, dich von deinem Herzen, deinem Atem einfach davontragen lassen. Brüll weiter, zeig, dass du mich liebst, trotz allem, was ich dir zumute, und zieh deinen Mantel aus, er ist ja voller Schnee, du wirst dich erkälten.

Mein armer Papa, das Blau seiner Augen wie ausgewaschen, großartig ist er, mein Ken, sein graues Haar schimmert wie der Himmel über seiner Bretagne. Er glaubt noch, dass ich es schaffen werde, mein Papa. So oft schon hat er mich am Rande des Abgrunds gesehen, ein Gespenst meiner selbst, aber dann bin ich doch wiederauferstanden, seine Tochter, der Phönix. Dabei scheint die Sinuskurve meiner Herzschläge auf dem Apparat, den ich im Spiegel über dem Waschbecken entdecke, zunehmend flacher zu werden. Ich erkenne keine präzisen Kurven mehr, kein beruhigendes Auf und Ab. Nein, der weiße Strich, der den Bildschirm in zwei Hälften teilt, bebt nur noch schwach, wie eine uralte Schlange. Also sollte ich einfach die Augen schließen.

»Aber wo ist Tara? Wo ist meine Tochter?!«

Meine Augen haben sich schlagartig wieder geöffnet. Ich suche den Raum ab, aber sie ist nicht da.

»Kinder unter fünfzehn Jahren sind hier nicht zugelassen, Madame. Sie sollten sich ausruhen, nicht mehr sprechen, Sie sind zu schwach.«

Der Ton der gewissenhaften Schwester ist kühl. Dass ich schwach bin, spüre ich ja selbst. Keine Sorge, Madame Pflegerin, ich werde nicht abhauen, um zu joggen, natürlich werde ich mich ausruhen, hier bei Ihnen und für eine lange, lange Zeit. Aber kurz vorher möchte ich noch meine Tochter sehen, können Sie das verstehen, Madame Pflegerin? Haben Sie Kinder? Tara ist fünf, ich würde sie so gern noch mit fünfzehn erleben, und heute pfeife ich auf die Hausordnung.

»Tara? Tara!«

Wer wird ihr denn sagen, dass ich sie liebe, wenn man sie nicht zu mir lässt? Dass ich, wenn ich heute sterbe, trotzdem immer da sein werde, für sie, in ihr, über ihr. Als Schmetterling mit hauchzarten Flügeln, der sich ihr auf die Schulter setzt, oder als eine dieser hübschen rot lackierten Schnecken, die sie so gern in der Hand hält, oder als schwebender Drache hoch über dem Strand, weißt du noch, meine Tara? Immer werde ich über dir, in deinem Himmel schweben. Aber wer wird dir sagen, dass ich dich liebe? Du, Papa? Wirst du es ihr ins Ohr brüllen, so wie vorhin? Ich verlasse mich auf dich. Sie muss es wissen, für immer und ewig, verstehst du? Mir blieb keine Zeit, es ihr noch zu sagen, bevor man mich holte, ich erinnere mich an nichts mehr, nur an den Schmerz und das Gejaule des Martinshorns.

»Jetzt das Dobutamin. Maximaldosis! Keine Elektroschocks, wir warten ab. Mehr können wir momentan nicht machen.«

Der diensthabende Kardiologe wirkt nervös, irgendwie ratlos.

Sein Hals schwenkt mechanisch von Monitor zu Monitor, sein Blick verrät, dass man nichts mehr für mich tun kann.

»Achtung! Wir sind kurz vor dem Crash!«, ist die Botschaft, die ich von der gerunzelten Stirn des hübschen Doktors ablese.

Dieses Dobutamin ist ein tolles Zeug, so etwas wie legales Crack, und es ist nur den Stammgästen der Intensivstation vorbehalten. Oh ja, gebt mir Dobutamin, eine prima Idee! Hat sofort einen Wahnsinnseffekt. Ein chemischer Elektroschock, nach dem man sich sofort, und leider nur vorübergehend, energiegeladen, wirklich super fühlt. Dobutamin verwandelt einen Sterbenden in Speedy Gonzales.

Die Dosis muss gewaltig sein, blitzartig reißt es mir die Augen auf, und schon kann ich loshaspeln: »Geht schon besser, verdammt, ja, 's geht besser! Alles in Ordnung, Papa? Würdest du bitte Tara holen? Ich weiß, es ist noch früh, aber du kannst sie ruhig wecken. Ich möchte sie sehen, mit ihr sprechen. Alles okay, Lili? Du heulst doch nicht etwa? Tu das bloß nicht vor Tara! Und vor mir auch nicht, das macht mich nur depressiv. Ich habe Lust auf Carambar und Cola. Bitte, Papa. Und eigentlich doch auch auf Jogging. Aber wie ist das Wetter? Es schneit? Ach, schade. In Moonboots vor sich hin zu traben ist idiotisch. Dieser Arzt ist wirklich umwerfend! Hast du gesehen, Lili? Hast du seine Augen gesehen, seine Hände? Bitte, bitte, Herr Doktor, noch ein bisschen Dobutamin, nicht für mich, für unsere Lovestory. Noch einmal eine Liebesnacht kurz vor dem Tod. Ein schöner Abgang. Im Bett sterben, das ist mir ja recht, aber nicht allein. Ist dir schon aufgefallen, Lili, dass die Kardiologen auf der Intensivstation immer gut aussehen? Nein? Doch, das kannst du mir glauben. Bestes Casting. Sie nehmen immer diese Athleten, wie in den Serien, damit alles etwas reizvoller aussieht. Ich frage mich bloß, warum diese sexy Docs mich immer in so jämmerlichem Zustand sehen müssen, mit wachsbleichem Teint unter diesem fahlen Neonlicht, im Hemdchen aus Acryl, die Haare platt gedrückt vom Kopfkissen … Pssst … da kommt er wieder!«

Das Problem beim Dobutamin ist natürlich, dass das Herz eine solche Schockbehandlung nicht lange aushält, das Leben mag Tricksereien nicht so recht.

»Wir setzen das Dobutamin jetzt ab und kontrollieren, ob sich Ihr Zustand stabilisiert hat.«

»Sind Sie sicher, Herr Doktor? … Gefalle ich Ihnen etwa nicht?«

»Wir haben keine andere Wahl.«

Pech. Das war also mein letzter Aufreißversuch, mein letztes Verführungslächeln.

Kein Dobutamin mehr, kein Sprit mehr. Ein brutaler Stopp. Mein Herz fällt in sein normales Tempo zurück, es ist abgenutzt, erschöpft. Mein Körper regt sich nicht mehr, wird kraftlos, löst sich auf. Ich schlafe ein, gleite davon.

Eigentlich ein recht angenehmer Zustand. Ich spüre, wie die Hand meines Vaters meine immer eisiger werdenden Finger drückt. Du entfernst dich von mir, Papa, alles rückt ab von mir. Dieser hässliche Raum hier dehnt sich aus, wird endlos größer, ich aber schrumpfe. Ich fühle mich winzig, wie ein Baby, wie ein Insekt, und dann nichts mehr. Ein paar erstickte Schreie höre ich noch, dann wird aus dem schrillen Ton der Apparate ein permanentes Murmeln. Ich erlösche in einem endlosen und fernen Piep. Keine abgehackten Geräusche mehr, kein pulsierendes Blut mehr in meinen Venen, kein zartes Rosa mehr auf der Haut, das Leben erlischt. Ein letztes sanftes Streicheln von Papas Hand. Dann ist Schluss. Vorhang zu.

Ich starb im Alter von 37 Jahren in Paris, frühmorgens unter einem noch nachtschwarzen Himmel, aus dem silbriger Schnee fiel.

In meinem Traum wuchsen die Bilder so schnell wie Treibhauspflanzen und prallten in völlig anarchischen Montagesequenzen gegeneinander.

Auch bei meinem Begräbnis war ich dabei. Das war um einiges lustiger. Der Pfarrer steckte in einer schwarzen Lederjacke und war wie Madonna in ihren Anfängen überall mit Kruzifixen gespickt. Meine Großtante Babette reiste vom Paradies an. Wie üblich, in tadelloser Haltung. Sie schien merkwürdig glückselig. Die Musik war gut, alles, was ich mag, die gute alte Zeit: Téléphone, Indochine, Blondie, die Stones und ein Prélude von Chopin, gespielt von meiner wiederauferstandenen Mutter, hinreißend in einem duftenden veilchenfarbenen Kleid. Wie ein Engel lächelte sie mir zu, und ich streckte ihr die Arme entgegen, kriegte sie aber nicht zu fassen.

Das Dumme war nur: Kein Mensch schien traurig zu sein. Schon eigenartig, so ein fröhliches Begräbnis. Ich fürchte, ich werde ihnen nicht fehlen. An die lächelnden Gesichter erinnere ich mich genau.

Die meisten Anwesenden kenne ich nicht, sind das meine Fans? Das gefällt mir. Die Kirche ist brechend voll, das macht mich glücklich. Man hat mir einen schönen weiß glänzenden Sarg ausgesucht, schlicht, stilvoll, eine gute Wahl. Geschnitzte Eiche und goldene Griffe kann ich nicht ausstehen. In der Filmwelt altert man nicht, da gilt nur alles oder nichts. Auch sterben darf man, wie ich in dieser Nacht.

In der ersten Reihe entdecke ich ein Neugeborenes, allein, ein bizarrer rosa Säugling. Er sitzt da, splitternackt, mit geschlossenen Augen. Unter der durchsichtigen Haut kann ich das Blut in den winzigen Venen zirkulieren sehen. Kein Mensch achtet auf dieses Kind, es hält sich abseits von allen, nur ich scheine es zu sehen. Gespenstisch.

»Schauspielerin Charlotte Valandrey ist heute Morgen in Paris an einem Herzinfarkt verstorben. Dem breiten Publikum wurde sie im Alter von sechzehn Jahren durch den Film *Rouge Baiser* bekannt. Beim Berliner Filmfest 1986 erhielt sie den Silbernen Bären für die beste weibliche Darstellerin. Unter anderem wird man sich an Charlotte als stürmische Journalistin in der beliebten Fernsehserie *Les Cordier, juge et flic* erinnern. In ihrer Autobiografie enthüllte sie, seit ihrem 17. Lebensjahr HIV-positiv gewesen zu sein und mit 34 Jahren eine Herztransplantation überlebt zu haben. Sie war Mutter einer kleinen Tochter …«

Ich hefte meinen Blick auf das kaum merklich geneigte Gesicht der hübschen Nachrichtensprecherin Claire mit dem blond gesträhnten Haar. Sie liest vom Teleprompter ab, und ihr Blick zeigt jene subtile Mischung aus unverbindlicher Anteilnahme und liebenswürdiger Teilnahmslosigkeit, wodurch jede Nachricht akzeptabel wird. Ich kommentiere jedes ihrer Worte und wünsche mir, dass sie mich hören könnte. »Aber nein, Claire, ich bin nicht tot, es ist nur ein Albtraum!« Ich versuche sie zu unterbrechen, aber vergeblich, sie spult ihren Text artig ab. Ein Infarkt? Ich würde eher von einem Erschöpfungszustand des Herzens sprechen. Es ist die Geschichte einer jungen Frau, die so intensiv liebte, dass sie ein neues Herz brauchte und dann noch eines. Sind nicht aller guten Dinge drei? Diesmal offenbar nicht.

Danke, liebe Claire, dieses Scheusal von HIV beim Namen genannt zu haben. Ehren wir die Toten, die dieses Virus jeglicher Abwehr beraubte, würdigen wir all jene, deren Krankheit man verschweigen musste. Ich empfinde keine Scham, bin eher stolz auf meinen Kampf. Wie Tausende andere habe ich nichts weiter verbrochen, als mich einfach der Liebe hinzugeben. Sagen Sie das!

Mein erster Infarkt streckte mich nieder, als ich 34 war. Ist es hinreichend bekannt, dass die bei HIV eingesetzte antiretrovirale Tritherapie gleichzeitig das Herz strapaziert? Wir müssen sie aufklären, diese jungen Leute, die ungeschützten Sex praktizieren, die glauben, dass Aids aus der Mode wäre und es schlimmstenfalls Medikamente gäbe.

Meine ersten Azidothymidin-Bonbons begann ich vor mehr als zehn Jahren zu schlucken, riesige Dinger, die mein Vater mir zerkleinerte und nach denen ich mich stets übergeben musste.

Hätte ich ein neues Herz gebraucht, wenn ich nicht infiziert gewesen wäre? Wieso ist mein Herz so schnell an seine Grenzen gelangt? Ist doch ein bisschen früh für eine Herztransplantation, wenn man erst 34 ist, oder?

Meine Herzen starben an den Nebenwirkungen notwendiger chemischer Präparate und einer Überdosis starker Emotionen. Ich habe mich verausgabt im Leben. Nichts Halbherziges tun, das lag in meiner Natur. Anders konnte ich es nie, mir ging immer alles ans Herz. Nichts glitt an mir ab. Ich bin vom Leben eher geschlagen als verhätschelt worden, vom brutalen, absurden Leben, da gab es Tiefschläge, da gab es Brüche und den stumpf gewordenen Blick meiner sterbenden Mutter. Alles traf mich mitten ins Herz.

Heute endet mein Leben auf halber Strecke, da mich mein Herz abermals im Stich lässt. Nicht stark genug. Nichts scheint meinen Schicksalsschlägen gewachsen zu sein.

Ich war ein eher hübsches Mädchen, mit lebhaft rosigen Lippen und stahlblauen Augen, und feierte schon mit sechzehn Jahren strahlende Erfolge. Eine tolle Zeit. Ich war in Filmen zu sehen, auf Plakaten an jeder Pariser Straßenecke, und zum ersten Mal in einen echten Rocker verliebt, den King meiner Poster. Ich lachte, spielte, wirbelte im Licht und liebte leidenschaftlich und unbekümmert. Doch damit war es bald vorbei.

Ein Vorsorgetest. »Aber wieso denn?« Dann die Mitteilung vom Labor. »Untersuchungsergebnis: HIV-positiv.« Das Entsetzen meiner Eltern: »Zu niemandem ein Wort ...« Die Medizin, die nichts für mich tun konnte. »Nein, Madame, es gibt keine Behandlungsmöglichkeit. Ihre Lebenserwartung? Sechs Monate, vielleicht auch mehr, man weiß es nicht ...« »Aber ich bin doch erst siebzehn, Herr Doktor, und es geht mir gut.« Naiv, wie ich war, erzählte ich es dem nächstbesten Regisseur. Unverzeihliche Jugendsünde. »Tut mir leid, Charlotte, aber diese Rolle kriegst du nicht, wir können kein Risiko eingehen.« Weder diese noch andere. Doch ich verdrängte es einfach und lebte in totaler Verweigerung der Tatsachen, gab mich dem betäubenden Strudel des

Lebens hin. Dann verstarb meine untröstliche Mutter, mein Engel mit kahlem Schädel. Und die Liebhaber ergriffen die Flucht, sobald ich ihnen sagte, ich sei …

Das Azidothymidin, die Tritherapie, kam mir zu Hilfe. »Ihre Viruslast ist nicht mehr nachweisbar. Virusträger bleiben Sie, aber Leben schenken können Sie …« Und daher gibt es mein Töchterchen Tara, mein Wunderkind aus dem Jahr 2000, und es ist HIV-negativ! Das Leben flammte wieder ein wenig auf, die Hoffnung ebenfalls.

Doch mein Herz war angegriffen, irreversibel geschädigt, man musste es austauschen »Eine Transplantation ist Ihre einzige Chance.« Mein Brustkasten wurde zerschnitten, mein Körper verformte sich und erholte sich nur mühsam von diesem massiven Eingriff. Zwei Jahre Wüste, Isolierung, meine erste Autobiografie und die wiedergewonnene Liebe meines Publikums und all diese herzerwärmenden Jutesäcke voller Fanpost. Und immer diese bedrückenden Träume, die eine andere, die nicht ich ist, heimsuchen und die mich in die Geheimnisse des Zellgedächtnisses einweihen. Wer ist da so präsent in mir, dass ich es spüre? Und wieso?

Ich höre ein Geräusch, es klingt wie der Sand in den Ocean-Drums oder als werfe jemand Steinchen auf ein Brett. Das Geräusch wird stärker, und plötzlich fürchte ich, ersticken zu müssen. Ich bin in einer Kiste! Man beerdigt mich! Ich fange an um mich zu schlagen. »Nein! Nein!«

Ruckartig schnelle ich hoch und sitze aufrecht im Bett. Ich heule, kann kaum atmen und taste im Dunkeln nach dem Kabel der Halogenlampe. Das blendende Licht holt mich in die Realität zurück.

»Maman! Ist was?«

Ich presse Tara an mich, die bis eben noch ruhig neben mir geschlafen hatte.

»Nein, doch, es ist nichts.«

Ich küsse sie, kann gar nicht mehr aufhören, sie abzuküssen, zu weinen und zu lachen.

»Ich hab nur geträumt, mein Engel … ich habe geträumt, ich wäre ganz nah bei dir, als Schmetterling, als Käfer, als ein in den Himmel aufsteigender Drache … Immer an deiner Seite, ein fliegendes Herz.«

»Was ist das, ein fliegendes Herz?«

»Das ist Maman im Himmel … Ich erzähl's dir später, schlaf jetzt weiter …«

Nachdenklich streiche ich über Taras samtig warme Wangen.

Das war am 4. November 2005. Ein besonderes Datum, der Anfang einer ganzen Reihe merkwürdiger Träume, der erste Tag einer seltsamen Reise – und ein Geburtstag: Mein neues Herz wurde zwei Jahre alt.

Heute ist ein selten schöner Wintertag. Das Licht ist so stark, dass die Pariser Dächer wie eine riesige Alufolie glitzern. Und in meinem Kalender steht nur ein einziger Eintrag: *Termin bei meiner Psychotherapeutin.*

Ich lehne am Fenster, lasse mich von diesem strahlenden Tag blenden und zögere. Ist es nicht zu schön da draußen, um drinnen zu hocken? Ich könnte doch auch morgen hingehen, den Regen abwarten. Ich habe große Lust, die Stunde zu schwänzen. Ich werd schon eine Ausrede finden, das fällt mir nicht schwer. Kann ja sagen, dass dieser Albtraum so etwas völlig Neues war, dass ich den ganzen Tag wie gelähmt liegen geblieben bin. Aber meine Therapeutin wird mir nicht glauben. Sie wird sagen, ich sei eine gute Schauspielerin, aber ihr Beruf sei es, die Wahrheit aufzuspüren. Sie wird mich demaskieren und es mir übel nehmen, und dann werde ich es mir selbst auch übel nehmen. Sie wird mir drohen, die Therapie zu beenden, weil ich recht häufig Ausreden erfinde, um aus dem festen Rahmen meiner wöchentlichen Therapiesitzungen auszubrechen. Vor allem bei schönem Wetter. Ich liebe die hellen Tage, weil sie mir die Illusion geben, alles sei in bester Ordnung.

Geh hin, Charlotte … Ich rede mir zu, rufe mich zur Ordnung. Wie so manches Mal lasse ich die verschiedenen »Charlottes« in mir miteinander diskutieren, schlüpfe abwechselnd in diese so unterschiedlichen Rollen, diese Wesen, die jederzeit in mir abrufbar sind. So kann ich mal die ängstliche Mutter geben, mal das impulsive kleine Mädchen mit dem aufkeimenden Ego oder die große Liebende, die wie geblendet jeglichen Stolz verliert, oder die abgeklärte, fast schon träge, buddhistisch inspirierte Kreatur. Mein ganz eigener Zirkus, den ich jederzeit abrufen kann.

Konzentrier dich, meine Liebe … Und mach das Fenster zu … Die Frühlingsluft ist zu verführerisch. Die Aussprachen mit meiner Therapeutin tun mir gut. Sie sind meine Zuflucht, ein geräumtes Minenfeld, auf dem man einfach so reden darf, ein von Beurteilung freier Raum. Wenn ich doch immer nur das tun könnte, was mir guttut. Wenn doch alle Menschen einander nur Gutes tun würden.

Ich liebe es, mich jedem festen Rahmen zu entziehen, meine Freiheit so zu leben, wie ich will, und nicht immer so, wie man es von mir erwartet. Aber diesmal … Jetzt ist's wirklich Zeit, mit der Trickserei aufzuhören und einen Entschluss zu fassen.

Heute werde ich mir Gutes tun, werde gehorchen und offen sein.

Geh zu deiner Therapeutin, Charlotte, und erzähl ihr deinen Traum …

In der Praxis von Dr. Claire Blanchot Psychiaterin, Psychoanalytikerin

»Bonjour, Charlotte.«

»Bonjour, Frau Doktor … wenn ich ehrlich bin, wäre ich heute beinahe nicht gekommen.«

»Und warum nicht?«

»Einfach so, pardon.«

Ich senke den Kopf und halte inne. Ich werde ihr doch nicht sagen, wie wunderbar hell der Himmel heute ist und dass mein Erscheinen hier manchmal wetterabhängig ist.

»Würden Sie sich bitte noch einen Moment gedulden?«

Wie jedes Mal öffnet sie mir die Tür zum leeren Wartezimmer und lächelt mir mit diesem immer gleichen Wohlwollen zu, das der eigentliche Grund meines Kommens ist. Selbst wenn ich auf die Minute pünktlich bin und kein Mensch mehr in der Praxis ist, lässt sie mich immer ein paar Minuten warten. Das ist angeblich Taktik. Die Patienten sollen erst einmal Druck ablassen können, sich einpendeln zwischen dem Leben draußen und hier drinnen, zwischen dem Bewussten und den Äußerungen des Unbewussten.

Auch die Zeitschriften im Wartezimmer sind sozusagen zeitlos: Kunst, Geschichte, Kochrezepte, keine Tageszeitung, nicht einmal das Starmagazin *Voici*, aus dem ich erfahren könnte, was meine Kolleginnen momentan tun. Man soll abschalten, sich in eine Dimension begeben, wo sich Vergangenheit, Gegenwart und Zukunft überlappen. Das Unbewusste kennt keinen Zeitbegriff.

Ich sitze da und betrachte den Raum. Die Wände sind mit Diplomen dekoriert, als wollte man mir sagen: »Vorsicht! Es gibt auch Scharlatane!« Hier kann man alle Berufsbezeichnungen finden, die mit »Psycho-« beginnen. Meine Therapeutin muss ordentlich was draufhaben.

Das Wartezimmer ist, wie die ganze Praxis, in fein aufeinander abgestimmten Beigetönen gehalten, was eine beruhigende, neutrale Atmosphäre erzeugt. Mir gegenüber steht eine neue, majestätische Grünpflanze, die man bestimmt direkt aus dem Dschungel geholt hat; dicke, wie glatt polierte Blätter, die an Fußabdrücke von Nilpferden erinnern. Außer mir das einzige Lebewesen hier. Ich hab einmal gelesen, dass man Pflanzen zureden soll. Ich lese viel. Mich interessiert einfach alles. Und der Artikel schien glaubwürdig. Die Pflanzen hätten ein Gespür für die Befindlichkeit der Lebewesen in ihrer Nähe. Denn uns alle – Tiere, Pflanzen, Insekten – verbinde das gleiche geheimnisvolle und kostbare Gut, das Leben heißt. In Indien gibt es seit Urväterzeiten eine Religion, den Jainismus, dessen Anhänger das Gelübde totaler Gewaltlosigkeit abgelegt haben. Daher kehren sie vor jedem ihrer Schritte den Boden, um sicherzustellen, dass sie keinen auch noch so kleinen Lebensträger, kein noch so winziges Insekt zertreten. So gehen sie auch vor Sonnenuntergang schlafen, um keine Kerze anzünden zu müssen, die einer geblendeten Fliege die Flügel verbrennen könnte. Ich würde gern mal nach Indien fahren. Wenn ich wieder zu Geld komme, in einem anderen Leben.

Gern würde ich meiner neuen Pflanzenfreundin ein paar nette Worte sagen, doch ich fürchte, dass meine Therapeutin mich für verrückt erklären würde, wenn sie mich im lebhaften Zwiegespräch mit ihrer Zimmerpflanze fände. Außerdem habe ich plötzlich das Gefühl, sie sei gar nicht echt … Das glänzt doch viel zu viel. Ich strecke die Hand aus, trete näher an sie heran. Da geht die Tür auf, und ich schrecke zusammen.

»Sie ist echt. Nichts hier ist künstlich. Gefällt sie Ihnen, Charlotte?«

»Ja, schon … Wirklich imposant, so groß wie ich …«

Beinahe hätte ich mich beim Verlassen des Wartezimmers von der Pflanze verabschiedet und muss darüber lachen. Ich bin immer ein wenig angespannt, kurz bevor ich meiner Therapeutin gegenübersitzen und meinen Alltag erzählen muss. Ein bisschen wie Lampenfieber, deswegen lache ich, versuche mich abzulenken, die Konfrontation hinauszuzögern. Ich lege mich auch nie auf die Couch, das ist mir zu klischeehaft. Ich liebe es, den Menschen offen in die Augen zu sehen und in ihrem Blick den Effekt meiner Worte zu erkennen.

»Nuuun …?«

Jede Sitzung beginnt sie mit diesem Wort. Sie dürfte lange gesucht haben nach diesem Schlüssel, der zum Reden verleitet. Leise, gedehnt spricht sie es aus, es ist das längste »Nuuun«, das ich je gehört habe. Es passiert mir, dass ich es unbewusst nachspreche, bevor ich ihr antworte, und dann lächelt sie.

Sie dürfte zwischen fünfzig und sechzig sein, ich kann das Alter von Menschen nie einschätzen, denn ich mag die Zeit und die Jahre nicht messen. Das ist mir nicht wichtig, nicht »signifikant«, wie Claire sagen würde. Ich lebe lieber, als dass ich die Jahre zähle. Claire ist der Vorname meiner Therapeutin und der der hübschen Nachrichtensprecherin aus meinem Traum. Auch die vor mir sitzende Claire ist eine gut aussehende Frau: blasse Augen, das Haar sorgfältig geglättet, elegante Kleidung in Beige, perfekt abgestimmt auf ihre Praxisräume. Allein ihre Anwesenheit tut mir schon gut. Ich fühle mich stärker, wenn sie da ist.

»Nun … ich habe etwas Schreckliches geträumt. Ich war tot, konnte aber alles sehen: den Krankenwagen, das Krankenhaus, meinen Vater, Tara, die Nachrichten, die Kirche, meine wiederauferstandene Mutter, dann all diese fröhlichen Menschen und dieses Kind, eine Frühgeburt mit geschlossenen Augen, durchsichtiger Haut …«

Ich erzähle Claire meinen gesamten Traum. Sie atmet tief durch, bevor sie mir antwortet.

»Dass man vom Tod träumt, kommt ziemlich häufig vor. Stört

Sie das? Leben, sterben, wiedergeboren werden ... Der Tod hat Sie doch schon mehrmals gestreift, Sie sprechen jedoch nie darüber.«

Ich wüsste auch nicht, warum ich über den Tod sprechen sollte. Meinen Tod gibt es nicht für mich. Ich will doch leben. Ich war noch viel zu jung, als man mir sagte, dass ich sterben könnte. Da kam der Tod noch nicht infrage, es war so irreal. Und jetzt gibt es Tara. Mein Lebensdrang ist gewaltig, ich muss leben!

»Was empfinden Sie, wenn Sie an diesen Traum zurückdenken?«

»Ein selten starkes Panikgefühl. Als ich aufwachte, presste ich Tara heulend an mich. Ich hatte solche Angst. Wissen Sie, Frau Doktor, es war das erste Mal in meinem Leben, dass ich Todesangst hatte. Dabei war es doch nur ein Traum, aber ein bizarrer, intensiver Traum, und außerdem saß doch da dieser Säugling mutterseelenallein auf seinem Stuhl, ein entsetzlicher Anblick ...«

»Ein Traum bleibt ein Traum. Der symbolische Ausdruck von etwas, dessen Ursprung im Unbewussten liegt. Die Angst ist ein Gefühl, das nicht notwendigerweise Realitätsbezug hat. Es könnte eine Aufforderung gewesen sein, noch intensiver zu leben, das Glück, am Leben zu sein, auszukosten ...«

»Gibt es Träume, die Vorahnungen sind?« Ich unterbreche Claire, die lächelnd und ein wenig tadelnd den Kopf wiegt.

»Das ist eine Theorie, für die es keine Beweise gibt, und ich habe es auch noch nie selbst erlebt. Ich könnte also versucht sein, Ihnen mit Nein zu antworten. Doch halte ich es für möglich, dass gewisse Phänomene noch nicht ausreichend erforscht wurden. Das Gefühl einer Vorahnung ist ja oft Ausdruck einer bestimmten Angst. Und wenn das Befürchtete dann eintrifft, sagt man: ›Das hatte ich vorausgesehen.‹ Man möchte so gerne glauben, über einzigartige Kräfte zu verfügen und das Leben vollends im Griff zu haben. Aber all das sind nur Gefühle und Zufälle.«

»Und das Neugeborene in meinem Traum?«

»Haben Sie mir nicht schon mehrmals erzählt, Sie wünschten sich ein zweites Kind? Ich bin nicht auf Traumdeutung spezialisiert, aber das Neugeborene könnte schlicht und einfach das Leben symbolisieren. Wie deuten Sie es denn, dieses Neugeborene? Ihr eigenes Gefühl ist entscheidend.«

»Mit meinem Kinderwunsch hat das nichts zu tun. Ich hatte vor allem Angst, zu sterben … Werde ich also nicht sterben?«

»Doch, und ich auch, irgendwann. Ob wir es als Problem oder als Erlösung ansehen, steht uns frei.«

Manchmal frage ich mich, ob meine Therapeutin nicht verrückter ist als ich selbst. Vielleicht sogar suizidgefährdet, trotz dieser glatten Oberfläche, die sie zur Schau stellt. Ich könnte auch Therapeutin sein mit all meiner Psychiatererfahrung. Therapeutin für Therapeutinnen.

»Wann? Wann werde ich sterben …? Ich möchte wissen, wie viel Zeit mir noch bleibt.«

»Ich bin Psychoanalytikerin, keine Hellseherin. Es ist heilsam, vom Tod zu träumen, natürlich nicht jede Nacht, aber wer vom Tod träumt, träumt auch vom Leben, und wer Angst vorm Tod hat, gibt zu, dass er am Leben hängt.«

»Ich würde so gerne ganz lange leben …«

»Sehr gut …«

An ein paar Mikrospannungsfältchen in ihrem Gesicht kann ich ablesen, dass das Gespräch sie zu ermüden beginnt. Ist die Zeit schon um? Bin ich nicht mehr interessant? Drehe ich mich im Kreis? Sie würde jetzt gerne das Thema wechseln, aber ich möchte es verstehen, dieses unbekannte Angstgefühl, das bei der bloßen Erwähnung des Traums in mir hochsteigt.

»Ich hatte solche Angst … ich kann es gar nicht beschreiben … Ein mächtiges, lähmendes Bauchgefühl, ganz tief von innen heraus … Es war kein Traum wie jeder andere, ich weiß gar nicht recht, wie ich es erklären soll … Es war, als ob …«

Sie unterbricht mich, beruhigt mich:

»Aber jetzt sitzen Sie ganz und gar lebendig vor mir, also ist die

Angst doch vorbei, oder? Es war ein symbolischer Traum, keine Realität, Sie wirken noch lebendiger als gewöhnlich. Summa summarum, ein belebender Todestraum!«

Ich beende den Satz, den ich begonnen hatte: »Es war, als ob … es nicht mein Traum gewesen wäre …«

Claire runzelt die Augenbrauen, und ihre Miene verspannt sich, doch dann lächelt sie matt. Die Zeit ist um.

»Gut, gut … Halten Sie an Ihrer Realität fest, an dem, was wahr ist, und ängstigen Sie sich nicht vor dem, was nicht existiert. Wollen wir es für heute dabei belassen?«

Während sie mich zur Tür begleitet, setzt Claire wie immer noch einen positiven Schlusspunkt: »Und Ihr Buch, *L'Amour dans le sang*, so heißt es doch, nicht wahr? Was für ein Erfolg, bravo, ich werde es lesen.«

»Ich werde Ihnen das nächste Mal ein Exemplar mitbringen.«

Nachdenklich steige ich die herrschaftliche Holztreppe in diesem schönen Haussmann-Bau hinab, vor dessen Eingang mich das lebhafte Treiben der Rue de Sèvres erwartet. Soll ich wieder hinaufgehen? Ich habe das Gefühl, etwas Wichtiges vergessen zu haben, das ich Claire hätte sagen sollen. Aber was?

L'Amour dans le sang ist meine Autobiografie – der Roman meines Lebens, wie ich gerne sage. Geschrieben habe ich das Buch im vorigen Winter. Ich musste mich endlich mal aussprechen, war völlig isoliert, vergessen, ausgelaugt. Ich wollte nicht länger schweigen. Das Buch erschien im September und ist, wie mein Verleger mir sagt, ein Erfolg. Ich bin glücklich und überrascht. Es gab eine große Marketingkampagne, doch die Presse pickte sich aus meinen 37 Lebensjahren natürlich nur ein Thema heraus: *Charlotte Valandrey – HIV-positiv!* Das Titelblatt von *L'Express* habe ich aufbewahrt, wegen des hübschen tragischen Fotos. Einige meiner Familienmitglieder erfuhren es auf diese Weise, am Zeitungskiosk. »Wieso hast du uns das nicht schon früher gesagt?« »Na ja.« Ich habe keine Antwort auf solche Fragen. Man weiß instinktiv, was man wann und wem sagen kann. Erst nach langem Zögern bin ich dahin gekommen, es jedermann in geballter Dosis ins Gesicht schreien zu wollen. Ich wollte diese Last abwerfen. Den Gerüchten und dem Getuschel über meinen körperlichen Zustand, meine Magerkeit, meine Hamsterbacken, meinen Froschbauch und die hohlen Augenringe Einhalt gebieten. So manch einer vermutete eine HIV-Infektion, dabei haben meinem Körper allein die Nebenwirkungen der Tritherapie und die Herztransplantation so zugesetzt. Ich wollte sagen, was wahr ist, ganz direkt, und mich nicht mehr vor dem Augenblick fürchten, in dem ich gezwungen sein werde, einem Liebhaber oder einem Mann, der vorgibt, in mich verliebt zu sein, sagen zu müssen, dass ich …, dass bei mir Kondome immer und ewig … Na ja, ewig nicht, nur bis zu dem Tag, an dem die Angst über die Liebe siegt und die Männer mich verlassen.

Ich wollte darüber sprechen, damit man mich akzeptiert, wie ich bin, wollte wieder Arbeit finden und von HIV nichts mehr hören. Eine Utopie. Ich spüre es doch, dass der einzige Grund für die neu gewonnene Aufmerksamkeit, die Neugier auf mein Buch, die Titelblätter der Zeitschriften, die Einladungen zu Talkshows einzig und allein das Schlagwort *HIV-positiv* ist. Ich gebe dem unsichtbaren Virus ein neues Gesicht. Werde ich ewig das Etikett *HIV* tragen? Das ist doch nur ein Teil von mir. Ja, ich bin HIV-positiv, aber doch nicht nur das.

Ich habe so offen darüber gesprochen, weil ich hoffte, dadurch meine Blutsbrüder und -schwestern irgendwie befreien zu können, all jene, die ihr Geheimnis wie eine Todsünde noch verbergen müssen, all jene, die wie ich doppelt leiden müssen, sowohl an der Infektion als auch an der Ausgrenzung, und das fast dreißig Jahre nach dem erstmaligen Auftreten von Aids.

Aids fasziniert noch immer. Es ist ein Konzentrat für Ängste, für den eventuellen Tod durch Sperma, Blut, Sex, für alles, was normalerweise für Leben spricht.

Die befürchtete Reaktion fiel eher ermutigend aus. Die Journalisten sind diskret, berührt, wohlwollend, und das Publikum ist wie üblich voller herzlicher Anteilnahme. Unbekannte lächeln mich auf der Straße an und machen bei meinem Anblick das Victory-Zeichen. Ich weiß noch, wie ich eines Morgens, weil ich ausnahmsweise zu spät dran war, in höchster Eile und Aufregung den kalten Regen, der mir die Haare durchnässte, und das Taxi, das nicht kam, verfluchte, mal rechts, mal links schaute, dann einen Jungen auf mich zulaufen sah, der etwas hochhielt und »Charlotte, bitte, Charlotte!« rief. In diesem Moment hielt das Taxi. Ich habe auf ihn gewartet, sein Gesicht war patschnass, aber er lächelte mich an und streckte mir mein Buch entgegen. Stundenlang hatte er in einem Café auf mich gelauert, weil man ihm beteuert hatte, ich wohnte wirklich hier. Er bat mich, ihm etwas hineinzuschreiben, jetzt gleich, im strömenden Regen. Den Grund erklärte er nicht, aber es war ihm ein Bedürfnis, mir zu sagen: »Ihnen verdanke ich es, dass ich noch lebe.« Ich schrieb, was mir gerade einfiel: »Liebe das Leben!« Ich glaube, ich habe ihn sogar umarmt und geküsst, er drückte mich fest, doch der ungeduldige Taxifahrer hieß mich einsteigen, also entschuldigte ich mich bei dem Unbekannten und fuhr davon.

Auch von Künstlern erhielt ich ein paar rührende Briefe und Nachrichten auf meinem Anrufbeantworter, die ich mehrmals abhörte. Gleichzeitig bekam ich in meinem beruflichen Umfeld beklommenes Schweigen, Hemmung, Überraschung zu spüren. Merkwürdigerweise erzeugten der Erfolg meines Buches und mein freimütiges Sprechen eine noch größere Distanz, dabei hat doch gerade im Künstlermilieu HIV stärker um sich gegriffen als anderswo. Im Showbiz kann man sich offensichtlich nur schwer damit abfinden, Scheinwerferlicht soll blenden, nicht ausleuchten.

Aus dem Zwielicht herauszutreten ist immer zum eigenen Schaden, das wusste schon der Kardinal de Retz im 17. Jahrhundert.

Gern würde ich das Gegenteil glauben.

Viel stärker als das HIV, unter dem ich nie direkt zu leiden hatte, hat die Herztransplantation meinen Körper gezeichnet und mein Leben umgestülpt. Ganze zehn Stunden Operation, um mir in den geöffneten Brustkorb ein neues Herz einzupflanzen.

Die Liebe fehlt mir. Ich habe den Eindruck, mein ganzes Leben auf die Liebe gewartet zu haben. Ich bin ungeduldig. Nichts kann mich aufhalten, ich jage weiter, immer zum nächsten Rendezvous … Ich habe nie genug. Ich will, dass man mich liebt, es mir sagt, es herausschreit, wieder und wieder. Funkeln soll die Liebe in den Augen, tanzen in einem Lächeln, man soll mich endlos streicheln, bis zur Abnutzung. Woher kommt dieser Drang nach Liebe, diese zärtliche und unersättliche Bulimie? Ich weiß es nicht. Es liegt wohl in meiner Natur.

Es hat lange gedauert, bis ich das erste Mal »Ich liebe dich« hörte, »dich und niemanden sonst«. Habe ich es je gehört?

Drei Worte nur, doch sie sind wie eine Geburt, wie eine kleine Bombe.

Meine Eltern haben mich geliebt, zutiefst, aber lautlos. Eine stumme, schamhafte, gelähmte Liebe. Die Elternliebe hatte keine Worte, keine Gesten zur Verfügung, sie hatte keine Sprache und kannte keine Umarmungen. Sie war einfach da, eine gelebte und ewig fortgeführte Tradition.

Ich aber wollte Küsse, wollte Lieder, brauchte Überschwang, um zu spüren, dass man mich liebte. Daher rannte ich der Liebe hinterher wie einem Schatz, auf der Suche nach mir selbst. Und so geht es mir noch heute.

Das sind die letzten Seiten aus meinem Buch *L'Amour dans le sang*. Sie hätten das Resümee meines Lebens sein können, wenn die Dinge sich nicht komplett gewandelt hätten.

»Die Zukunft ist niemals eine Fortführung der Gegenwart.« Das ist von all den Dingen, die meine Therapeutin mir sagt, mein Lieblingssatz. Ich halte mich an ihm fest, wenn ich keinen Ausweg mehr weiß aus meiner Gegenwart. Die Zukunft bringt immer Überraschungen.

Sie haben recht, liebe Claire, denn ich bin verliebt.

Ich traf ihn diesen Sommer, im Krankenhaus. Eine reine Frage der Statistik. Angesichts meiner Zeiteinteilung ist die Chance, der Liebe in einem weißen Kittel zu begegnen, für mich größer als bei Pariser Galaveranstaltungen.

Einige Monate früher, Sommerbeginn 2005
Paris, Hôpital Saint-Paul

Biopsietermin. Alle drei Monate ein kleiner Eingriff in mein verpflanztes Herz, um sicherzustellen, dass mein Körper es nicht abstößt. Für mich bedeutet dies alle drei Monate Stress, wenn auch nicht wirklich Angst. Ich vertraue meinem guten Stern, meiner robusten Natur. Ich sage mir, das Ganze hätte ja gar keinen Sinn, wenn mein neues Herz vorhätte, jetzt abzusterben. Das würde ich doch merken. Ein Herz, das abhauen will? Man muss doch spüren, wenn es sich klammheimlich davonstiehlt. Mein Kardiologe behauptet allerdings das Gegenteil. Der Abstoßungsprozess kann ohne jegliche Vorwarnung und entgegen jeder Logik einsetzen. Beruhigend, nicht wahr? Daher die regelmäßige Biopsie.

Im Gegensatz zur Leber, die sich ständig regeneriert, repariert das Herz sich nicht selbst, Schäden sind irreversibel. Nicht weiter verwunderlich. Es wächst nicht nach, erholt sich nie ganz von seinen Verwundungen, bestenfalls kräftigt es sich und vernarbt. Das ist sein Herzeleid.

Jedes Mal verlange ich von meinem Kardiologen Dr. Rioux, seinem Personal nochmals einzuschärfen, dass meinem neuen Herzen nur das absolut notwendige Minimum entnommen werden darf. Auch wenn er mir versichert, dieses Fragment sei unendlich klein, habe ich jedes Mal den Eindruck, man habe mir etwas weggenommen. Ein Milligramm meines Herzens wäre vielleicht eine Sekunde mehr, um mit Tara zu spielen, ein Moment länger, um zu lachen, zu hoffen.

Der Eingriff ist unangenehm. Am Halsansatz wird mir eine dicke Nadel eingeführt, mit einem winzigen Schäufelchen an der

Spitze, und die fährt mir dann durch die zarte, weiche Höhlung direkt hinter dem Schlüsselbein, um schnell das Herz anzupiksen.

Unmittelbar nach der Transplantation jagte eine Biopsie die andere. Man pikste in mich hinein, als wäre ich eine Voodoopuppe. Meine Haut vernarbte schlecht, und an jeder Einstichstelle blieb ein weißer Punkt. Die Zahl meiner Biopsien kann man an meinem Dekolleté ablesen. Glamourös, nicht wahr?

Kardiologische Abteilung, Sekretariat

»Bonjour, Henriette! Was für ein mieser Sommer!«

»Bonjour, Charlotte! Ja, scheußlich! Sie sind früh dran, Kleines …«

»Weiß ich, ist Absicht, es könnte ja etwas dazwischenkommen, ein Herz, das aufgibt, früher als meins!«

»Oh, là, là! Was muss ich mir denn da anhören! Sie wissen doch, dass Sie ohnehin als Letzte drankommen müssen …«

Ja, das weiß ich. Man hat es mir vage erklärt, Genaueres wollte ich gar nicht wissen. Das hat mit meinem Virus zu tun, eine Sicherheitsmaßnahme im OP-Bereich, keiner darf nach mir noch drankommen. Und weil ich diese Abgrenzung nicht mag, komme ich immer früher und lese, warte und plaudere mit Henriette. Sie war nämlich da, 2003, hatte Sonntagsdienst, als ich ein neues Herz bekam. Sie nannte mich vom ersten Augenblick an »Kleines« und hielt mir die Hand, als ich da plötzlich so mutterseelenallein war und vor der Anästhesie, die einen in eine andere Galaxie befördert, zitterte. Man wollte mir meinen Teddy wegnehmen. Den brauchte ich aber, um im Krankenhaus einschlafen zu können. Ich wurde deswegen ausgelacht und hatte keine Kraft, mich zu wehren. Der Krankenpfleger schrie: »Weg mit dem Ding!« Und ich wollte schon nachgeben, als Henriette ihn anfuhr: »So lassen Sie ihr doch ihren Teddy, verdammt noch mal!«

Eines Tages sagte Henriette plötzlich »unser Star« zu mir. Dabei hatte sie mir während unserer langen Gespräche noch erzählt, am Fernsehen interessierten sie nur die Nachrichten und die Reisereportagen. Auch ins Kino gehe sie nie, sie häkele lieber, aber jetzt hatte sie doch von mir gehört. »Stimmt es, dass Sie so bekannt sind?« Ich erwiderte: »Ist doch egal …« Sie hat das Thema niemals wiederaufgegriffen. Mir lag so viel daran, dass sie mich einfach wieder »Kleines« nannte.

Ein guter Mensch, diese Henriette, sanft, immer ausgeglichen. Sie häkelt und strickt für ihr Leben gern. Ich liebe ihren Vornamen, er beruhigt mich. Ein Großmuttervorname aus Urväterzeiten. Liebe, gute Henriette.

Liebenswürdigkeit ist für mich inzwischen das Wichtigste, das Anziehendste an einem Menschen. Früher war es die Schönheit, die Intelligenz, da erschien mir die Liebenswürdigkeit als etwas Banales, Simples, fast schon Mittelmäßiges. Inzwischen denke ich anders, denn es ist sehr schwierig, liebenswürdig, und fast unmöglich, einfach gut zu sein. Über Intelligenz und Schönheit entscheidet die Natur.

Am Morgen nach meiner Herztransplantation weckte Henriette mich mit einer Überraschung. Zehn Stunden lang war mein Brustkorb aufgeklappt gewesen, die Eingeweide gelüftet, eine Bresche fürs Herz geschaffen worden, fast fünfzehn Zentimeter lang. Und während ich schlief, hatte Henriette mit ihrer Häkelnadel dem weichen Bauch meines Teddys ein rotes Herz verpasst. Den überreichte sie mir nun, um mich seelisch wiederaufzurichten, mit einem schmatzenden Kuss auf die Stirn, womit sie mein erstes postoperatives Lachen auslöste.

»Wie die Mutter, so der Sohn!«

Henriette liebt ihre Arbeit, auch wenn sie immer lautstark erklärt, sie sei erschöpft, und die Tage bis zur Rente zählt wie ein Rekrut seine Tage bis zur Entlassung. Und auch heute bleibt mir der Countdown nicht erspart.

»Morgen sind es noch genau siebenhundert Tage, am 5. Juni

2007 ist’s so weit, merken Sie sich dieses Datum, ’s ist ganz einfach: fünf-sechs-sieben.«

»Werden Sie mich zu Ihrer Abschiedsparty einladen?«

»Na klar, in siebenhundert Tagen, als Erste.«

»Warten Sie, ich schau mal nach, ob ich da Zeit hab.«

Henriette lacht schallend, doch dann blättert sie in ihrem Terminkalender, verzieht den Mund und sagt mit besorgter Miene: »Sie wissen, dass Dr. Rioux nicht mehr da ist?«

»Was?!«

»Seit einem Monat arbeitet er in einem anderen Krankenhaus, aber wenn Sie wollen, kann ich Ihnen sagen, wie Sie ihn erreichen können. Dr. Leroux ist sein Nachfolger, stört Sie das?«

»Nein, nein … Na ja, an Dr. Rioux war ich gewöhnt …«

»Unter uns gesagt, er war nicht gerade sympathisch, dieser Dr. Rioux, nicht gerade gesprächig, und seine Lippen waren ganz schmal, es gab sie fast nicht, ist Ihnen das nicht aufgefallen? Nein? Sie werden sehen, er ist toll, der Neue, etwas zurückhaltend, aber seriös, er kommt aus einer anderen Abteilung.«

»Leroux …? So heißt doch auch dieses Zichoriengesöff. Meine Großmutter liebte dieses Zeug. Ich finde es abscheulich. Ein undefinierbarer Geschmack. Einfach unmöglich, dieses Gemisch aus Kaffee, Kräutertee, Humus … Das kann man doch nicht trinken! Dr. Leroux …«

Ich wiederhole den Namen, um im Widerhall des Empfangsbereichs der Kardiologie auszuprobieren, was für eine Wirkung er auf mich hat.

»Leroux … Leroux … Der Erbe der Zichoriendynastie?«

Henriette lacht und gibt mir ein Zeichen mit dem Kopf, das ich aber nicht verstehe.

»Sie sind Anne-Charlotte Pascal alias Charlotte Valandrey?«

Überrascht drehe ich mich um. Ein Mann stellt sich mir vor.

»Bonjour, ich bin Dr. Leroux, freut mich. Sie haben Glück heute, Sie werden früher drankommen.«

Lächelnd streckt er mir die Hand entgegen.

»Bonjour, Herr Doktor. Bedaure, ich hatte Sie nicht gesehen.«

»Kommen Sie mit?«

»Selbstverständlich. Nennen Sie mich doch einfach Charlotte, das ist kürzer.« Ich drehe mich kurz zu Henriette um, die mir vielsagend zuzwinkert.

Dr. Leroux ist groß, noch recht jung, dreißig oder maximal vierzig Jahre alt, ein Kindergesicht mit ein paar Fältchen und braunen, glänzenden, durchdringenden, schalkhaften Augen. Sehr schöne, kräftige, schmale Hände. Ehering? Hat er einen? Ich suche seine Hand ab. Kein Ehering! Vielleicht ist heute mein Glückstag.

»*Rouge Baiser*? So hieß er doch, der Film?«

»Pardon, was sagten Sie, ich war in Gedanken …«

»*Rouge Baiser*, Ihr erster Film mit Lambert Wilson. Sehr schön, ich war noch recht jung, als ich ihn sah, weiß aber noch gut, wie verliebt ich in Sie war.«

Eine Andeutung von einem Lächeln, das er zu verbergen sucht, indem er leicht den Kopf neigt.

»Jetzt aber wohl nicht mehr?«

Er lächelt erneut. So ganz toll sieht er eigentlich nicht aus …

»Jetzt müssen wir uns mit Ihrem Herzen befassen.«

»Okay … Befassen Sie sich mit meinem Herzen«, murmele ich.

Dann muss ich Platz nehmen in einem eintönig grauen kleinen Büro. Ein eher trister Rahmen für einen Annäherungsversuch.

»Nach der Biopsie werden wir eine Ultraschallkontrolle vornehmen. Vorher möchte ich aber noch einiges mit Ihnen abklären, Ihre Akte ist unvollständig. Gestatten Sie mir ein paar Fragen. Seit wann sind Sie HIV-positiv?«

»Schon lange. Könnten wir nicht über etwas anderes reden?«

»Ein andermal gern, an einem anderen Ort, aber nicht jetzt. Seit wann werden Sie mit der Tritherapie behandelt?«

»Meine allerersten AZT-Tabletten bekam ich, wenn ich mich

recht erinnere, 1995, aber Daten konnte ich mir noch nie merken …«

»Also ganz am Anfang, als das Azidothymidin gerade erst zugelassen worden war …«

»Ja, ich hatte Professor Rozenbaum angefleht, sein Versuchskaninchen sein zu dürfen, ich war bereit, alles zu schlucken, wie übrigens alle anderen HIV-Infizierten damals auch …«

Eigentlich mag ich diese Erinnerungen nicht wachrufen, doch die mitfühlende und aufmerksame Art von Dr. Leroux ermuntert mich, diese längst verdrängten Zeiten exakt zu schildern.

»Damals hatte meine Viruslast zum ersten Mal stark zugenommen, zehn Jahre nach der Ansteckung. Zehn Jahre HIV-positiv, ohne jegliche Behandlung, ohne jegliche Weiterentwicklung. Es war, als ob mein Virus rücksichtsvoll abgewartet hätte, bis das erste wirksame Medikament auftauchte. Ein nettes Virus! Die Aidswelle forderte Tausende von Opfern, einige starben schon nach wenigen Monaten, ich erlebte, wie sie abmagerten, nur noch Gerippe waren, wie sie erblindeten oder am ganzen Körper dunkle Flecken bekamen, tödliche Rinde, aber mir konnten die Tröpfchen nichts anhaben. Ich lief von der Station für Infektionskrankheiten, wo das gesamte Personal wegen der Aussätzigen Mundschutz trug, geradewegs zum Drehort, aufs Set, zum Frisör und zur Kosmetikerin, in völliger Unbekümmertheit und echtem Leichtsinn. Für mich war das nur ein Kulissenwechsel. Manchmal fragte ich mich gar, ob dies alles überhaupt wahr sei, ob das Labor sich nicht geirrt habe. Ich würde doch nicht an Aids sterben! Diese Botschaft sandte ich auch an meinen Körper: Aids kommt nicht infrage! Ich glaube nämlich zutiefst daran, dass der Geist einen großen Einfluss auf den Körper hat … Und das funktionierte auch, bis zur wundersamen Entdeckung von AZT. Ein tolles Zeug, ich sah, wie Kranke in wenigen Wochen wieder ein menschliches Antlitz bekamen, wie Mimosen, die der Winter schwärzt, austrocknet und gleichsam absterben lässt und die wenige Tage später in unbeschreiblichem Gelb erblühen …«

Während ich rede, schaue ich durchs Fenster auf ein vom Regen gepeitschtes farbenfrohes Blumenbeet. Ich erzähle diese Erinnerungen zum letzten Mal. Damit habe ich meine Gedenkpflicht erfüllt. Doch nun höre ich auf, betrachte den schweigenden, ein wenig abwesend wirkenden Arzt, dessen Blick auf mir ruht. Der Raum füllt sich mit unserem Schweigen.

Dr. Leroux ist sichtbar ergriffen, fasst sich aber schnell: »Sie sprechen so leicht über diese schrecklichen Dinge … Tut mir leid, Ihnen all diese Fragen stellen zu müssen, aber Sie haben Ihre Behandlung in einem anderen Haus begonnen, und die Akte, die mir vorliegt, ist eher knapp gehalten. Die Herztransplantation fand aber hier statt.« Und dann fügt er leise hinzu: »Die Entnahme ja übrigens auch.«

»Was sagten Sie?«

»Nichts.«

»Doch, Sie sagten ›Entnahme‹, mein Transplantat wurde also hier entnommen?«

»Derlei Information liegt mir nicht vor. Meine Worte waren schneller als meine Gedanken. Außerdem bin ich müde, verzeihen Sie. Wo das Herz entnommen wurde, spielt keine Rolle. Entscheidend ist, dass es ihm gut geht. Jetzt werde ich mir Ihre letzte Angiografie ansehen … Eine Art Kurzfilm«, sagte er noch, wie um mich abzulenken.

»Das ist nicht mein bester Film und auch nicht mein bestes Profil.«

Dank eines eingespritzten farbigen Kontrastmittels kann man auf der Angiografie den gesamten Verlauf meiner geschlängelten Herzarterien sehen.

Dr. Leroux steckt eine CD in seinen Computer und fragt ganz unbekümmert: »Soll ich's Ihnen zeigen?«

»Nein, ich sehe mich nicht gern im Fernsehen.«

»Ernsthaft …«

»Nein, ich mag diese Bilder nicht. Von so nahe gesehen, verliert das Leben doch seine Magie. Ich stelle mir mein Herz lieber als einen geheimnisvollen Ort vor und nicht als zusammengeflickte Pumpe. Ich habe schon einmal eine Szintigrafie oder Angiografie gesehen – ich weiß nicht mehr, was es genau war –, jedenfalls Bilder von meinem armseligen kleinen Herzen, und begriffen habe ich nichts. Dafür muss man Fachmann sein, wie Sie. Wozu die Komponenten anschauen, was zählt, ist das Resultat. Also, wie geht's meinem Herzen, Herr Doktor?«

»Gut … Sehr gut. Dies hier sind Ihre Koronararterien, sie durchbluten Ihr Herz, halten es am Leben.«

»Sind das die meines Spenders?«

»Ja, im Gegensatz zu den umliegenden Pulmonalvenen, die – wenn ich so sagen darf – Ihre eigenen sind.«

»Ganz schön verwirrend.«

»Nein, ein ganz simpler Vorgang. Auch die Mechanik des Herzens ist im höchsten Grade simpel und faszinierend zugleich … Eine großartige Pumpe, die bis zu 8000 Liter Blut pro Tag befördert … Machen Sie mal eine Faust!«

Ich gehorche immer beim Arzt, aber wenn er wüsste, in welche Panik mich der Anblick von Blut versetzt, würde er mit seiner unappetitlichen Anatomiestunde aufhören. Den Schwindel bekämpfend, presse ich die Finger gegen die Innenseite meiner rechten Hand und gebe dazu ein sonores »Yes, Sir« von mir. Er lacht.

»Also … Ihr Herz ist kaum größer als Ihre Faust und pumpt doch täglich acht Kubikmeter Blut durch Ihren Körper. Ist das etwa keine Magie?«

»Meines vielleicht doch ein bisschen weniger? Man müsste wissen, wie groß die Faust meines Spenders war …«

Dr. Leroux schweigt ein paar Sekunden und weicht meinem Blick aus. Abermals scheint er befangen. Ich bin es nicht weniger. All diese physiologischen Präzisionen machen sich nun doch bemerkbar. Ich stelle mir Blutströme vor, einen in mir fließenden roten Sturzbach, die zusammengeballte Faust meines unbekannten Spenders … Ich spüre, wie mein Herz schneller schlägt, und atme tief ein, um wieder ruhiger zu werden. Warum will dieser Kardiologe mir unbedingt alles erklären?

»Bei Transplantationen müssen die Organe von gleicher Größe sein. Folglich dürfte die Faust Ihres Spenders genauso groß gewesen sein wie die Ihre … Jetzt mache ich den PC aus, und Sie haben nicht einmal hingeschaut!«

Während ich ihm zuhöre, betrachte ich meine Fäuste, schließe sie, öffne sie, immer wieder von Neuem. Er oder sie hatte dieselben Fäuste, die zur Handfläche hin geballten Finger ergaben dasselbe Volumen. Kleine Fäuste. Bestimmt eine Frau. Das sagt mir plötzlich meine Intuition. Sie dürfte jung gewesen sein. Ich stelle mir halblanges, dunkles Haar vor und ein breites Lächeln. Sie dürfte das Leben geliebt haben. Vielleicht war sie auch Mutter. Ich höre ihr Herz klopfen, mein Herz.

Dr. Leroux unterbricht meine Träumerei mit sanfter Stimme: »Charlotte? Soll ich Ihnen noch etwas erklären, oder kann ich abschalten?«

Noch nie zuvor habe ich mir meinen Spender vorzustellen versucht. Natürlich hatte ich schon mal flüchtig an ihn gedacht, ihm aber niemals eine Form, einen Körper zugeordnet, von seinem Tod ganz zu schweigen. Aber ist man wirklich tot, wenn ein so vitaler Teil von einem selbst weiterlebt? Ich beschließe, diesem Gedanken lieber auszuweichen, und trete an den Bildschirm heran. Dann plötzlich neugierig geworden, frage ich Dr. Leroux: »Sind das meine Stents, diese komischen Dinger da? Die sehen aus wie Eisengestänge.«

Er lacht laut.

»Nein, ein Stent ist winzig, stellen Sie sich eine ganz kleine Sprungfeder vor, die, wenn sie aufschnellt, die verengte Arterie aufdehnt. Sie haben zwei, einen hier, einen dort.«

Zielsicher zeigt er mir zwei Punkte auf dem Schirm. Doch so nah ich auch herangehe, ich sehe nur seine schmalen langen Finger mit den gepflegten rosigen Nägeln, auf dem Bildschirm selbst aber nichts Interessantes.

»Ich kann sie nicht finden … Und was sind diese ganzen Kleiderbügel?«

»Das sind die Klammern, die Ihren Brustkorb wieder geschlossen haben.«

»Ich habe Ihnen doch gesagt, dass ich das nicht sehen will … Man möchte meinen, jede Klammer sei per Hand eingeschraubt.«

»Ist sie auch.«

»Diese Handwerksarbeit … kann aber hoffentlich nicht aufgehen?«

Mir dreht sich wieder der Kopf, ich muss mich hinsetzen. Der Arzt steht auf und greift nach meiner Hand, um mich zu beruhigen. Ich fahre zusammen, als hätte ich einen Stromschlag erhalten. Hastig ziehen wir unsere Hände zurück und blicken einander starr in die Augen. Dr. Leroux räuspert sich.

»Keine Sorge, alles sitzt fest. Gehen Sie jetzt erst einmal zur Biopsie, danach sehen wir uns zum Ultraschall wieder. Wie ich Ihrer Akte entnehme, wollen Sie nicht mehr in den Hals gestochen werden. So ist es doch, oder? Also machen wir's an der Achsel. Einverstanden?«

»Okay.«

Kurze Zeit später, wieder im Büro von Dr. Leroux

»Alles gut gelaufen?«

»Ja, mein Herz wurde angepikst, ohne dass es wehtat.«

»Dann machen wir jetzt den Ultraschall.«

Er ist wirklich äußerst sanft, dieser Doktor. Jede seiner Bewegungen erklärt er haargenau, während er mit einer feuchten Sonde und mit beruhigender Regelmäßigkeit über Brustkorb und Brüste streicht. Als er sich dem Monitor zuwendet, mustere ich sein Profil, seine eher kleine Nase und die Lippen, auf denen er herumbeißt.

»Wir sind gleich fertig, alles ist in Ordnung. Ihrem Herzen geht es gut, Charlotte, ein Herz wie von einem jungen Mädchen …«

Das war an einem Montag in einem miesen Sommer, in dem es Sturzbäche regnete und der Tag draußen der Nacht glich, und als ich die Augen schloss, um dem Neonlicht zu entkommen, spürte ich das Lächeln des Herzensdoktors über meinen Lidern. In einem nie endenden Echo hallten seine Worte wider und verwandelten sich in Musik. »Ihrem Herzen geht es gut, Charlotte, ein Herz wie von einem jungen Mädchen …«

»Seit 2003 werden Sie also mit Neoral behandelt. Hat man Ihnen erklärt, wie heikel es ist, einem AZT-Patienten dieses Medikament zu verordnen?«

Ich bleibe stumm, liege da, drücke mit einer Hand fest auf das Pflaster und halte die Augen geschlossen. Mein Herz klopft regelmäßig. Der Rhythmus hat vielleicht ein bisschen zugenommen. Mindestens 8000 Liter Blut pro Tag … in meinem Transplantat … eingeschlossen in einem notdürftig zusammengetackerten Brustkorb … Das Herz eines jungen Mädchens … Wie alt sie wohl war?

»Charlotte? Ist Ihnen nicht gut?«

Mir ist schwindelig. Wenn ich weiterhin schweige und mich von meinen blutigen Visionen und dem hypnotisierenden Echo seiner Stimme davontragen lasse, wird er mich dann reanimieren?

»Charlotte?«

Wieder drückt er meine Hand. Kein Stromschlag diesmal, und doch springt ein Funke über. Ich öffne die Augen. Für den Anfang belasse ich es dabei.

»Pardon, ich bin eingenickt, Ihre Stimme … Also, das Neoral … Man hat die möglichen Nebenwirkungen kurz erwähnt: Behaarung wie bei einem Affen, permanentes Zittern … Zum Glück blieb ich von beidem verschont. Es passierte eher das Gegenteil, an gewissen Stellen habe ich gar keine Haare mehr. Glatt wie Wachstuch. Richtig peinlich … Ein Frosch. Mein Kopfhaar hingegen wächst dichter als zuvor, es glänzt auch mehr, die ideale Shampooreklame.«

»Um Abstoßung zu vermeiden, ist Neoral das ideale Mittel. Ohne ein solches Medikament würden viele Transplantationen gar nicht gelingen. Jedes Transplantat ist ein Fremdkörper, den unser Immunsystem natürlicherweise bekämpfen möchte. Das Neoral soll Ihr Abwehrsystem daran hindern, den Eindringling abzustoßen. Es ist ein immunsuppressives Medikament, wohingegen die Tritherapie darauf abzielt, Ihr Immunsystem zu stärken, indem es die Schädlichkeit des HIV lähmt … Verstehen Sie jetzt, wie heikel die Dosierung ist?«

»Ich verstehe. Ich vertraue Ihnen. Im Augenblick ist ja alles in Ordnung, alles scheint kompatibel. Die Feinabstimmung der Dosierung stimmt also. Wann habe ich meinen nächsten Termin?«

»Das kommt auf die Ergebnisse an, normalerweise in sechs Monaten …«

»Eine lange Zeit, was in sechs Monaten alles passieren kann!«

»Für den Notfall gebe ich Ihnen meine Handynummer. Hier, meine Karte.«

Ich schnappe sie mir und vergrabe sie in meiner Handtasche. Agentin Charlotte auf der Suche nach der Liebe, Mission abgeschlossen. Mit Bedauern verabschiedete ich mich von Dr. Leroux. Bedauerte er es auch?

Die Zeit nach unserer Begegnung erscheint mir endlos. Ich kenne die leicht entflammbare Natur meines Herzens, daher versuche ich mit zunehmendem Alter und sonstigen Misslichkeiten, das Feuer ein wenig einzudämmen. Lili, meine beste Freundin, wirft mir ohnehin ständig vor, »viel zu viel Druck zu machen«. Diesmal also *kein* Druck, *keine* SMS, *keine* dringenden Anrufe oder simuliertes Unwohlsein … Verliebt war ich zu allem bereit, aber diesmal würde ich *nichts* unternehmen! Ich mache mir einen Beruhigungstee, schlage ein gutes Buch auf, doch schon nach zehn Minuten lege ich alles beiseite, kann nicht mehr ruhig sitzen, greife nach meinem Handy, aber die Mailbox bleibt stumm. Ist ja klar. Hat er denn überhaupt meine Nummer? Ja, bestimmt, vielleicht nicht in seiner neuen Akte, aber Henriette hat sie, ganz sicher. Also weiterhin warten. Ich ziehe seine Visitenkarte aus meiner Tasche, lege sie behutsam auf den Schreibtisch und betrachte sie. Zehn kleine Zahlen trennen mich von seiner sanften Stimme, die wie Balsam auf mich wirkt …

Genau das ist die Tätigkeit oder eher Untätigkeit, die ich überhaupt nicht ertragen kann: Warten. Wozu das Ganze? Man wartet immer viel zu lange. Als läge eine Ewigkeit vor uns. Aber so ist es doch nicht. Der Countdown läuft, glauben Sie mir. Stecken Sie sich die Finger in die Ohren, schweigen Sie, und horchen Sie in sich hinein … Hören Sie Ihre Herzschläge? Das kleine Lebens-Bumbum? Das Ticktack Ihrer inneren Uhr? Niemals darf man Zeit verschwenden, Zeit totschlagen. Warum muss einen erst einmal der Tod streifen, bis man begreift, dass man schleunigst leben, brennen, lieben, das Leben füllen, jeden Bruchteil des Lebens auskosten muss? Ich habe dieses Dringlichkeitsgefühl in mir, das meine Liebhaber nicht immer mit mir teilten. Ein anderes Zeitgefühl.

Um dem Zölibat zu entgehen, musste ich lernen, mich abzustimmen, meine Hast mit etwas Geduld zu maskieren, den Rhythmus meines Herzens zu verlangsamen.

Ich strecke mich auf meinem Bett aus und schließe die Augen. Konzentriere mich auf mein geheimnisvolles Ticktack, auf dieses Herz, das meiner Faust gleicht. Dieses empfindsame Herz, dessen Tempo ich allein schon durch einen Gedanken zu steigern vermag … Dr. Leroux … dann das Phantombild dieser Frau, die mir mein neues Leben geschenkt hat … dann all die Kubikmeter Blut, die meinen Körper durchströmen … Wie starb sie? Hat sie gelitten? Sieht sie mich von irgendwoher?

Mein Herz klopft. Ich mache die Augen auf. Es ist noch hell.

Ich muss an die Luft, meine Gedanken und meine Ungeduld mit Lili teilen.

»Hör auf, dir etwas vorzumachen«, schleudert sie mir entgegen, kaum dass ich etwas gesagt habe. »Die Liebende mit dem neuen Herzen und ihr Herzensdoktor, wahrlich ein schöner Filmtitel ... Hast du den Verstand verloren?«

»Ich bin Künstlerin, romantisch veranlagt und irrational. Ich spiele mir immer etwas vor, das ist mein Leben, meine Natur. Ich forme das Leben, schmücke es aus!«

»Du deformierst es aber auch. Du hast diesen Mann ein einziges Mal gesehen, bei einer Untersuchung.«

»Ich denke auch über meinen Spender nach. Der charmante Arzt sagte, unsere Fäuste hätten dieselbe Größe gehabt. Und dass die Entnahme meines jetzigen Herzens auch im Hôpital Saint-Paul vorgenommen wurde ...«

»Das hat er dir gesagt?«

»Das ist ihm entschlüpft, er hat sich sofort wieder gefangen, aber ich habe mir zum ersten Mal meinen Spender vorgestellt. Ich wüsste gerne, wie diese Geschichte sich weiterentwickeln wird ...«

»Welche Geschichte?«

»Mit dem Arzt ... Es hat da wirklich gefunkt ... Du glaubst, dass ich mich zu ihm hingezogen fühle, weil er Herzspezialist ist? Meine Therapeutin würde dir sicherlich beipflichten. Es stimmt schon, er wirkt vertrauenerweckend ...«

Beim Erwähnen von Claire fällt mir plötzlich ihre Aussage wieder ein: »Ich bin Psychoanalytikerin, keine Hellseherin.« Und schon frage ich Lili: »Hast du die Nummer deiner neuen Hellseherin?«

»Na klar, sie ist super.«

Lili wühlt in ihrer riesigen Handtasche, in die sie alles hineinstopft, aber in annehmbarer Zeit auch findet. Sie hält mir eine dieser im Schnellverfahren gedruckten und spürbar dünnen Visitenkarten hin. Ich betrachte sie aufmerksam.

Natascha, Ihr intuitiver Couch – ganz was Neues! – Hellseherin, Tarot, Handlesen, spirituelle Unterstützung, Karma-Entwicklung.

»Ist das dein Ernst?«

»Ja, glaube mir, sie ist top.«

»Und was hat sie dir so top vorhergesagt?«

»Dass ich sehr bald schon die Liebe finden werde, sie sah einen Künstler, der ein bisschen verrückt sein soll, aber auch sehr leidenschaftlich …«

Lili scheint sich ihrer Sache ganz sicher zu sein, sie glaubt felsenfest an solche Verheißungen. Ich rufe Natascha an.

»Das trifft sich gut«, erwidert sie, »soeben hat jemand abgesagt.« Bei hundert Euro pro Stunde dürfte häufig jemand absagen. Ich will lieber noch mal nachdenken.

»Hör endlich auf mit diesem Sparsamkeitsfimmel, Geld ist nicht alles!«, empört sich Lili.

»Okay, aber ich habe keins. Hundert Euro, das musst du dir mal vor Augen halten!«

Lili ist geschieden von einem reichen Geschäftsmann, der mit Discountverkäufen im Internet ein Vermögen gemacht hat und, um seiner Vorliebe für jüngere Frauen nachzukommen, seiner Exfrau und Mutter seines einzigen Kindes ein höchst komfortables Leben beschert. Ich habe das nicht, ich bin nur geschieden.

Lili ist eine wundervolle, gebildete Frau, die einfach immer gut gelaunt ist. Wir sind fast gleichaltrig, etwas über dreißig … Also noch recht jung! Sie hat eine olivfarbene, seidige Haut, hellbraune, goldschimmernde große Augen, die ein wenig traurig blicken, wenn sie nicht lacht, was aber nur selten vorkommt, und ihr perfekter Mund ist eine einzige Verführung. Sie ist gut einen Kopf größer als ich, und allein schon der Anblick ihres Körpers mit den harmonischen, naturgegebenen Rundungen stimmt mich traurig.

Ich rufe abermals Natascha an und frage, ob sie nicht ausnahmsweise für eine zurzeit in der Flaute steckende Schauspielerin einen Sondertarif anbieten könne. Damit bringe ich Natascha zum Lachen. Ich lache nicht. Clown wider Willen. Sie akzeptiert, und ich mache mich auf den Weg zu meinem intuitiven Coach.

Lili kommt nicht mit, »damit die Schwingungen nicht beeinträchtigt werden«.

Ich war schon häufiger bei Hellsehern. Wenn ich meinem Vater, einem großen Anhänger der kartesianischen Schule, meine esoterischen Sitzungen schildere, liest er mir immer die Leviten und wirft mir vor, »das Geld aus dem Fenster zu schmeißen«. Ich erwidere dann, dass es für mich eine gute und beruhigende Abwechslung sei. Daran glaube ich zwar nicht wirklich, aber ich liebe die Vorstellung des Unerklärbaren und Magischen jenseits der Wirklichkeit.

Natascha empfängt mich im obersten Stock eines eher schäbigen Gebäudes, nicht weit von der Gare Saint-Lazare. Zwei ineinander übergehende Dienstbotenkammern. Schon als ich die endlose Treppe hinaufgestapft bin, habe ich unter meinen Füßen die Vibrationen der Metro gespürt. Für gewöhnlich mag ich dieses typisch pariserische Gefühl, aber hier ist es der TGV, der unter dem Haus durchflitzt.

»Bonjour, Charlotte!«

»Bonjour … Man glaubt's ja nicht, ein wahres Erdbeben.«

»Ja, die Gare Saint-Lazare. Bitte gedulden Sie sich einen Moment, ich bin gleich für Sie da …«

Na klar, gedulden wir uns wieder einmal … Im Warteraum habe ich das ganze Arsenal der »spezialisierten Hellseherin« vor Augen, in völliger Übereinstimmung mit der Visitenkarte: Duftkerzen, die überall auf dem Boden herumstehen und ihre Aromen vermischen, Weihrauchschwaden, die mir allmählich die Kehle zuschnüren, Buddha-Abbildungen in verschiedensten Positionen, die Zeichnung eines grünen Drachen, eine auf die Wand gemalte Hand mit knallroten Linien, eine goldene Schale voller Reiskörner auf einer Wandkonsole und, in einem an den

Ecken beschädigten Bambusrahmen, der Tarif pro Sitzung, ohne Rabatt, mit dem eindeutigen Zusatz: »Keine Kreditkarten, keine Schecks. Merci, Natascha.«

Versteht sich von selbst. Ich habe nicht übel Lust, die endlose Treppe wieder hinunterzusteigen und meine paar Kröten für eine Massage mit Aromaölen aufzusparen, die meine neurotische Ungeduld gewiss eindämmen würden. Doch Natascha dürfte, als sie mich verließ, die Fluchtwellen verspürt haben, denn ich höre sie bereits herbeieilen. Sie öffnet die Tür und ihren fleischigen breiten Mund und bittet mich, ihr zu folgen.

»Wozu ist die Reisschale gut?«

»Das ist Feng-Shui, bringt Wohlstand, genau wie der kleine Springbrunnen im Vorraum.«

»Feng-Shui?«

»Das ist eine chinesische Lebensart, die Erdelemente und Energien in Einklang zu bringen vermag, Yin ist die negative und Yang die positive Energie …«

»Ich weiß, was Yin und Yang ist.«

»Gut, und Feng-Shui ist die Kunst, sie in Einklang zu bringen.«

Die Hellseherin trägt einen eleganten Kaftan lebhafter Farbe und mehrere Ketten aus falschen Perlen und diversen Steinen, die schwer wiegen dürften auf ihrem majestätischen Busen. Und an den Fingern unzählige Ringe aus allerlei Metall, Weißblech, Kupfer, Silber in allen nur denkbaren Formen und aus sämtlichen Breitengraden des Erdballs.

Bei all meinen Esoterikversuchen kommt mir immer die gleiche Frage in die Quere: Wie kann es sein, dass jemand, der die Zukunft lesen, sie also beherrschen zu können behauptet, also über eine einmalige, schwindelerregende, unendlich kostbare, wenn nicht gar diabolische Macht verfügt, in so bescheidenen Verhältnissen lebt? Wenn Natascha tatsächlich die Zukunft anderer vorhersehen könnte, dann würden die Menschen ihr doch die Tür einrennen, und sie wäre steinreich …

»Warum kommen Sie zu mir, wenn Sie nicht daran glauben?«

Ich bin verdutzt. Sie kann meine Gedanken also doch lesen.

»Vielleicht, um eine so direkte Frage zu hören. Es stimmt, so ganz überzeugt bin ich nicht, aber ich bin ohnehin voller Widersprüche.«

»Sie sind Künstlerin, wenn ich mich nicht irre.«

»Ja, das heißt, ich war es ...«

»Darf ich?« Natascha greift nach meiner Hand.

Sie öffnet sie, fächert sie auf wie eine Schatzkarte.

»Sie werden wieder Filme drehen, aber ich sehe da noch eine andere künstlerische Tätigkeit. Malen Sie? Singen Sie?«

»Ja, ich male ein bisschen, aber nichts Umwerfendes, ich singe auch, liebend gern, ich nehme Unterricht, eine Probeaufnahme gibt's schon, mit genialen Partnern, aber den Produzenten müssen wir noch finden ...«

»Das wird klappen, dies oder etwas anderes ... Und Ihre Gesundheit? Wie steht es um Ihre Gesundheit?«

Mein Buch war nämlich zu diesem Zeitpunkt noch nicht erschienen.

»Das frage ich Sie!«

Nataschas Blick sucht mein Gesicht ab, mein Dekolleté, und sofort schließe ich die Augen, um mich geistig zu leeren. Sie soll nichts Weiteres von mir gesagt bekommen. Entweder weiß sie's oder eben nicht.

»Sie wirken erschöpft, was sind das für Punkte rings um Ihren Hals? Und diese beginnende Vernarbung da? Das Herz, nicht wahr? Aber seien Sie unbesorgt, es wird durchhalten, Ihr Herz.«

»Sie meinen, mein neues Herz ...«

Natascha scheint überrascht, erwidert aber sofort: »Ja, das meine ich ...«

Sie greift nach einem Set normaler Spielkarten, die ich mischen und dann mit der Linken abheben soll. Ich reiche sie ihr, und sie deckt sie der Reihe nach auf.

»Ihre Mutter? Sie scheint mir nicht gesund zu sein ...«

Natascha zeigt auf die Herzdame, dann auf die Pikacht, die darüberliegt.

Mich befällt ein nervöses Lachen, das mir peinlich ist: »Das kann man wohl sagen, sie ist sogar tot, sie starb vor sieben Jahren an Krebs.«

»Ja, genau, ich sehe doch, dass es da ein Problem gibt …«

Natascha lässt sich nicht so leicht aus der Fassung bringen.

»In der Tat, ein gravierendes Problem …«, sage ich.

»Die Hellseherei ist keine exakte Wissenschaft … Aber wissen Sie, dass Ihre Mutter Sie beschützt?«

»Ich hoffe es, spüre sogar manchmal ihre Gegenwart, möchte aber lieber nicht darüber reden …«

»Wollen Sie aufhören, Charlotte? Sie sind nicht sehr aufnahmefähig, das spüre ich.«

»… und was ist mit der Liebe?«

»Ich sehe da eine Begegnung, jemanden, der in der gleichen Branche arbeitet wie Sie, ein Schauspieler, oder jemand vom Film, aber er wird Angst haben, große Angst – wovor?«

Ich schweige, Natascha redet weiter.

»Es könnte auch ein Arzt sein, jemand, der Sie behandelt, aber er ist schüchtern, beeindruckt, liebt Sie insgeheim, Sie sind ihm schon begegnet, nicht wahr?«

Vielleicht hat Natascha nur mein offenes Lächeln gedeutet, das bei dem Wort »Arzt« mein Gesicht umspielte, während ich gespannt auf einen weiteren Coup wartete.

»Stimmt, ich habe jemand getroffen … Genauer gesagt … meine letzte Biopsie … war eher angenehm …«

»Sébastien?«

Da wird mir klar, dass ich von meinem Herzensdoktor nicht einmal den Vornamen weiß.

»Ich höre Sébastien, jedenfalls ist es ein langer Vorname, der mit S beginnt, es zischt …«

»Keine Ahnung. Und was wird aus mir und diesem Sébastien?«

»Nehmen Sie diese Karten, mischen Sie sie und denken Sie

dabei intensiv an ihn, dann geben Sie mir sieben Karten, aber wieder mit der Linken, das ist wichtig …«

Dieses Kartenset ist schon ungewöhnlicher, da gibt es Kelche, Goldmünzen, Schwerter …

»Es wird nicht von Dauer sein. Die wahre Liebe wird später kommen, zuerst in Ihren Träumen … Sie träumen recht viel im Moment, nicht wahr?«

»Wie immer … Eher nein, ich nehme ja Schlafmittel, daher erinnere ich mich nicht an meine Träume … Na gut. Ich muss jetzt gehen, ich bin ein wenig in Eile.«

»Und ein wenig enttäuscht?«

»Ein bisschen schon.« Ich kann nicht lügen. »Aber ich nehme es Ihnen nicht übel. Sie sind mir sympathisch.«

»Die Liebe wird kommen, Charlotte, das Herz wird durchhalten, folgen Sie Ihren Träumen …«

»Super …«

Ich lächele, springe auf, deute ein Adieu an und mache mich aus dem Staub.

Kaum bin ich auf der Straße, klingelt mein Handy: die neugierige Lili, die immer noch in meiner Wohnung auf mich wartet.

»Ist sie nicht top?«

»Nicht wirklich. Bei meiner Mutter hat sie ein Gesundheitsproblem gesehen und bei mir eine Liebesgeschichte mit einem Sébastien, der Arzt oder Schauspieler sein soll, aber nichts von Dauer, und die große Liebe wird erst noch kommen. Klar! Aber etwas Positives hatte das Ganze, Sie hat kein Geld verlangt.«

»Ich verstehe das nicht, sie ist doch sonst so gut …«

Auch Lili ist enttäuscht.

»Ich muss die Klinik anrufen.«

»Wieso?«

»Mir ist klar geworden, dass ich den Vornamen von Dr. Leroux nicht weiß. Oder schau doch bitte mal im Wohnzimmer nach! Seine Karte muss dort irgendwo herumliegen … auf meinem Schreibtisch! Und ruf mich gleich wieder an, Küsschen …«

Lili macht sich auf die Suche und erklärt wenige Minuten später triumphierend: »So schlecht ist sie doch nicht, meine Hellseherin: Dr. S. Leroux!«

»Steven, Steven Leroux!«, schreit Henriette in den Apparat, um sicherzugehen, dass ich sie auch höre.

Meine prähistorische Henriette misstraut den nervtötenden Handys, die oft so schlecht funktionieren. »Eine echte Sklaverei!« So etwas kommt für sie nicht infrage.

»Seit Montag hat er mich schon mehrmals über Sie ausgefragt, er wollte sogar Ihre Nummer haben …«

»Perfekt! Steven, das ist doch bretonisch, oder?«

»Ja, ich glaube, er stammt auch aus der Bretagne. Aber viel weiß ich nicht von ihm. Er ist ja nicht gerade redselig.«

»Sébastien heißt er jedenfalls nicht …«

»Was tut das zur Sache?«

»Weil es mit einem Sébastien nicht von Dauer wäre. Ich warte also, bis er mich anruft.«

»Wer ist Sébastien?«

»Ein Nobody, ich werd's Ihnen erklären.«

»Sie sprechen in Rätseln, Kleines …«

»Stimmt es, dass mein Transplantat im Hôpital Saint-Paul entnommen wurde? Steht das in meiner Akte?«

»Ich verstehe nicht recht … Wer hat Ihnen so etwas gesagt?«

»Er.«

»Unmöglich! Sie fangen an zu spinnen, Kleines. Dr. Leroux kann Ihnen das unmöglich gesagt haben … Sie wissen doch, das passiert alles völlig anonym … Soll ich dem Doktor sagen, dass Sie angerufen haben?«

»Nein … Oder doch! Ja, sagen Sie es ihm!«

Die Marketingkampagne für mein Buch steht kurz vorm Anlaufen und erweist sich jetzt schon als stressig. Tony, die mein Verleger mit der Pressearbeit betraut hat, schlägt mir einen Erholungsurlaub in ihrem Fischerhäuschen auf Korsika vor, nicht weit von Porto-Vecchio.

»Du wirst sehen, es wird supercool werden, völlig entspannt, wir werden gegrillten Fisch essen oder selbst in einer Bucht am Fuße der Klippen grillen und dabei die ganze Promotion besprechen und uns vor dem anstehenden Rummel noch kurz erholen. Ich fand dein Buch toll, Schätzchen! Du kommst also mit?«

»Okay, ich komme mit, nett, dass du mich einlädst.«

Tony gilt in Pariser Pressekreisen als eine der Angesehensten ihres Fachs. Ihr kleinformatiger Terminkalender ist dick wie ein Telefonbuch, und ohne ihn wäre sie, wie sie selbst sagt, verloren. Er dürfte das komplette Pariser Who's who enthalten. Tony ist alterslos, eine noch gut aussehende Frau mit einer vom vielen Tabak rauchig gewordenen Stimme. Ihr Lächeln ist in meinen Augen eine elegante Maske über einem sperrigen Leben. Wenn ich ihre Assistentin verstohlen nach Tonys Alter frage – ich bin immer so neugierig –, ernte ich nur stumme Blicke aus aufgerissenen Augen, als wollte ich in ein Geheimnis eindringen. Tony kennt kein legales Rentenalter. Ich bin sprachlos über so viel Elan. Ihr Geheimnis? »Vergnügen, Vergnügen ohne Ende. Gern leben, gern arbeiten, alles gerne tun, Herzchen, alles am Leben lieben!«

Tony ist ein Profi, aber auch überaus gutherzig, gewinnend, fürsorglich – und spontan. Bei ihr ist »alles Intuition, man muss nur auf sein Herz hören«. Mein Buch liebt sie, also wird sie es verteidigen. Sie reißt mich mit und nimmt mich unter ihre Fittiche.

Ich bin mir bewusst, dass das alles in ein paar Monaten vorbei sein und Tony mit dem Ende der Werbekampagne aus meinem Leben verschwinden wird. Sie hat ja so viele Freunde, dass sie für Leute wie mich keine Zeit mehr haben wird, was ja normal ist. Wir werden uns also nach dem letzten Pressetermin herzlichst umarmen, vielleicht sogar ein paar Tränen vergießen, einander versprechen, »sehr bald« zu telefonieren, und doch nicht mehr anrufen. So ist es nun mal im heftig pulsierenden, aber schnelllebigen Showbiz. Ein ewiges Dazwischen: zwischen Verschmelzung und Trennung, zwischen Liebe und Vergessen. Nichts für empfindsame Herzen.

Montag habe ich Steven zum ersten Mal gesehen, und heute ist schon Donnerstag, mein langes Wochenende auf Korsika steht bevor, und nichts geschieht. Keine SMS, kein Anruf. Mein Plan von einem gemeinsamen Leben mit dem smarten Arzt löst sich allmählich in Luft auf. Trübe Stimmung. Lili versteht mich nicht. Wie kann ich mir nur nach einer so banalen ärztlichen Untersuchung eine derartige Romanze ausmalen? Aber so bin ich nun mal, genauso intuitiv wie Natascha, wenn nicht noch mehr. Zwischen dem Doktor und mir hatte es eindeutig gefunkt, ich hab's gespürt. Als er mich zum zweiten Mal berührt hatte, habe ich mir gewünscht, er würde es noch mal tun, überall, ohne Unterlass, seine Hand nicht wegziehen. Nein, Lili, das passiert mir nicht immer. Das kommt auf die Wärme der Haut an, eine geheimnisvolle Chemie. Das kann ein flüchtiges Leuchten im Blick sein, ein Augenblick, wo der andere sich preisgibt in seiner Verwundbarkeit, einem wie eine reife Frucht in den Schoß fällt. Ganz kurz treffen da zwei schamhafte Seelen aufeinander und ergänzen sich.

Doch die Zeit verstreicht und tötet den Augenblick, wenn man ihn nicht nochmals erschafft. Ich werde Dr. Leroux wiedersehen, davon bin ich überzeugt. Wenn er ihn nicht tut, dann tue ich den ersten Schritt. Lieber wäre es mir zwar gewesen, dass er anruft, mir ein bisschen den Hof macht. Nach alter Schule.

Nein, ich werde nicht den ersten Schritt tun, das ist beschlossene Sache. Ich bin es leid, dass man mich an der Nase herumführt, bin auch die unentschlossenen Männer leid, die man immer erst ankurbeln muss. Ich bin anständig erzogen worden und strebe durchaus zu meinen Wurzeln zurück. Charlotte, die Emanze, die den Männern nachjagt, ist mit dem heutigen Tag gestorben. Ich werde ihn nicht anrufen. Ich werde abhauen nach

Korsika, das Weite suchen, mich aus dem Staub machen, mich in der Sonne aalen und glühen, bis ich alles vergessen habe.

Freitagmittag packe ich meine Sachen. Über Paris ist eine brutale Hitze hereingebrochen. Einen Moment lang unterbreche ich meine Vorbereitungen und richte mich auf. »Wenn er ihn nicht tut, tue ich den ersten Schritt ...« Dieser an den Arzt adressierte Gedanke findet plötzlich ein gänzlich anderes Echo in mir. Werde ich eines Tages die Identität meines Spenders herausfinden, seine Angehörigen kennenlernen, das Geheimnis entschlüsseln?

Ich lasse sie vorbeiziehen, diese überraschenden Gedanken, versuche fröhlich zu sein, küsse meinen Kater Caviar, fülle seinen Napf und schütte meinem Coco eine mehrtägige Ration Granulat ins Aquarium. Ich fahre ja nur für ein paar Tage weg. Lili wird morgen vorbeischauen, Tara geht zu ihrem Papa, der sich gut um sie kümmert. Mein Töchterchen ist fröhlich.

»Wirst du mir etwas mitbringen?«

»Na klar, mein Engel.« Bei dieser Antwort wird mir bewusst, dass ich keine Ahnung habe von Korsika und was ich dort finden könnte.

Ich fahre heiteren Herzens – fast unbeschwert. Mein Handy vibriert. Eine SMS! Ich stürze mich darauf: Lili wünscht mir ein schönes Wochenende. Nett von ihr. Jetzt klingelt das Handy. Diesmal ist's ein Anruf. Nummer unterdrückt. Ich fiebere, bin wieder fünfzehn und ärgere mich darüber. Auf unterdrückte Nummern reagiere ich nicht. Ich höre die Mailbox ab. Es ist Tony, sie findet ihr Handy nicht mehr, ihr Flugticket auch nicht, spricht jetzt vom Handy ihrer Tochter aus und schlägt vor, dass wir uns direkt am Flughafen treffen. In Ordnung.

Endlich habe ich all meinen Krempel beisammen. Ich kann einfach nicht mit leichtem Gepäck reisen. Wo ich auch hinfahre, ich brauche immer wenigstens einen warmen Mantel, auch wenn er noch so lästig ist, das ist mein Bretoninnenreflex. Da ich immer fröstele, nehme ich sogar im Hochsommer Pullis nach Korsika mit, allerlei zum Wechseln, chic und lässig, dazu meinen überquellenden Kosmetikkoffer. Ich habe einen reizenden Zeitungsartikel über die Schauspielerin Françoise Dorléac gelesen, den ich hinreißend fand, so altmodisch, so romantisch. Ich liebe ihr Temperament und ihre Anmut. Sie war eine große Liebende und reiste stets mit großem Gepäck: alle Arten von Kleidungsstücken, für alle vier Jahreszeiten, Pelze, Seide, Ballkleider und Jeans, egal, wo es hinging, egal, ob Sommer oder Winter. Nicht, weil sie kapriziös war, und auch nicht aus Eitelkeit, sie wollte nur immer bereit sein, dem Mann, dem sie vielleicht begegnen würde, notfalls bis ans Ende der Welt, in die Tropen oder andere Klimazonen folgen zu können.

Noch einmal klingelt mein Telefon. Lustlos, bar jeder Hoffnung greife ich danach und tue gut daran: Der Taxifahrer teilt mir mit, dass er bereits vorm Haus steht.

Ich schlage die Tür zu und sehe im Spiegel des dunklen und engen Aufzugs meine betrübte Miene und die eintönigen Treppenabsätze hinter mir hinuntergleiten. Was bin ich doch für eine dumme Gans! Da lädt mich jemand fürstlich ein, um mir die Tage zu versüßen, und ich schaue so miesepetrig drein. Manchmal kann ich mich selbst nicht ausstehen. Ich schneide mir Grimassen, grinse in den Spiegel, strecke mir die Zunge raus, ohrfeige mich links und rechts und höre mit dem Affentheater erst auf, als der Mieter vom ersten Stock die Tür aufmacht, mich grüßt und sich in der Enge fast an mich drückt. Ein betulicher alter Herr, dessen Geruch mich abstößt. Ich schnappe nach Luft, als wir unten sind. Vor meinem Briefkasten zögere ich, die Post herauszunehmen, ich weiß schon gar nicht mehr, wann ich es das letzte Mal getan habe, denn ich schaue nicht täglich nach. Ich hieve mich auf die Fußspitzen und erkenne schemenhaft einen Haufen Briefe und Prospekte aller Art. Beschwert mit einem dicken Packen Umschläge setze ich mich ins Taxi. Der Boulevard périphérique ist mal wieder verstopft, der Fahrer flucht, und ich beginne meine Post zu sichten.

Rechnung, Rechnung, Steuerbescheid, Prospekt, Rechnung, Bankauszug, dessen Farbe mir bekannt ist, nur dieses besondere Rot verdränge ich, Taras Schule, Krankenversicherung, ein Umschlag mit Mercedesaufdruck, ha, da habe ich wohl ein Cabrio gewonnen, voller Optimismus reiße ich den Umschlag auf: »Mahnungsbescheid … Schuldensumme nach wie vor 10 294 Euro.« Ich muss es zweimal lesen. 10 294 Euro, aber wieso denn? Diese verdammte Post, ich hätte sie ein für alle Mal in der Büchse der Pandora lassen sollen! Mit einem solchen Bescheid wurde mir vor nun fast zwanzig Jahren mitgeteilt, die Untersuchung habe ergeben, ich sei HIV-positiv. Seitdem hege ich eine gewisse Phobie gegenüber solch grau-weißen Umschlägen ohne bunte Briefmarke und mit diesen Fensterchen, hinter denen, wie eingesperrt, dein Name steht.

»Irrtum der Bank zu Ihren Ungunsten, sie haben 10 000 Euro verloren!« Um Ruhe bemüht, falte ich diese frohe Botschaft wieder zusammen und stecke sie in die Handtasche. Damit befassen wir uns später! Jetzt haue ich erst einmal ab in die Sonne, sofern Paris es mir gestattet. »Wenn das so weitergeht, Mademoiselle, sind wir noch lange nicht am Ziel«, knurrt der Fahrer. Was auch geschieht, ich will mich entspannen, strecke ein bisschen meine Beine aus und fege mit einer Armbewegung meine elendige Post beiseite, die sich auf der ganzen Sitzbank breitmacht. Da zieht die herauslugende Ecke eines Fotos meine Aufmerksamkeit auf sich. Eine Ansichtskarte … von Paris! Ein herrlicher Eiffelturm vor kitschig blauem Himmel. Lustig. Ich drehe die Karte um und lese:

Liebe Charlotte, ich weiß nicht, wie ich es formulieren soll, aber als Sie in meinem Büro saßen, war ich nahe daran, jeden Unsinn zu reden, nur damit Sie noch blieben. Das steht mir nicht zu. Ich hoffe, Sie nehmen es mir nicht übel. Ich würde Sie gerne wiedersehen und nicht erst in sechs Monaten. Steven Leroux.

Ich stoße einen Schrei aus, und mein plötzliches Gezappel beunruhigt den Taxifahrer, der ohnehin schon mit den Nerven am

Ende ist. Er wiegt den Kopf und wirft mir im Rückspiegel einen finsteren Blick zu. Ich lache lauthals, weil ich seine Gedanken lesen kann: »Na toll, ich habe eine Hysterikerin an Bord!« Dann prüfe ich den Poststempel, 7. August, das war wann? Mittwoch. Er hat sie also vorgestern eingeworfen. Zwei volle Tage hat er nachgedacht und sie dann am Mittwoch eingeworfen, damit ich sie vor Samstag bekomme. Er erwartet mich also an diesem Wochenende, und ich haue ab in Richtung Korsika! Seine Visitenkarte liegt auf meinem Schreibtisch … Ich kann jetzt nicht umkehren, das wäre unverzeihlich respektlos gegenüber Tony. Ich werde ihn anrufen, er wird kommen, ich weiß, dass er kommen wird. Auch Françoise Dorléac hätte gesagt: »Kommen Sie zu mir in die Sonne, ich erwarte Sie …«

Ich rufe im Krankenhaus an, bitte flehentlich, man möge mir seine Handynummer geben, denn meine gute Henriette hatte ihren freien Tag. Alle Welt weigert sich, bis eine von Henriettes Kolleginnen mich an der Stimme erkennt. Ich rufe Steven an. Er reagiert sofort, noch vor dem zweiten Klingeln.

»Ich bin's, Charlotte, der Eiffelturm ist schön, aber Korsika soll noch schöner sein …« Ich rede unaufhörlich, will kein Nein hören, rede ihm gut zu, »… würde mich wirklich sehr freuen, wenn Sie kämen«, nur freuen, einfach so, ganz friedlich, »ohne jegliche Verpflichtung«. Er erwidert nicht viel, lacht nur, und nach einem kurzen Moment der Stille höre ich: »Ich komme.«

Glauben Sie an Gott? Ich nicht immer, doch manchmal mache ich mich auf die Suche nach ihm. Manchmal denke ich, er hat mich verlassen, er ist überhaupt nur eine Erfindung der Menschen, damit ihr Leid erträglicher wird. Manchmal kann ich die Gewalt in der Welt und Gottes Ohnmacht kaum ertragen, aber dann hege ich doch wieder Hoffnung.

Heute habe ich eine Gewissheit gewonnen, die ich Ihnen mitteilen muss: Das Paradies gibt es wirklich. Nicht das dort oben, auch nicht das »danach«, Korsika ist das Paradies!

Tony hat ihren Flug verpasst, ich soll am Zielort auf sie warten. Im Flugzeug frage ich, ob jemand bereit sei, meinen Platz am Gang mit mir zu tauschen, da langweile ich mich immer. Eine Dame gewissen Alters, die bereits vor sich hin döst, erklärt sich freundlicherweise bereit: Sie schaue ohnehin lieber den »so adrett gekleideten« Stewardessen zu, und außerdem sei es praktischer, »wenn man zur Toilette muss«. Ich bedanke mich und schlüpfe ganz nah ans Fenster.

Ich habe Angst vorm Fliegen, leide unter Platzangst. Immer wenn die schwere Tür des Raumschiffs mit diesem mächtigen Sicherheitsgriff verriegelt wird, möchte ich am liebsten schreien: »Lassen Sie bitte einen Spalt offen, für den Fall, dass ich an die Luft muss.« Doch ich rufe mich zur Ordnung und lenke mich ab, indem ich durch das kleine Bullauge beobachte, was sich am Himmel so tut. Das ist oft ein ganz besonderer Moment, wenn die Maschine nach ein paar beängstigenden Ruckelbewegungen des Rumpfs die dicke Dunstschicht durchstößt und die Sonnenstrahlen auf den schimmernden Stahl der Tragflächen prallen. Und wenn sich dann auf diesem unsichtbaren Luftteppich das Flugzeug beruhigt, scheint alles zu schweben, so wie ich. Mein geöffneter Mund klebt fast am Plexiglas des Gucklochs, und ich mache die Augen ganz weit auf. Ist die Luft klar, beobachte ich, wie sich die Erde entfernt und was die Menschen aus ihr gemacht haben: ein Patchwork, eine Collage aus lauter Parzellen. Jedes Fleckchen Erde ist umzäunt, umrahmt, jede Farbe kommt vor, häufig gibt es Rechtecke, dabei kennt die Natur diese Form gar nicht. Der Anblick meiner zerstückelten Welt stimmt mich nachdenklich. Die Menschen haben die Erde unter sich aufgeteilt, doch in unglaublich ungleichen Stücken. Das flaschengrüne große Rechteck dort unten wird an einem Monopoly-Glückstag das benachbarte kleine ockerfarbene Quadrat aufkaufen, das dann auch grün werden wird. Größe und Farbe der Stücke werden sich immer wieder ändern. Die Vermessung des Erdballs scheint unumkehrbar.

»Darf ich Ihnen etwas zu trinken bringen, Mademoiselle?«

»Ja, bitte eine Cola.«

»Etwas Salziges oder Süßes dazu?«

»Nein danke, nur eine Cola.«

Jetzt schließe ich die vom Sonnenlicht geblendeten Augen. Ich vergesse die Menschen und ihre Weltzerstückelung, ich will von einer Romanze träumen und von urwüchsiger Landschaft. Ich fliege unbekannten Gefilden entgegen. Ich fühle mich wohl. Keine Turbulenzen. Diesen Moment der Wonne, der Hoffnung und der Leichtigkeit muss man in vollen Zügen auskosten.

Porto-Vecchio. »Portivechju war ursprünglich ein Piratennest«, erklärt mir der bärtige, einem Piraten nicht unähnliche und eindeutig von hier stammende Nachbar, der auf Tonys Haus aufzupassen pflegt, wenn sie nicht da ist.

»Wieso sagen Sie ›war‹?«

Der Korse hat keinen Sinn für meinen Humor. Ich beobachte seine trägen Gesten, dabei ist er noch jung, hier lebt man anscheinend langsamer, natürlicher. Ich lache, schlendere entspannt neben ihm her, und plötzlich öffnet sich vor mir die endlos weite Sicht auf den Golf. Das Meer hat ein tiefblaues Gewand angelegt, viel dunkler als der Himmel, seine glatte Oberfläche funkelt, und ganz deutlich lassen sich die breiten, in aller Ruhe einander entgegenströmenden Wasser erkennen, die sich entlang der ockerfarbenen Felsen, der regungslosen Pinienwälder und hellen Sandstrände miteinander vermischen … Santa Giulia, Palombaggia, Benedettu, die »gebenedeite« sandige Halbinsel. Die Luft ist warm, der Himmel wirkt weiß vom Übermaß an Licht, ich pflücke Hahnenfuß und denke dabei an Tara. Und hier, wo es kein Telefonnetz gibt, wo ein paar friedfertige Insekten das Sagen haben, gewinne ich plötzlich die Gewissheit, dass dieser Ort, in dem Steven mich in ein paar Stunden finden wird, das Paradies ist.

Paris, Dezember 2005

Unsere Liebesgeschichte begann zärtlich auf Korsika und dauert noch an.

Bald werden es sechs Monate sein, dass wir uns mehrmals pro Woche sehen, immer dann, wenn Tara, wie bei der Scheidung vereinbart, bei ihrem Vater ist. Wir wechseln uns ab.

Steven ist sanft, fürsorglich, unkonventionell, ein wenig schüchtern. Und wie er mir gleich zu Anfang sagte, redet er nicht gern. Reden könne man viel, aber tun sei etwas anderes. *Es gibt keine Liebe, nur Liebesbeweise*, ist seine Devise. Selten sagt er: »Ich liebe dich«, denn er misstraut den Worten und liebt mich lieber körperlich. Wir treffen uns bei ihm zu Hause, in Restaurants am Stadtrand, möglichst so, dass uns keiner sehen kann, oder bei mir daheim. Unsere Beziehung ist geprägt von Ruhe und Frieden, doch auch von Intensität. Ich respektiere sein Bedürfnis, häufiger allein sein zu wollen, auch wenn ich es nicht habe. Zeitweise spüre ich, wie mein Naturell wieder in Galopp fallen möchte, wie meine Sehnsucht, ihn zu besitzen und ihm das Wichtigste im Leben sein zu wollen, wieder wach wird. Aber ich zügele mich erstaunlich gut. Ich habe den Eindruck, als sei mir die verzehrende Leidenschaft mit meinem ersten Herzen abhandengekommen. Ich sehne mich nach Harmonie, einer Art Glück, nicht als Dauerzustand – was es wohl ohnehin nicht gibt –, sondern als Abfolge glücklicher Momente in einer Beziehung, die aus Zuhören, Zuwendung und Zuneigung besteht. Bin ich vielleicht nur reifer, erwachsener geworden, habe ich endlich etwas gelernt aus meinem wilden Liebesleben von früher?

Manchmal ängstige ich mich, wenn Steven so wortkarg ist oder mir erklärt, heute Abend habe er keine Zeit für mich. Ängstige mich vor einem möglichen Verschweigen, dem Unausgesprochenen, vor dieser Welt, in der er lebt, wenn ich nicht dabei bin. Meine Eltern waren oft so schweigsam, Verfechter des Nichtsagens. Das war mir von Natur aus unerträglich, daher redete ich laut, lachte laut, tanzte herum, provozierte, alles war mir lieber als diese Stille. Mein Leben sollte nicht still sein. Ich sehnte mich nach Licht und Lärm. Das Elternmodell bleibt etwas Geheimnisvolles, man versucht es abzuschütteln und kehrt doch häufig, fast widerwillig, zu ihm zurück. Was man für Außenwelt hielt, entdeckt man in sich. Ich floh vor der Stille, liebte den Lärm, den *Rock*, die Nachtklubs, das Rampenlicht, aber mit Steven oder sogar bei mir daheim lerne ich die Stille zu schätzen, die mich ebenso anzieht, wie sie mich ängstigt. Es scheint illusorisch, sich von den Kindheitsmustern möglichst weit entfernen zu wollen, denn sie sind unser Gerüst, sind ein Teil von uns.

Mein Verhältnis zur Stille ist für mich der eindeutige Beweis für meine Widersprüchlichkeit. Inzwischen verbinde ich damit heitere Gelassenheit und Vertrauen, aber auch Vergessen, Gleichgültigkeit und Verlassen, all das, was mich schaudern macht, wenn ich mich plötzlich meiner Einsamkeit gegenübersehe.

Ich verstehe Steven, mache mir Gedanken über seine Art, sage mir: »Er ist einfach anders«, aber dennoch wünsche ich mir, dass unsere Geschichte andauert, denn ich brauche die Vorstellung, dass es immer wieder ein Morgen gibt. Eine Bindung »fürs Leben« ist für mich längst Fiktion, ein Hirngespinst. Meine Gesundheit hat es mir nie erlaubt, weit voraus zu planen, und doch träume ich von Ehe ... Ich habe mir eine Lebensphilosophie zu eigen gemacht, die zu mir passt: Lebe den Augenblick und vielleicht auch das Morgen, aber höre nie auf zu träumen.

Um mich herum wird das »fürs Leben« ja auch zunehmend seltener. Alles scheint brüchiger geworden zu sein.

Die Marketingkampagne für mein Buch nimmt kein Ende, da es sich so gut verkauft. *Paris Match* möchte mich aufs Cover nehmen. »Aber nicht allein«, sagt Tony. »Ein schönes Foto mit dem Motto *Charlotte und ihre neue Liebe*, du kennst ja ihre Masche.« In der Tat. Ich bin wenig begeistert von diesem aufgezwungenen Motiv. Tony zeigt Verständnis, gibt aber auch nicht nach: »Hör mir mal gut zu, Schätzchen, ein Cover für *Match*, das lehnt man nicht ab, ich kenne genug, die dafür morden würden!« Ich nicht, ich bin Jainistin, von Grund auf friedliebend und zunehmend weniger ichbezogen. Immerhin schlage ich Steven vor, sich mit mir ablichten zu lassen, das wäre eine schöne Erinnerung für mich, und häufig sind die Fotos sogar hübsch. Er zögert. Langsam findet er Geschmack an der Glitzerwelt des Showbiz, begleitet mich häufiger zu Fernsehsendungen oder Interviews und jubiliert insgeheim, wenn ihm »Prominenz« begegnet. Nach reiflicher Überlegung lehnt er dennoch ab: »Aufs Cover von *Match*, nein, das geht nicht.« Ich bin sprachlos, diese Antwort hallt noch lange in mir nach. Ich deute sie als Weigerung, mit mir in Verbindung gebracht zu werden, öffentlich mit mir vereint zu sein. Es fühlt sich an wie eine Zurückweisung. Steven streitet es ab, er möchte doch nur Diskretion wahren. Er sei von Natur aus verschwiegen. Und im Krankenhaus soll man es schließlich nicht erfahren. Wovor hat er Angst? Er stehe nicht gerne im Rampenlicht, seine Kollegen könnten Unverständnis zeigen, ihn beneiden, ihn hänseln, beteuert er stammelnd. Steven hat eine Karrierestufe erreicht, »auf der man bedacht vorgehen muss, um weiterzukommen«. Der Aufstieg in der Krankenhaushierarchie ist eine komplexe Angelegenheit. Aber wovor hat er tatsächlich Angst? Kann er es mir sagen? Ich spüre, dass ihn etwas hemmt, dass die Wahrheit woanders liegt. Darf ein Arzt seine Liaison mit einer HIV-Infizierten öffentlich kundtun? Könnte das 2005 immer noch Angst einflößen? Ein Arzt ist das Symbol für Gesundheit, in den Augen der Öffentlichkeit, im kollektiven Unbewussten, ist er ein mächtiger Heiler. Ein Arzt bekämpft das Virus, liebt es aber nicht.

»Was das Cover von *Paris Match* anbelangt, das klappt entweder allein oder mit Tara, wenn ihr Vater einwilligt, oder mit meinem Kater oder dem geilen Typ aus *Prison Break*, falls du seine Nummer hast, jedoch bestimmt nicht mit meiner neuen Liebe …« Tony hat diese Antwort bereits erwartet. Mittlerweile hält sie das Ganze auch nicht mehr für wichtig. Ich auch nicht.

Steven ist mir wichtiger als das Scheinwerferlicht.

Eines Tages bittet er mich, meine Blutwerte sehen zu dürfen. Die kann ich ihm nicht zeigen, da ich solchen Papierkram nicht aufzubewahren pflege. Daher schlägt er mir vor, zur nächsten Blutabnahme mitzukommen. Er möchte mir helfen, zu verstehen, zu begreifen, wie es um mich steht. Ich willige ein. Nachdem er den Bericht gelesen hat, bestätigt er mir, dass meine Viruslast dank der Tritherapie kaum noch vorhanden ist. Das Virus ist fast nicht mehr nachweisbar. Also keine Gefahr, eine damit zusammenhängende Krankheit zu entwickeln. Mein Immunsystem verteidigt mich, ganz so, wie es sich gehört. Ich bleibe natürlich HIV-positiv und potenziell ansteckend, aber weitaus weniger als ohne Behandlung. Das Kondom bleibt natürlich unerlässlich. Steven scheint beruhigt zu sein. Aber ist er es wirklich? Ich nicht. Mir wird plötzlich klar, dass dieses verdammte Virus, auch wenn es nur noch ein kaum mehr nachweisbarer Winzling ist, auf ewig ein Hindernis für die bedingungslose Hingabe des anderen sein wird, eine Trennwand, genauso dünn und unsichtbar wie das Latex der Kondome, aber eben vorhanden.

Ich verdränge die professionelle Ausdeutung meines Blutbilds durch meinen Geliebten, vergrabe sie tief in mir, konzentriere mich auf den Augenblick und sehe unserem nächsten Beisammensein frohen Herzens entgegen. Morgen!

Ein Anruf, ein Hilferuf.

»Bonjour, ich heiße Marianne. Ihre Nummer hat mir Ihr Verleger gegeben. Ich bin die Präsidentin der Gesellschaft zur Förderung von Organspenden als Lebensspende, und ich würde Sie gerne treffen.«

In wenigen Minuten erklärt Marianne mir in begeistertem und herzlichem Tonfall, dass meine Geschichte, die sie aus der Presse hat, sie zutiefst erschüttert. Niemals hätte sie sich das vorstellen können, denn sie kannte mich doch nur als stürmische Myriam in der Fernsehserie *Les Cordier, juge et flic*, die neun Jahre lang gelaufen war. Verständlich, ich bin ja nicht umsonst Schauspielerin. Ich kenne sogar Menschen, die ständig lächeln, obwohl sie langsam dahinsiechen. Andere verhüllen ihr Leid mit farbenfroher Eleganz, um weiterhin zu gefallen und zu leben. Bedient sich nicht jeder solcher Tricks?

Ein paar Zahlen machen mir klar, dass es dramatisch an Transplantaten mangelt. Marianne möchte mich in ihren Kampf einbinden. Es sei ihr eine Herzensangelegenheit, sagt sie, und dabei schleicht sich in ihre Euphorie eine Nuance von Traurigkeit. Sie sei überzeugt, dass ich die ideale Botschafterin wäre, um jeden Einzelnen für die Lebensnotwendigkeit von Organspenden zu sensibilisieren. »Man muss sie bezirzen … das wird besser funktionieren als mit den Statistiken der Ärzteschaft. Eigentlich sollte jeder einen Spenderausweis mit sich tragen und freimütig seinen Willen kundtun, Leben retten zu wollen, denn es ist höchste Zeit.«

Während ich Mariannes Redefluss aufmerksam folge, ruft der Ausdruck »höchste Zeit« eine Erinnerung in mir wach, die ich wie so viele andere verdrängt habe: Isabella!

Man hatte mir mein neues Herz eingepflanzt und mich dann in eine Reha verfrachtet, an einen finsteren Ort außerhalb von

Paris. Die Stille, die Einöde der Nacht war mir unerträglich gewesen. Ich litt unsäglich. In dieser Ausweglosigkeit war Isabella, eine sichtbar geschwächte, aber fröhliche junge Italienerin, mit der ich mich sofort angefreundet hatte, mein einziges Licht. Sie war etwas jünger als ich. Wir kannten uns nicht, hatten aber eines gemeinsam: Wir brauchten ein neues Organ. Ich hatte Glück gehabt und hatte mein Transplantat. Sie wartete auf eine Leber, die nicht kam, und verstarb eines Nachts allein in ihrem Zimmer, weit weg von ihrer Heimat und nur wenige Schritte entfernt von mir, dabei hatten wir seit unserer ersten Begegnung etliche schier endlose Wochen miteinander verbracht. Wenn wir uns abends trennten und jede ihre Furcht vor der Nacht verbarg, warf sie mir mit ihrem schönen Akzent und überkreuzten Fingern immer ein fröhliches »Bis morgen, vielleicht« nach. Und ich antwortete, bevor ich auf mein Zimmer ging, mit einem Luftkuss, bei dem ich mir mit den Fingern auf den Mund trommelte, so laut es nur ging, um die Stille zu übertönen.

Ich küsse dich, Isabella.

Ich traf mich mit Marianne, der Unbeirrbaren. Ich akzeptierte es, als Botschafterin zu fungieren, zu predigen, wenn möglich auch zu bezirzen, aber unter einer Bedingung: Ich würde kein Krankenhaus betreten, kein Warten in den Augen anderer sehen müssen. Das hätte ich nicht ertragen.

Um mein eintöniges Sofa ein bisschen aufzupeppen, habe ich mir zwei Kissen aus rotem Vinyl gekauft, auf denen in fetten Buchstaben das Wort *STAR* zu lesen ist. Während ich nach dem besten Platz für meine neue Dekoration suche, denke ich darüber nach, was ich mit diesem Kauf eigentlich beabsichtigen wollte, beziehungsweise, wie meine Therapeutin es ausdrücken würde, was »die wahre Bedeutung dieser Kaufentscheidung« gewesen sein könnte. »Warum das Wort ›Star‹, Charlotte?« Ich führe Selbstgespräche wie eine vereinsamte Verrückte und muss darüber lachen. Vielleicht weil mir der Film und das Fernsehen fehlen, vielleicht weil mich dieses Arbeitslosendasein bedrückt. »Ja, warum *Star*?«, mache ich meine Therapeutin nach. Und antworte mir mit dem gleichen, ein wenig snobistischen Tonfall: »Weil ich Glamour, Schönheit und Nippes liebe …« Vielleicht will ich mir ja auch nur Mut zusprechen, meiner prekären Situation einen positiven Anstrich geben: »Es ist nie zu spät, um ein Star zu werden!«

Ich schmücke also mein Sofa mit den bedeutungsschweren Kissen und entkorke eine gute Flasche Bordeaux, die ich bei meinem Lieblingsweinhändler erstanden habe. Gewissenhaft befolge ich seinen Rat: »Entkorken Sie sie gut eine Stunde vor dem Trinken.« Worauf ich geantwortet habe: »Und wie macht man das im Restaurant?« »Man serviert Wasser und holt den Wein dann schnell bei mir, denn für den guten Wein gilt dasselbe wie für alles andere, man muss sich Zeit nehmen!« Ich glaube, er hat ein Faible für mich. Ich bat um »*the best* für zehn Euro, Herr Kellermeister«, und er gab mir eine Flasche für 14,99 und ließ mich nur zehn Euro zahlen. Auch mein Zeitungshändler ist sehr sympathisch. Er langweilt sich immer ein wenig, daher plaudern wir öfter mal miteinander. Neulich sagte er doch tatsächlich zu mir: »Allzu oft sieht man Sie ja nicht mehr in Filmen, aber fit sind Sie doch, oder?« Ich habe nichts geantwortet, denn ich war traurig an jenem Morgen, ohne zu wissen, warum. Daraufhin sagte er, wie um sich zu entschuldigen: »Nehmen Sie, was Sie wollen, Sie können's ja lesen und mir heute Abend zurückbringen … und mit den Zeitschriften ist's nicht so eilig.«

Steven liebt guten Wein. Ich dagegen trinke nie Alkohol, weil er mir nicht schmeckt. Ich bin ein Cola-Fan, und seit Neuestem, des vielversprechenden Namens und der hübschen Farben wegen, trinke ich *Vitaminwater*. Ich bin eine Hausfrau unter fünfzig und empfänglich für cleveres Marketing.

Heute Abend schauen wir uns *Prison Break* auf DVD an. Steven darf natürlich niemals erfahren, dass ich, spränge der Held plötzlich aus dem Bildschirm, ganz schön in der Klemme säße, hin- und hergerissen zwischen zärtlicher Liebe und heftigem Begehren.

Mariannes Anruf war genau in dem Moment gekommen, als ich anfing, mich innerlich und ernsthaft mit meiner Transplantation und meinem Spender zu befassen. Zwei Jahre sind vergangen. Mein Körper hat sich allmählich erholt, ich habe wieder zu leben und mich zu bewegen gelernt und neue Energie getankt. Die totale Erschöpfung vor der Transplantation war auf einmal weit fort, wirkte fast schon irreal. Doch obwohl mein Körper den Eindringling jetzt zu akzeptieren scheint, stellt mein Geist sich immer noch Fragen. Je mehr man mit mir über meine HIV-Infektion redet, die für mich schon Schnee von gestern ist, desto mehr denke ich über dieses neue Herz nach und wie es seit Kurzem mein Leben erschüttert. Dieses Thema habe ich bei Steven nie angeschnitten, nicht einmal bei den medizinischen Kontrolluntersuchungen. Dabei stelle ich dort immer präzisere Fragen.

»Die Gesellschaft ›Lebensspende‹ hat mit mir Kontakt aufgenommen, ich soll für Organspenden werben. Warum gibt es eigentlich so wenige Spender?«

Meine Frage kommt unvermittelt, als Steven gerade den Arm ausstreckt, um nach der DVD zu greifen. Hastig fülle ich sein

Glas, damit er es mir nicht übel nimmt, dieses heikle Thema so direkt angesprochen zu haben.

Er setzt sich wieder, sieht flüchtig zu mir hin, wirkt überrascht, bleibt aber stumm. Er wägt seine Antwort ab. Das Thema liegt ihm am Herzen, er assistiert manchmal bei Transplantationen, und die Medizin ist etwas Ernsthaftes für ihn, sie ist sein Leben.

»Der Organmangel hat mehrere Ursachen. Da braucht man zum einen das Einverständnis der Angehörigen, die sich zumeist sträuben, sofern der Patient nicht einen gültigen Spenderausweis mit sich trägt – besser wäre, er hätte ihnen seinen Entschluss, Leben spenden zu wollen, ausdrücklich mitgeteilt. Des Weiteren müssen die Organe vollständig gesund, kompatibel und von passender Größe sein und nicht zu weit entfernt von der Empfängerperson. Die Ischämie, also der Zeitraum, in dem das Transplantat ohne Blutzufuhr bleiben kann, variiert zwischen drei und vier Stunden, was im Grunde genommen gerade mal für die Entnahme und die Verpflanzung ausreicht, nicht für die Transportzeit. Die Zeitspanne ist sehr knapp. Außerdem ist ein Hirntod erforderlich.«

Steven wirkt peinlich berührt, er würde lieber das Thema wechseln. Aber mich interessiert es, es ist doch besser, ein für alle Mal offen darüber zu sprechen.

»Hirntod?«

»Hast du keine Lust mehr auf *Prison Break*?«

»Nachher.«

»Ja, das Hirn kann vor dem Herzen sterben, maximal zehn Minuten früher. Der Körper kann somit künstlich am Leben erhalten werden, zumindest für die Zeit der Organentnahme. Hirntod ist zumeist mit einem Hirntrauma verbunden, also die Folge eines äußerst heftigen Aufpralls. Der Prozentsatz derer, die einen Hirntod erleiden, ist sehr gering, wenn ich nicht irre, sind es in Frankreich etwa 0,3 Prozent. Das alles führt dazu, dass es an Spenderorganen mangelt und jährlich Hunderte von Menschen sterben, weil kein passendes Organ verfügbar ist …«

»Ja, das weiß ich. Deswegen gibt es diese Art Auswahlverfahren.«

»Ja …«

Ich erinnere mich an all die Tests, es war wie für eine Adoption. Mein Vater war pessimistisch, er sagte, man würde doch einer HIV-Infizierten niemals ein neues Herz einsetzen, die wenigen verfügbaren Organe wären doch logischerweise für Menschen mit einer theoretisch längeren Lebenserwartung reserviert. Trotzdem habe ich die Tests durchgestanden. Es braucht schon einiges mehr, um mich von etwas abzubringen. So erschöpft ich auch war, ich habe all meine restlichen Kräfte aufgeboten … »Ja, ich werde kämpfen, ich bin viel stärker, als mein Körper vermuten lässt, ich bin Mutter und von Natur aus Kämpferin. Nein, ich leide nicht an Depressionen, bin auch nicht suizidgefährdet. Mein Bauch ist zwar voller Wasser, ich wiege nur 35 Kilo, bin aber topfit, bereit für einen Triathlon. Ja, ich will noch lange leben. Ob ich meine Medikamente gewissenhaft und regelmäßig einnehme? Wenn dem nicht so wäre, gäbe es mich doch schon längst nicht mehr.« Meine Tirade hatte überzeugend geklungen. Voller Sorge um mich, hatte mein schweigsamer, aber tatkräftiger Vater seinerseits Himmel und Hölle in Bewegung gesetzt, und durch die Kombination seiner und meiner Aktionen war ich dann doch in die Liste derer aufgenommen worden, die ein Organ erwarten durften. Man erklärte mich für fähig, ein neues Herz zu adoptieren, es sorgsam zu behandeln, meine zweite Chance nicht leichtfertig zu verspielen.

Trotz des unübersehbaren Widerstands von Steven setze ich unser Gespräch fort. Ich ändere nur die Richtung, ab jetzt wird's noch heikler: »Wieso darf man die Identität des Spenders eigentlich nicht erfahren? Seit Neuestem denke ich oft an den meinen, würde vielleicht gerne seine Angehörigen kennenlernen, um ihnen zu danken und zu zeigen, dass es mir gut geht, dass sie mir das Leben verlängert haben und in gewisser Weise vielleicht auch das meines Spenders …«

»Stopp! Ich verstehe deine Frage, aber … Das ist unmöglich, das ist auch nicht mein Ressort, es hat etwas mit Bioethik zu tun, man kann es nicht ändern. Womöglich wollen die Angehörigen die Empfängerperson auch gar nicht kennenlernen. Das ist eine komplexe Angelegenheit, eine Begegnung könnte das Verarbeiten ihrer Trauer verhindern …«

Er hält inne, doch dann hebt er zögernd von Neuem an: »Wenn dich das wirklich interessiert, dann frag doch die Dame, die dich angerufen hat, oder die Klinikdirektoren, sie können dir das alles besser erklären als ich.«

Endlich lächelt Steven mir zu, er möchte dieses Gespräch beenden und bis morgen vergessen, dass er aus Berufung Arzt ist. Er erhebt sich und schiebt die DVD in den Rekorder. Dann fordert er mich mit gestrecktem Arm auf, neben ihm auf meinem Star-Sofa Platz zu nehmen.

»Was tust du denn da? Das ist ja ganz was Neues, du trinkst plötzlich Wein?«, ruft er mir entgegen, als er mich aus dem Glas, das ich ihm bringe, einen Schluck nehmen sieht.

»Ja, damit ich deine Gedanken lesen kann.«

Ein Auto, der Innenraum eines Autos, und draußen die Nacht. Ich fahre schnell. Die Scheibenwischer auf höchster Stufe, sie schlagen Allegro wie ein Metronom und sind trotzdem nicht fähig, die Wassermassen wegzuspülen. Ich kann kaum mehr sehen. Die Scheinwerfer der entgegenkommenden Wagen blenden mich. Meine Hände umklammern das Lenkrad. Warum rase ich so? Ist doch gar nicht meine Art. Dieser Ring an meinem Finger gehört mir nicht. Im Rückspiegel erkenne ich nichts, und das beunruhigt mich. Aber mich selbst werde ich doch wohl sehen können, oder? Ich recke mich, lasse die Hände fest am Lenkrad und nähere mein Gesicht dem Spiegel – wieder nichts. Diese Dunkelheit macht mir Angst. Ich setze mich wieder zurecht und konzentriere mich auf die Fahrbahn, auf diesen regengepeitschten Boulevard. Der Rückspiegel färbt sich rot, blutrot. Dann verschwindet das Rot. Erneut blenden mich Scheinwerfer, und ich muss die Augen schließen. Als ich sie wieder öffne, legt sich einen Moment lang stumpfes Schwarz über den Spiegel. Da blitzt schlagartig das Bild des Neugeborenen mit den geschlossenen Augen auf. Ich schreie. Der Blitz! Ein gewaltiges Licht versengt das ganze Bild, meine Hände fangen Feuer, der Diamant schmilzt dahin. Ich brülle. Steven schreckt hoch und schließt mich in seine Arme.

»Charlotte … Charlotte! Wach auf, beruhige dich …«

Ein paar gedehnte Sekunden lang bin ich noch wie erstarrt. Ich heule und kann nicht sprechen. Um diese Bilder war der gleiche Schein wie in meinem Todestraum, und auch der Säugling war wieder da gewesen.

»Das war wohl ein Albtraum, oder?«

»… ja, entsetzlich. Ich saß in einem Auto, voller Angst, voller Hast … Es war Nacht … Es regnete stark … Ein Unfall … Und alle Bilder, die ich sah, hatten diesen gleichen Schein ringsherum …«

»Was für einen Schein?«

»Ich hatte schon einmal einen solch bedrückenden, ungewöhnlichen Traum. Ich habe es dir nur nicht erzählt, es war ein Todestraum …«

»Das kommt von unserem Gespräch. Organverpflanzung, Hirntod, Unfälle … Das sind eben keine Themen für abends … Beruhige dich, ich bin doch da …«

Ich stehe auf, um etwas zu trinken und mir kaltes Wasser übers Gesicht laufen zu lassen. Es ist noch früh am Morgen. Als ich mich wieder hinlege, scheint Steven bereits wieder eingeschlafen zu sein. Doch dann legt er zärtlich einen Arm über mich und zieht mich an sich.

Auch ich schließe die Augen und murmele ins Dunkel: »Es war nicht mein Auto … Nicht mein Ring …«

Am Morgen rühre ich lässig mit einem alten Silberlöffel in meinem Tee, fische mit den Fingerspitzen ein paar Teeblätter heraus, die an der Oberfläche schwimmen, und denke über diesen merkwürdigen Traum nach, an den ich mich genauso deutlich erinnere wie an den ersten. Das wundert mich, denn ich träume wenig seit einigen Jahren, und das, was ich träume, ist immer sofort verflogen, wie die meisten unserer Träume, die sich nur wenige Augenblicke im Gedächtnis halten, dann aber endgültig verschwinden.

Das würde mir jetzt gerade noch fehlen, vom Teufel besessen zu sein! Ein Exorzist steht noch nicht auf meiner Heilerliste, dafür enthält sie bereits Naturheilkundler, Reflexologen, Sophrologen, Biokinetik-Masseure, Hypnotiseure, Magnetiseure, Yogis, Pilates-Gurus, Stretching-Coachs, Akupunkteure, Aurikulotherapeuten … Ich bin zu allem bereit, was mein Leben erleichtern könnte.

Das Telefon klingelt, es ist Nathalie, die Assistentin meines Verlegers. Angeblich hat sie schon mehrmals vergeblich auf meine Mailbox gesprochen. Das tut mir leid. Ich erkläre ihr, Tara spiele mehr mit meinem Handy als mit ihren Puppen, dadurch löscht sie Mitteilungen oder auch Namen aus dem Speicher und wirft es gar auf den Boden, um zu sehen, ob es hochspringt. Man könnte meinen, sie wolle dieses geheimnisvolle Ding, das mich ihr so oft entzieht, für immer mundtot machen und beseitigen. Sie hatte sogar selbst die Ansage aufsprechen wollen.

»Hier liegen mehr als tausend Briefe für Sie, Charlotte!«

Nathalie dürfte grob geschätzt haben, während sie alles nach Eingangsmonat sortierte.

»Mindestens tausend Leserzuschriften!«, beteuert sie. »Ist das nicht toll? Ein Heiratsantrag ist bestimmt auch dabei! Können Sie vorbeikommen?«

»Es wäre nett, wenn Sie sie mir liefern lassen könnten … tausend Briefe … Ist das machbar?«

Auf dem Weg zu meiner Therapeutin gebe ich mir einen Ruck und nehme zumindest die »Geschäftspost« aus meinem Briefkasten. Dieses von Robotern geschaffene Zeug muss jetzt Platz machen für die echte Post, für Briefe von Männern! Hastig sichte ich den Packen. Wie üblich: Rechnungen, Werbung, Bank, Steuer … und wieder Mercedes.

Ein Anruf meines neuen Agenten Antoine. Er hätte vielleicht eine Rolle für mich. Dominique Besnehard, mein ehemaliger Agent und treuer Förderer, wolle ein Stück auf die Bühne bringen. Er würde es mir zuschicken, zur Lektüre. Dann erzählt Antoine mir, was momentan alles ansteht, sein Terminkalender quelle über, er strampele sich ab für so viele Schauspieler, über die ich mich nur wundern kann, und dann schwärmt er von einem »absolut sublimen« neuen Hellseher, der ihm »großen Erfolg« vorhergesagt habe. Im Dezember pflege er stets einen Hellseher aufzusuchen, um zu erfahren, was das neue Jahr bringen werde. Ich erwähne meinen letzten Reinfall, worauf er mir antwortet: »Nein, mit diesem hier ist es etwas ganz anderes, da erlebst du die vierte Dimension, mein Schatz, du wirst baff sein, Pierre ist spitze …«

»Äußerlich?«

»Nein, einfach spitze, du verstehst schon, unbeschreiblich!«

»Hast du seine Nummer? Ist er teuer?«

»Nicht übermäßig, denn da ist ein Haken: Er wohnt draußen in Vaucresson. Er ist eine Art Naturmensch, keine Spur von Showbiz. Nimm mal Kontakt auf, und berufe dich auf mich. Ich umarme dich ganz fest, ma belle!«

Vaucresson … Schlimmer geht's nicht. Ich schalte mein Handy aus und denke an Natascha, den »intuitiven Coach«. Genau kann ich mich nicht mehr an ihre Voraussagen erinnern, aber was den Arzt betrifft und auch die Träume, da lag sie ja vielleicht gar nicht so falsch …

Bei meiner Therapeutin

»Nuuun …«

»Ich habe schon wieder geträumt!«

»Von ihr?«

»Wieso von ihr? Sie sind also doch ein Medium, Frau Doktor!«

»Nein und nochmals nein, ich bin keine Hellseherin, zum Glück … Es muss schrecklich sein, in die Zukunft blicken zu können. Nein, ich dachte an den Hit *J'ai encore rêvé d'elle …* aber da waren Sie wohl noch zu jung. Sie wirkten so angespannt, ich dachte, ein Scherz würde Ihnen guttun.«

Mein Eindruck, dass Claire noch verrückter ist als ich, bestätigt sich. Und beruhigt mich.

»Nun, zu Ihrem Traum …«

»Also, ich nehme ja all diese Medikamente: Noctamid, Xanax, Imovan … Kennen Sie doch …«

»Ich hoffe nur, dass Sie sich keinen hübschen Cocktail daraus mixen …«

»Nein, ich wechsle ab, nehme aber jeden Tag eines der Mittel. Und ihnen verdanke ich es, dass ich fast wie ein Baby schlafe. Seit Jahren erinnerte ich mich nicht mehr an meine Träume …«

»Ein Baby …«

Häufig greift Claire mitten im Gespräch die »signifikanten« Wörter heraus.

»Mit geschlossenen Fäustchen, wenn Sie das auch noch hören wollen. Ich begreife einfach nicht, wie diese Träume so lange in mir fortleben können, wie eingraviert … Ich fuhr Auto, fuhr schnell …«

Fieberhaft erzähle ich meinen Traum in allen Details.

»Und welche Verbindung stellen Sie zu Ihrer Realität her?«

»Am selben Abend hatte ich mit Steven über Hirntod, Traumata und Unfälle gesprochen …«

»Dann erklärt sich doch alles von selbst.«

»Na ja, ich war zwar ich selbst in diesem Traum, aber es war nicht mein Auto, nicht mein Ring, und wieder war da dieses Neugeborene mit den geschlossenen Augen, es saß auf der Rückbank … Wie in meinem Todestraum.«

»Woher wissen Sie, dass Sie es waren? Haben Sie sich gesehen?«

»Nein, stimmt. Aber ich spürte es ganz deutlich. Außerdem habe ich neulich zwei Dinge zu sagen vergessen: Jedes Bild in meinem Todestraum hatte einen Schein ringsherum, ähnlich dem Strahlenschein von Heiligen … Und in der Kirche haben alle gelacht. Ich war tot, und sie lachten. Ich war wie versteinert …«

»Wovor hatten Sie denn Angst, Sie waren doch tot?«

»Es war ein diffuses, unerklärliches Gefühl, eine ganz starke Beklemmung, und als ich aufwachte, hatte ich Angst, es könnte Wirklichkeit werden … Aber dieses Angstgefühl ist, wie ich schon sagte, für mich etwas völlig Neues. Ich habe noch nie im Leben wirklich Angst empfunden und schon gar nicht Angst, ich könnte sterben.«

»Und welche Verbindung sehen Sie zwischen dem Todestraum von neulich und diesem Traum im Auto?«

»Es war das gleiche Gefühl von Angst, von Todesangst, und dann war da wieder dieses Kind mit den geschlossenen Augen, entsetzlich …«

»Woran lässt es Sie denken? Welche Verbindung stellen Sie zu Ihrer Realität her?

»Ich habe zweimal abgetrieben. Gezwungenermaßen. Es stand eins zu zwei, dass das Kind infiziert war. Aber daran denke ich nie. Das gehört zu den begrabenen Erinnerungen. Ein Kind abzutreiben ist immer schmerzlich, aber dazu gezwungen zu sein, wünsche ich keiner Frau.«

»Träume sind voll von verdrängten Erinnerungen. Die Speicherkapazität unseres Gehirns ist schier grenzenlos. Nichts ist für immer vergessen. Alles ist aufbewahrt wie in einem Sekretär mit vielen Schubladen, von denen einige Geheimfächer haben. Zu unserem Schutz vermag unser Gehirn, dessen Hauptaufgabe ja unser Weiterleben ist, unsere Erinnerungen zu sortieren und in unserem Bewusstsein nur die festzuhalten, die annehmbar und wohltuend sind, aber manchmal springt eben doch ein Geheimfach auf … Doch eines verstehe ich nicht: Sie wurden schwanger, obwohl Sie doch, wie ich vermute, Präservative benutzen …«

»Bei einem feurigen Liebhaber kann ein Kondom schon mal reißen. Heute ähnelt mein Körper dem eines Froschs, aber früher war ich schon begehrenswert …«

»Warum sprechen Sie in der Vergangenheitsform?«

»Ich fühle mich nicht mehr begehrenswert. Sie sind liebenswürdig, aber ich sehe der Realität ins Auge. Es ist schmerzlich … Ich kenne die Alchemie des physischen Begehrens. Steven ist eine schöne Ausnahme, dass er mich begehrt, ist ein Wunder, das mich trägt … Das zweite Mal passierte es mit einem schier liebestollen Mann. Er behauptete, es wäre ihm egal, er wolle mit mir verschmelzen. Ich weigerte mich, entzog mich, aber ein- oder zweimal setzte er sich durch und gewann. Er hat sich nicht angesteckt.«

»Da hat er aber wahrlich Glück gehabt, Ihr liebestoller Held. Entschuldigen Sie, aber das ist nicht Liebe, sondern Schwachsinn. Kehren wir lieber zu Ihren Träumen zurück … Fürchten Sie sich nicht davor, sie voll auszuleben. Vorahnung gibt es nicht. Unsere Träume sind die Ausbeute unseres Unbewussten. Darin sind sie erstaunlich versiert. Sie liefern dem Bewusstsein Botschaften, die in uns schlummern. Diese gilt es zu entschlüsseln. Unser Geist erschafft nichts grundlos. Daher kann die Verpflanzung eines so vitalen Organs wie des Herzens logischerweise durchaus einschneidende psychische Veränderungen nach sich ziehen. Überlegungen zur Identität des Spenders oder der Herkunft des Transplantats beispielsweise sind vollkommen normal. Es ist wie eine Wiedergeburt … Woran denken Sie, wenn Sie den Begriff ›Wiedergeburt‹ hören?«

»Neues Leben, neue Liebe, ein neues Kind, eine neue Rolle … Glück … Eine radikale Veränderung, fast wie ich es momentan erlebe. Ich habe sogar ein Glas Wein mit Steven getrunken.«

»Und?«

»Das letzte Mal, dass ich Alkohol trank, das war in Berlin vor fast zwanzig Jahren, als ich für *Rouge Baiser* meinen Silbernen Bären bekam … Da hatte ich am deutschen Champagner genippt.«

»Vielleicht erleben Sie ja jetzt infolge der Transplantation eine Art Wiedergeburt, also eine tief greifende Veränderung. Ihr Körper hat sich erholt, und Ihr Geist erwacht. Wollen wir es für heute dabei bewenden lassen, Charlotte?«

Bald ist Weihnachten. Taras zunehmende Aufregung ist dafür der beste Beweis. Ständig ändert sie ihre Wunschliste für den Weihnachtsmann. Vor den geschmückten Auslagen erfreue ich mich am lebhaften Glanz der aufgerissenen Augen meiner verzückten Tochter. Weihnachten ist die einzige Tradition, an der ich festhalte, reinste Nostalgie, der ich mich nicht zu entziehen vermag. Taras Blick, der sich im Widerschein der riesigen Scheibe verdoppelt, ist mein Blick. Ich erinnere mich …

Die goldenen, silbernen und perlmuttfarbenen Kugeln aus einer Wunderwelt, die paillettengeschmückten Sterne, der Kunstschnee auf braunem Papier, die Krippe, dieses Liebesnest, das Maman immer wieder neu erschuf, die bunten Lampions, die in den dunklen Ästen flackerten, und die breiten Girlanden, die mich kitzelten, wenn meine Schwester Aude sie mir um den Hals schlang. Es war ein Kinderfest, unser Fest. Die Wohnung in der Rue des Meuniers erstrahlte im Lichterglanz. Meine Mutter, die Klaviervirtuosin, spielte leichten Herzens Weihnachtslieder, mein Vater lächelte angesichts unserer verklärten Augen, und wir verschlangen unverhohlen Süßigkeiten. Auch meine Eltern versündigten sich mit allerlei Leckereien: Lachs, Austern, Foie gras … Aber vorher galt es noch, ein gutes Werk zu vollbringen, und so begleitete ich meinen Vater zu so manch alten Leutchen, die sich schon aufs Alleinsein eingestellt hatten und nun im Ratskeller versammelt wurden. Kaum wieder daheim, rannte ich zu meiner Schwester ins Zimmer, wo wir auf die drei himmlischen Klopfzeichen warteten, die in Kürze an der Tür zu hören sein würden. Sie bedeuteten unsere Erlösung, denn das Fieber hatte seinen Höhepunkt erreicht und würde jetzt fallen. Meine Schwester und ich sausten zum Gabentisch mit all diesen nicht identifizierbaren anonymen Päckchen. Wer hatte was bekommen? Für wen war dieses riesige, glitzernde Rechteck? War es ein Fahrrad? Ein Fahrrad?! Nein, dann müssten es doch zwei sein, eines für Aude und eines für mich. Und diese runde Schachtel von ebenfalls beachtlicher Größe, die sich da unter den untersten Tannenzweigen versteckt, was verbirgt sie, das bald mir gehören könnte? Und wie viele kleine Päckchen liegen da? Ist Maman auch verwöhnt worden? Fieberhaft wartete ich auf die Verteilung, auf des Rätsels Lösung. Ich hoffte auf eine riesige Menge, Kinder kriegen ja nie genug, hoffte auf alles, was ich bestellt hatte, und auf noch viel mehr, erhoffte mir verpackte, nie endende Liebe.

Um Mitternacht gingen wir zur Messe. Es war spät, und ich liebte dieses Laufen durch die Nacht, die ich für gewöhnlich ja nicht sah. Verwundert stellte ich fest, dass Vater und Mutter jedes Lied mitsingen konnten, ganz still hörte ich ihnen zu und staunte, wie ihre Stimmen trugen. Ab und an warf ich einen Blick auf meine schlummernde Schwester Aude, die meine Hand nicht losgelassen hatte, doch bald schon hing mein Blick wieder an den wohltönenden Lippen meiner Eltern, die einander von Zeit zu Zeit anlächelten und glücklich wirkten.

Jetzt war ich dran, mich den Kinderträumen gewachsen zu erweisen, für meine Tochter glitzernde Erinnerungen zu erschaffen, die magische Tradition fortzusetzen, das vergängliche Fest, für Tara und die Kinder, die sie eines Tages haben würde.

Oft habe ich Angst, in den Egoismus der Kranken zu verfallen, in die Melancholie der geschiedenen Mütter, nicht fröhlich genug zu sein, als Weihnachtsmutter zu versagen.

Nathalie, die Verlagsassistentin, hat mir eine lustige Nachricht hinterlassen. Telegrammstil: *Herzenspostlieferung gegen 16 Uhr. Genügend Platz vorbereiten. Fröhliche Weihnachten, Charlotte!*

Mühsam räume ich mein Wohnzimmer um, weil schon der Tannenbaum, den ich diesmal gekauft habe, eigentlich viel zu groß ist. Dem Zauber verfallen, musste ich mich wohl beim Aussuchen als Palastbewohnerin gefühlt haben. Wahllos nehme ich ein Dutzend Briefumschläge von meinem Schreibtisch und presse sie zwischen den Handflächen zusammen, um mir das Volumen von tausend vorzustellen: hundertmal so viel ... Ich kann es mir nicht vorstellen, habe kein Gefühl für Maße. Außerdem ist ein solcher Packen ja mit nichts vergleichbar. Einige Briefe werden doch, wie ich hoffe, mehrere Seiten umfassen, anders als meine Kontoauszüge. Ich lege die Post wieder hin und beschließe, den Umschlag mit dem stolzen Siegel Mercedes-Benz aufzumachen, mit diesem kümmerlichen Stern, der nur drei Zacken hat. Die süße Botschaft trägt die reizende Überschrift: 2. *Zahlungsaufforderung.* Die erste muss ich verschlampt haben. Doch dann rufen fünf Zeilen sie mir wieder ins Gedächtnis zurück. Da war doch was unmittelbar vor meiner Korsikareise! Meine Liebesgeschichte hatte mich völlig von der Wirklichkeit abgekoppelt, und die Zeit verging wie im Flug, und trotzdem schulde ich ihnen nach wie vor 10 294 Euro, wie ich dem Schriftstück entnehmen kann.

Verstehen kann ich es immer noch nicht ...

Vor fast zehn Jahren hatte ich mich aufgrund einer witzigen internationalen Werbekampagne zum Kauf dieses schnuckeligen Modells verleiten lassen, sogar mit Automatik und Ratenzahlung. Es wurde zu meinem Autoscooter, meinem Wohnmobil, in das ich alles hineinstopfen konnte. Damals verdiente ich ja ganz gut mit der Fernsehserie *Les Cordier, juge et flic*. Dann vergaß ich, was das Ding gekostet hatte, vernachlässigte wie immer gewisse materielle Zwänge, beachtete die entscheidenden Ölwechseltermine nicht, bis mein am Ende seiner Kräfte angelangtes Gefährt eines Tages wie eine Lichterkette blinkte und heldenhaft an der Place de L'Étoile, im Schatten des Triumphbogens, in einem Wahnsinnsstau seinen Geist aufgab …

Der Polizist, der den Verkehr regeln sollte, nahm zwar zu Protokoll, dass sich mein kleiner Merco nicht mehr starten ließ, erwies sich aber dennoch als freundlich, da er mich für Sophie Marceau hielt. Das passierte damals mehrfach. Mein Gesicht war vertraut, mein Name weniger. Diesmal war ich also Sophie.

Angesichts seiner Begeisterung klärte ich den Polizisten natürlich nicht über seinen schmeichelhaften Irrtum auf. Ich wollte ihn ja nicht enttäuschen und auch mich nicht dem Hupkonzert und den solidarischen Schimpftiraden – »Nun schieb sie schon endlich zur Seite, deine Karre, blöde Ziege!« – aussetzen. Diensteifrig half er mir und lenkte autoritär den Verkehr um. Bevor ich in den Abschleppwagen kletterte, musste ich ihm noch schnell ein Autogramm geben. Ich schrieb auf die Rückseite seines Protokollblocks: »Tausend Dank für Ihre Liebenswürdigkeit. In Freundschaft, Sophie.« Ich lachte, ließ mich umarmen und steckte die schlimmste Beleidigung, die einem Star zugefügt werden kann, die Verwechslung mit einer anderen, kaltblütig weg. Als ein ganzes Geschwader Uniformierter anrückte, dem mein edler Ritter die freudige Botschaft hatte zukommen lassen, bat ich den Fahrer inständig, so schnell wie möglich zu starten, um einer Festnahme wegen Hochstapelei zu entgehen. Auf der Strecke zur Werkstatt am Trocadéro schüttelte mich ein Lachkrampf, der sich nicht unterdrücken ließ und der dem nach einem langen Arbeitstag sichtlich ermüdeten Mann neben mir völlig unverständlich war. Dann lehnte ich die Stirn gegen die vibrierende Scheibe, betrachtete die Reihung der wohlproportionierten Bauten in diesem Viertel und sagte mir, dass es doch recht angenehm war, Sophie Marceau zu sein.

Nach einer kurzen Prüfung bestätigte man mir bei Mercedes das verfrühte Hinscheiden meines Gefährts.

»Eigentlich ungewöhnlich mit diesem verlässlichen Motor … Haben Sie das Wartungsheft parat?«, fragte der gewissenhafte Mechaniker.

»Das was?«

Ich heuchelte Erstaunen und Niedergeschlagenheit, um sofort den Ratenkauf eines wirklich preisgünstigen Gebrauchtwagens auszuhandeln, den ich bis heute noch habe: mein Wohnmobil Nummer zwei.

Und nun verlangt das Mercedes-Benz-Finanzmanagement doch glatt 10 294 Euro … *Fröhliche Weihnachten!* Der ideale Zeitpunkt. Dabei hatte ich die monatlichen Raten regelmäßig gezahlt. Ich rufe meinen Cousin an, der früher einmal einen hohen Posten in der Automobilbranche innehatte.

»Schuldforderungen verfallen nicht, Charlotte, aber drei Jahre, das ist schon lang, um einen Irrtum zu bemerken, vor allem bei einem Unternehmen mit ISO-9001-Zertifikat.«

»ISO was?«

»Das ist eine Art Gütesiegel, etwas wie ein rotes Label, wenn man so will, eine Garantie für qualifizierte Geschäftsabwicklung. Schreib ihnen, erklär ihnen deine Situation, selbst wenn Firmen dieser Art nicht gerade mitleidgesteuert sind, und nimm dir vor allem einen Anwalt, das dürfte sich in diesem Falle lohnen.«

Okay, ich werde mich verteidigen, habe keine andere Wahl, Charlotte zieht in den Krieg gegen das mächtige, zertifizierte multinationale Unternehmen mit dem roten Label, aber später, denn zuerst muss ich noch mein Geschenk abwarten, meine erste Herzenspost.

Ein gut aussehender, athletischer, eindeutig aus dem Süden stammender Typ hat mir soeben drei imposante Jutesäcke auf meinen Teppich gestellt.

»Können Sie sie selbst zur Post zurückbringen?«, fragt er mich.

»Leer ganz sicher.«

Wirklich enorm, tausend liebevolle Briefe! Und alle für mich! Was für eine Überraschung! Ich habe Tränen in den Augen vor Rührung. Ich wage kaum hinzuschauen, drücke dem Boten ein paar Münzen in die Hand, schließe hastig die Tür und wende mich meinen geheimen Schätzen zu. Die Säcke sind nicht verschlossen, nur an den Enden verknotet. Als Unterscheidungsmerkmal tragen sie gut sichtbare, mit reichlich Tesafilm angebrachte Etiketten: *Oktober – November – Dezember*. Während ich blindlings in den ersten Sack hineingreife, fängt mein Herz so wild zu rasen an, dass ich mich setzen muss. Leichter Schwindel befällt mich. So viel Anteilnahme haut mich einfach um. In Sekundenschnelle spult mein Geist mir sämtliche Seiten meines Buches ab und lässt seine Bilder vor meinen Augen vorbeiziehen: meine Liebhaber, das Schreiben vom Labor, die César-Verleihung, meine Mutter, die Transplantation … Doch dann, während ich die Augen schließe, um wieder ruhiger zu werden, habe ich zum ersten Mal, wie in 3-D-Aufnahme, mein schlagendes neues Herz vor Augen. Die unermüdlichen Blutströme in Rot, Orange und Rosa, die an die Lichterketten der Autos auf nächtlichen Staustrecken erinnern. Ich mache die Augen wieder auf und greife hastig nach einem Packen Post, doch den Rhythmus meines Herzens zu verlangsamen gelingt mir nicht.

Die mit Händen greifbare Zuneigung meines Publikums ist verwirrend. Sie hat mir gefehlt. Als ich noch regelmäßig auf dem Fernsehschirm zu sehen war, geschah es oft, dass man mir auf der Straße freundlich hinterherrief, dass man mich im Restaurant wiedererkannte, höflich unterbrach und um ein Autogramm bat, und das alles hatte mir Spaß gemacht.

Zwei volle Tage verbringe ich mit der Lektüre Hunderter von Briefen. Ich zähle die Schreiben wie früher die Weihnachtsgeschenke, um daran die mir entgegengebrachte Liebe zu bemessen. In himmlischer, dann auch lastender Stille auf meinem Sofa ausgestreckt, lese ich, weine ich, lache ich. Häufig lege ich *Vitaminwater-* und Grüntee-Pausen ein, um die überwältigende Emotion abklingen zu lassen. Manchmal drehe ich die Musik laut auf, lese dann aber wieder still weiter und leere nach und nach den ersten Sack. Aufmerksam registriere ich die bemühten Handschriften, die Wahl der Umschläge, des Papiers, der Briefmarken, der Worte …

Auch großzügige Einladungen sind dabei, wie beispielsweise die von einem Landwirt aus dem Larzac: Er lädt mich ein, bei ihm zu bleiben, so lange ich wolle. Mein Zimmer neben dem seinen sei bereit und das für Tara ebenfalls, er würde sogar unsere Bahnfahrt gerne bezahlen, da er überzeugt sei, das Showbiz sei nichts für mich, und wer aus der Bretagne stamme, entfalte sich ohnehin besser in freier Natur, an seiner Seite. Leider liegt dem Brief kein Foto bei.

Eine geschiedene Frau und Mutter zweier Kinder hat erst kürzlich von ihrer HIV-Infektion, der Folge einer leidenschaftlichen und flüchtigen Affäre, erfahren. Aids war für sie bisher nur eine Krankheit der Schwulen oder der am Rande der Gesellschaft Lebenden gewesen. Den Test ließ sie in der Mittagspause machen, und in ihrer Bestürzung erzählte sie davon gleich danach einem Arbeitskollegen, der ihr von diesem Moment an keinen Begrüßungs- oder Abschiedskuss mehr gab. Schnell sah sie sich in ihrem Unternehmen ins Abseits gedrängt, dann kündigte sie von sich aus, weil sie die Ausgrenzung nicht mehr ertrug. Sie schämt sich, hat Angst, und ihre Mädchen sind noch zu klein, um die Wahrheit über ihren Zustand zu erfahren. Gäbe es die beiden nicht, hätte sie sich umgebracht. »Jedes Mal denke ich daran, wenn der Vorortexpress in den Bahnhof einfährt.« Ihre Schrift ist unregelmäßig und mit verschwommenen Tintenflecken übersät. Mein Buch könne sie nicht mehr loslassen, mit mir fühle sie sich stärker, weniger allein, beteuert sie. Die Unterschrift ist unleserlich, und eine Adresse gibt es nicht.

All diese Beweise von Verzweiflung, Ohnmacht und Einsamkeit von Menschen zu lesen, die sogar Angehörigen gegenüber zum Schweigen gezwungen sind, ist sehr schmerzlich für mich. Und dennoch empfinde ich es als meine Pflicht, alles zu lesen, alles zu erfahren. Manchmal knalle ich ein Schreiben auf mein Sofa, springe auf und fluche lauthals: »Verdammt noch mal, das kann doch nicht wahr sein, wir leben im Jahr 2005!«

Aus diesem Realitätsfluss fische ich manchmal aber auch meine Lieblingsdroge heraus: die schwärmerischen Liebesbriefe. Obwohl ich ja eigentlich schon entwöhnt bin, bleibe ich empfänglich dafür. Ich halte mehrere Seiten voller »Ich liebe dich« in den Händen, Collagen älterer und jüngerer Fotos von mir, das Gesicht mal puppenhaft, mal hager. Ich lese: »Ich liebe dich, so wie du bist«, mit Pfeilen auf das entsprechende Foto, und: »Auch so liebe ich dich«, oder: »Ich liebe dich ohne Ende!«

Mit dem hundertsten Brief beende ich mein Freud und Leid. Meine Geschichte hat anderen geholfen. Ich bin glücklich und erschlagen, wie leblos.

In ein paar Tagen werde ich weiterlesen, nach den Festtagen, und in kleinen Portionen. Alle bitten um ein Foto mit Widmung. Ich rufe meinen Verleger an, der sich einverstanden erklärt, ein paar Hundert Abzüge machen zu lassen. Ich würde sie bald bekommen.

Paris Match hatte sich schließlich mit mir allein auf dem Cover begnügt. Aber was für ein scheußliches Foto! Mein Zeitungshändler erkennt mich nicht einmal, das tröstet mich. Traurig und matt sehe ich darauf aus. Ich rufe Tony an.

»Aber es muss doch glaubwürdig aussehen, Chérie, verstehst du das nicht? Wirklichkeitsnah. In Bezug auf das Buch.«

Tony versucht mich zu trösten. Ich bin empört.

»Wieso verweigert man mir all diese Retuschen, die aus jeder Frau eine Göttin ewiger Jugend machen? Das Foto ist ganz und gar nicht wirklichkeitsnah, da mich ja kein Mensch wiedererkennt. Realistisch, okay, aber ich bin doch nicht potthässlich! Bin ich etwa potthässlich?«

Gezeichnet von diesem düsteren Bild meiner selbst, beschließe ich, mir ab 2006 einen neuen Look zuzulegen! Rundumerneuerung ist ja leider nicht mehr möglich, aber Augen, Wangen und Bauch können korrigiert werden. Sollen sie ruhig spotten, die Schönheitschirurgie hämisch abtun, mir soll's egal sein, so will ich jedenfalls nicht von der Bühne abtreten!

Ich habe die Abzüge des Fotos für meine Fans erhalten. Ich habe selbst das Negativ ausgesucht, es dürfte fünf Jahre alt sein, ich mogele also ein bisschen, aber so gefalle ich mir nun einmal besser. Ich bin und bleibe kokett. Unverzüglich begebe ich mich zur Post und kaufe hundert hübsche Briefmarken. Viel Auswahl hat man nicht: rosige Babys oder französische Landschaften. Also Landschaften, die bizarren Babys erinnern mich an meine Träume. Die Côte d'Azur nach Burgund zu schicken hat zwar etwas Absurdes an sich, die Briefmarke ist aber schön farbig. In der Woche zwischen Weihnachten und Neujahr vergnüge ich mich also damit, die Rückseite meines Fotos mit ein paar freundlichen Worten zu garnieren und meinem Namen ein Smiley hinzuzufügen. Meine Freundin Lili findet das albern, ich nicht. Ich kopiere also die lesbaren Adressen, und Steven als versierter Arzt hilft mir dabei, ein paar krakelige Schriftzüge zu entziffern. Und am Mittag des 31. stehe ich dann mit stolzgeschwellter Brust vor den heruntergelassenen Metallläden der Hauptpost in der Rue de Sèvres und sehe mich gezwungen, alles selber zu sortieren. Darauf war ich nicht gefasst. *Paris und Umgebung – Andere Départements*. Und so fällt mir auf, dass mein Publikum, so wie ich selbst, überwiegend aus der Provinz stammt. Charlotte »Val-André«, mein herrlicher kleiner Badeort in der Bretagne, unvergessliche Szenen im Sand, als wir noch Kinder waren. Hopp, weg damit! Es bleiben noch neunhundert, aber irgendwo muss man ja anfangen.

Silvester verläuft fröhlich. Wie immer dem Rat meines Kellermeisters folgend, nippe ich an einem Grand Bordeaux. »Er ist himmlisch, Sie werden's mir bestätigen.« Mein Kellermeister spricht wie ein Theateragent. Und das zu Recht: Der Wein ist tatsächlich himmlisch. Stevens Kuss um Mitternacht auch.

»Ein gutes neues Jahr, meine Charlotte! Was soll man dir wünschen?«

»Nichts, küss mich noch mal ...«

Paris, Januar 2006

Das Jahr beginnt schlecht. Meine eigene Dummheit bringt mich zum Weinen: Gerade habe ich in den Tiefen meiner Einkaufstasche einen ganzen Packen Landschaftsbriefmarken entdeckt.

Also habe ich hundert Fotos mit Widmung unfrankiert abgeschickt!

Lili, die ich heulend anrufe, setzt noch eins drauf: »Das ist wieder einmal typisch für dich!«

»Nein, nicht ich bin schuld, all diese Medikamente rauben mir den Verstand: Pillen gegen Angstgefühl, gegen Depression, gegen Schlaflosigkeit ... Neulich war mein Cousin kurz da, und weil er ein bisschen angespannt wirkte, habe ich ihm ein halbes Atarax empfohlen: Er hat bis Mittag gepennt, und als er aufwachte, schrie er mich an: ›Nie mehr dieses Zeug, du hast mich *ataraxiert*!‹ Dabei war es doch nur ein halbes, und ich nehme zwei und zum Schlafen noch Noctamid und gegen Depressionen Laroxyl ... Das alles bringt mich um den Verstand. Aber absetzen kann ich es auch nicht.«

»Warum nicht?«

»Weil ich sonst nicht schlafen kann und mir so viel durch den Kopf geht: Tara, die durchschnittliche Lebenserwartung nach einer Organtransplantation, mein Geldproblem, die fehlenden Berufsaussichten ...«

Lili unterbricht mich: »Beruhige dich, Herzchen, ich komme dich abholen, und dann gehen wir auf die Post, es ist ja vielleicht noch nicht alles verloren ...«

Vor dem Schalter kann sich Lili wieder einmal kaum halten vor Lachen, als ich zu erklären versuche, dass ich hundert Briefe eingeworfen, die jeweilige Postleitzahl genau überprüft, aber das

Aufkleben der Marken vergessen habe. Trotz meiner drohenden Blicke lacht Lili nur noch lauter, während das ohnehin nicht gerade liebreizende Antlitz der Postbeamtin zunehmend Ungeduld zeigt. Schließlich beruhigt Lili sich.

»Wissen Sie, meine Freundin hat's nicht so mit Behörden.«

Ich stoße sie mit dem Ellbogen in die Seite und wende mich wieder der feindseligen Dame zu.

»Das dürfte doch häufiger vorkommen, oder?«

»Bei einem Brief schon, aber nicht bei hundert.«

»Was kann ich jetzt tun?«

»Stand Ihre Adresse auf den Umschlägen?«

»Nein.«

»Normalerweise kommt so etwas trotzdem an, aber mit unbestimmter Verspätung und dem Vermerk ›nicht eilig‹, und das Porto wird vom Empfänger kassiert.«

»Das Porto muss vom Empfänger bezahlt werden?«

»Na, klar.«

»Wie peinlich!«

Lili kommen vor lauter Lachen schon die Tränen. Zerknirscht nehme ich das Gespräch wieder auf.

»Könnten Sie vielleicht nachprüfen, ob der Packen nicht noch irgendwo in einer Ecke liegt?«

»Hier gibt es keine Ecken. Wann ist denn das passiert?«

»Vor einer Woche.«

»Zu spät. Wollten Sie noch etwas? Entschuldigen Sie, die Leute warten.«

Als wir das Postamt verlassen, wird Lili endlich bewusst, dass ich zutiefst niedergeschlagen bin. Allmählich findet sie zu ihrem gewohnten ruhigen Mitgefühl zurück, entschuldigt sich und macht einen genialen Vorschlag.

»Schick dir doch selbst eine Karte ohne Marke, dann wirst du ja sehen, ob so was ankommt!«

Gesagt, getan. Im Café an der Ecke kaufe ich eine Ansicht vom Eiffelturm, schreibe gestochen scharf meine Adresse drauf und stehe auf, um sie so schnell wie möglich abzuschicken. Lili schaut mir zu, unterdrückt ein Lachen und fragt: »Schreibst du dir denn gar nichts?«

»Was soll ich mir denn schreiben? Ich rede ja schon mit mir selbst, da werde ich doch nicht anfangen, mir auch noch Karten zu schreiben!«

»Wenn da nichts draufsteht und auch noch die Marke fehlt, dann werden die sich bestimmt nicht beeilen, sie dir zuzustellen. Gib her, ich werd dir was draufschreiben, Charlottchen.«

In meinem Terminkalender vermerkte ich unter dem 6. Januar 2006: *Habe mir heute eine Postkarte ohne Marke geschickt, hundert Meter vom Haus entfernt eingeworfen, mit folgendem Text: »Nein, du bist nicht verrückt, Herzchen!«*

Ich habe sie nie erhalten.

Zu Beginn dieses Jahres rufe ich meinen Agenten an, um zu erfahren, ob er Arbeit für mich hat.

»Ich bräuchte eine Stimme zur Synchronisierung eines Films, wenn dich das interessiert, außerdem warte ich noch immer auf das Theaterstück, von dem ich dir erzählt habe, erinnerst du dich?«

Das Jahr 2006 dürfte trübsinnig werden. Ich habe nur noch wenige Marketingauftritte für mein Buch zu absolvieren und dann nichts mehr. Der Bucherfolg hat mir beruflich nichts eingebracht, weder beim Film noch beim Fernsehen. Ich muss meine Karriere wohl doch beim Landwirt im Larzac beenden.

Lili, die meine Enttäuschung regelmäßig zu hören bekommt, hat wie immer eine Idee: Ich solle es doch noch einmal mit der Esoterik versuchen.

»Was ist denn eigentlich mit diesem *himmlischen* Hellseher, den dein Agent dir empfohlen hat? Warst du schon bei ihm?«

»Nein, ich brauche etwas Konkretes, nicht Schall und Rauch, außerdem wohnt er in Vaucresson.«

»Das ist ja nicht das Ende der Welt. Höchstens eine Stunde, und wenn er wirklich so *himmlisch* ist …«

Für Lili fängt das Jahr schon besser an. Letztes Wochenende hat sie in einem Nachtklub einen »supercoolen« Typen kennengelernt, den sie mir unbedingt vorstellen will. Der ehemalige Sänger einer Pop-Rock-Band, die in den Neunzigern ganz groß gewesen war. Sie lädt Steven und mich heute Abend zu einem zwanglosen Essen ein, da sie ganz schnell meine Meinung wissen will.

»Du hast dieses besondere Gespür für Kerle«, beteuert sie.

»Ja, für die der anderen.«

Gestern Abend hat Steven köstliche Spaghetti bolognese gekocht, und da er aus einer kinderreichen Familie stammt, gibt es bei ihm immer große Mengen. Beim Anblick der noch vollen Schüssel in meinem Kühlschrank beschließe ich, meine köstlichen Reste Lili mitzubringen, zusammen mit einer Flasche Wein.

Ich schütte die Soße in eine große Tupperware-Dose, stelle diese in eine Recyclingtüte vom *Bon Marché*, und schon gehen wir los, Lili wohnt ja quasi um die Ecke.

Ein paar Meter vor dem Eingangstor will Steven noch schnell etwas über unsere Gastgeber wissen, um für den Abend gewappnet zu sein: »Was macht er beruflich, der neue Schwarm deiner Freundin?«

Doch für eine Antwort bleibt mir keine Zeit.

»Scheiße!«, schreit Steven plötzlich.

Der Boden meiner Recyclingtüte hat nachgegeben, vermutlich, weil ich sie neben die Spüle gestellt habe, und nun ist meine Tupperware-Dose auf dem Bürgersteig der Rue de Sèvres explodiert wie eine Bombe. Um uns herum ist alles mit Soße bespritzt: meine Beine, Stevens Hose, die Mauer des herrschaftlichen Gebäudes, der Kotflügel des geparkten Wagens, einfach alles. Es hätte für zwölf Personen gereicht, jetzt reicht es gerade mal für vier. Kichernd und albernd treffen wir bei Lili ein. Meine Hände und Beine sind rot, und ohne Erklärung bitte ich, mich erst einmal waschen zu dürfen. Steven scheint es nicht so hart getroffen zu haben, seine dunkelblaue Jeans hat nur wenige rote Flecken. Er muss immer noch lachen, doch dann, als er seine Ruhe wiedergefunden hat, überreicht er die unbeschädigte Flasche und schlägt vor, seine mitgebrachte Mahlzeit wegzuwerfen. Und genau in diesem Moment trifft der Exsänger ein, stellt sich kurz vor und schnappt sich voller Begeisterung die Schüssel.

»Stopp! Ich will erst noch probieren!«

Bei Tisch amüsiere ich mich über Stevens entgeisterte Miene, während Lilis neuer Lover Reden schwingt, die oft weder Hand noch Fuß haben. Sein Aufputschmittel ist eindeutig stärker als mein *Vitaminwater*. Der Gipfel ist erreicht, als er zu einem Monolog über meine HIV-Infektion anhebt.

»Du bist HIV-positiv? Dann bin ich's auch!«

»Was?« Lili verschlägt's die Sprache.

»Na klar, sie hat Aids, ich hab Aids, wir alle haben ein bisschen

Aids. Das ist wie bei Kennedy, der in Berlin verkündete: ›Ich bin ein Berliner.‹ Ich steh dir zur Seite, Charlotte. In voller Empathie. Wir sind doch alle miteinander verbunden. Das nennt man *human*. Einer für alle, alle für einen …«

Steven ist zu klug, um etwas zu sagen. In aller Ruhe beobachtet er die pathologischen Verhaltensauffälligkeiten, die fuchtelnden Hände, die geweiteten Pupillen, den verzerrten Mund und die schweißbedeckte Stirn.

Mir gelingt es, Lili in der Küche abzufangen: »Der tickt nicht richtig, dein Typ.«

»Nicht so ganz, ich weiß schon, aber sieht er nicht toll aus? Und ist so super im Bett …«, flüstert sie mir ins Ohr. »Er ist eben Künstler, das musst du doch verstehen, er hat die Auflösung seiner Band einfach nicht verkraftet …«

»Nichts hat er verkraftet! Der ist schwer geschädigt, wenn du mich fragst, und außerdem bekifft. Pass auf dich auf, meine Süße. Verwechsle nicht Kunst mit Neurose.«

»Aber sind denn nicht alle Künstler ein bisschen neurotisch?«

»Nein! Nur besonders empfindsam.«

Da steht der Sänger plötzlich im Türrahmen, die leere Flasche in der Hand, und fragt mich mit aggressivem Tonfall: »Was hast du Lili da gerade erzählt?«

»Kleinmädchenweisheiten.«

»Was hast du ihr eingeredet?«

Seine Augen sind weit aufgerissen und kommen näher und näher. Als ich höre, wie Steven den Raum betritt, wage ich endlich zu sprechen.

»Wenn du es genau wissen willst: Du tickst nicht richtig, das habe ich ihr gesagt.«

»Was soll das heißen, ich ticke nicht richtig? Das heißt gar nichts! Was weißt du denn schon? Mir lagen tosende Säle zu Füßen, hochgereckte Arme, Feuerzeuggefunkel im Dunkeln, mein Name wurde herausgeschrien, ich badete in der Menge, freigebige Mädchen warteten vor meiner Tür, Tag und Nacht! Was weißt denn du schon? Vielleicht ticke ich nicht richtig, aber dem kann niemand widerstehen!«

Steven versucht, beruhigend auf ihn einzuwirken: »Wir sind alle ein bisschen wahnsinnig. Wie Nietzsche schon sagte, gibt es nur einen Weg im Leben: in Würde verrückt zu werden.«

»Das hat er ja auch wahr gemacht«, wirft Lili ein. »Die letzten zehn Jahre seines Lebens hat er als Wahnsinniger zwischen der Irrenanstalt und den Armen seiner Mutter zugebracht, wie ein kleiner Junge.«

Sie geht auf den Sänger zu, wischt ihm über die schweißnasse Stirn und sagt liebevoll: »Steven hat recht, wir haben alle einen Hau, aber ich pfeif drauf.«

Der Sänger entkorkt eine weitere Flasche und verlässt die Küche mit erstaunlicher Ruhe. Seine Erregung ist wie weggeblasen.

Lili packt mich am Arm, zieht mich in einen Winkel der Küche und wirft mir vor, zu hart zu sein.

»Zu hart? Nun mach aber mal einen Punkt! Ich bin nicht hart. Künstler sein, das heißt, sich dafür zu entscheiden, für die Sehnsüchte anderer zu leben. Nichts ist unsicherer. Man muss es hinnehmen, nicht mehr geliebt zu werden, ohne abzustürzen. Natürlich ist das schmerzlich, wie Liebesentzug, ich weiß, wovon ich rede. Aber was wirklich hart ist, sieht man in den Nachrichten und in den Krankenhäusern. Ich hasse es, wenn jemand sein Leben wegwirft.«

»Wollen wir gehen, Charlotte?«, fragt Steven.

»Ja, gehen wir. Pass auf dich auf, Lili, und danke für alles. Bis morgen.«

Wir gehen noch einmal ins Wohnzimmer, um uns von dem unglücklichen Sänger zu verabschieden, der jetzt mit halb geschlossenen Augen auf dem Sofa liegt. Ein Küsschen zum Abschied, er rührt sich nicht. Alles bleibt friedlich.

Als wir das Haus verlassen, tippt Steven sich nur leicht gegen die Stirn. Das ist sein einziger Kommentar. Dann zeigt er mir eine ausgemergelte schwarze Katze, die sich an unseren noch immer auf dem Trottoir verstreuten Spaghetti delektiert. Der Anblick löst in mir ein nervöses Kichern aus, das sogar auf Steven ansteckend wirkt. Diese ganze lächerliche Anspannung braucht ein Ventil. Sogar Stevens diskrete Neutralität bekommt einen Riss. Wir können gar nicht mehr aufhören zu lachen. Bald kann ich kaum mehr atmen und muss mir die Seiten halten, damit die Rippen nicht brechen. Ich hocke mich hin, um mich an mir selbst festzuhalten, und mein schallendes Gelächter verscheucht die Katze. Steven hockt sich neben mich. Wir lachen, halten uns an den Händen und heben sie hoch, als wollten wir uns zuprosten: Aufs Leben! Auf uns! Es ist das erste Mal, dass wir so miteinander lachen. Ich stelle mir das Echo unserer Stimmen vor, wie zwei unsichtbare Bänder, die im Nachtwind wirbeln und bis ans Ende der langen, stillen Straße flattern. Dann lege ich meine Hände auf Stevens Kopf. Noch immer schüttelt ihn das Lachen, aber er ruht auf meiner Schulter. Hier und jetzt bin ich glücklich.

Dieses kleine goldene Herz an meinem Hals, ich trage es ununterbrochen, wie einen Talisman. Nervös berühre ich es mit einer Hand, es glüht. Die Nacht ist undurchsichtig. Der Wagen fährt viel zu schnell. Der schwere Regen prasselt aufs Dach. In der Ferne kann ich einen weiten Platz erkennen, eine Statue, vielleicht ist's auch eine Säule. Neben mir, reglos, das Neugeborene mit den geschlossenen Augen. Ich habe Bauchschmerzen und ziemlich große Angst. Warum rührt es sich nicht? Zu meiner Linken eine beängstigende Lichterkette von Scheinwerfern. Der Rückspiegel! Ich muss mich im Rückspiegel ansehen! Ich strecke eine Hand aus und drehe ihn zu mir. Aus dem Dunkel des Spiegels springen mir zwei Lichtpunkte entgegen, zwei kreisrunde funkelnde Punkte wie von einem Wolf, der im Dunkeln lauert. Sie verfärben sich rot, dann sind sie weg. Vor mir kommt der Platz näher, Scheinwerfer fliegen vorbei. Dann ein Quietschen, ein Reißen, ein dumpfes Geräusch. Das Neugeborene wird viel weiter nach vorn geschleudert als ich, durch die explodierende Windschutzscheibe hindurch. Ich strecke die Arme aus und schreie.

Ich fahre aus dem Schlaf hoch. Steven nimmt mich in die Arme und küsst mich. Mit den Fingern wischt er mir den Schweiß aus dem Gesicht.

»Beruhige dich, beruhige dich doch.«

»Ich habe Angst, lass mich nicht los.«

»Versuche, wieder einzuschlafen. Ich bin ja da.«

»Ich will nicht mehr schlafen, ich will nicht mehr träumen.«

»Es sind immer die gleichen Bilder, wieder überall dieser goldene Schein und dazu diese Angst! So etwas habe ich noch nie gespürt, die Gewissheit, dass dies mein Ende ist, mein Körper, der sich windet, sich für immer zusammenzieht. Das Neugeborene saß wieder neben mir, mit geschlossenen Augen, dann dieses Getöse, als platze das Trommelfell, diese Wolfsaugen im Rückspiegel. Wenn das so weitergeht, werde ich noch wahnsinnig, Frau Doktor.«

»Keiner wird aufgrund seiner Träume wahnsinnig. Wann haben Sie das letzte Mal einen solchen Traum gehabt?«

»Vor etwa einem Monat.«

»Also jeden Monat.«

»Ja, jeden Monat seit … dem zweiten Geburtstag meines neuen Herzens.«

»Eine logische Assoziation.«

»Aber was bedeutet das? Ich werde doch wohl nicht bis an mein Lebensende solche Albträume haben? Was kann ich dagegen tun?«

»Sie müssen sich von allen Fragen, die im Zusammenhang mit Ihrer Transplantation aufkommen, befreien. Und zwar sofort.«

»Aber was bedeutet dieser Traum?«

»Ich sagte Ihnen bereits, Charlotte, dass ich auf Entschlüsselungen dieser Art nicht spezialisiert bin. Ich besitze nicht Freuds Talent, und jede Interpretation ist subjektiv. Der Traum ist symbolisch. Er gibt preis, was Sie, wenn Sie bei Bewusstsein sind, nicht preisgeben. Sie müssen den Sinn dieser Träume herausfinden, ihre Symbolik. Der unkontrollierbare Wagen, die Geschwindigkeit, die Feindseligkeit der Nacht, das Neugeborene …«

»Ich möchte einfach wissen, wer mein Spender war.«

»Warum?«

»Um ihm zu danken und um zu begreifen, woher dieses Herz stammt. So wie man ja auch nach seinen Wurzeln forscht …«

»Aber das hat überhaupt nichts miteinander zu tun. Zwischen Ihrem Spender und Ihren Träumen oder gar Ihren Wurzeln besteht keinerlei Verbindung. Sie laufen in die Irre! Ihre Identität und Ihre Abstammung stecken nicht in diesem transplantierten Herzen. Das sind Hirngespinste. Das Herz ist ein Organ, ein großartiges zwar, aber eben ein Organ. Ihres wurde verpflanzt. Es schlug in einem anderen Körper. Und jetzt schlägt es in Ihnen. Diese Operation hat natürlich etwas in Ihnen verändert, wie jeder schwere Eingriff. Aber entschlüsseln kann dies nur Ihr Kopf, nicht Ihr Herz. Ihr kreativer Geist sucht den Zusammenhang, aber wer Sie sind, woher Sie kommen, werden Sie in Ihrem Transplantat nicht finden.«

»Merkwürdig, manchmal bin ich vom Gegenteil überzeugt, ich fühle mich … als stünde in meinem Ausweis: Herz unbekannt.«

Beim gemeinsamen Mittagessen erzähle ich Lili von meinen Albträumen, und kaum dass ich sie erwähne, ist die Beklemmung wieder da. Lili will mir ein Traumdeutungslexikon kaufen, versucht sich jedoch schon einmal an einer improvisierten Interpretation.

Die rasante Geschwindigkeit, die vorbeifliegende Straße, das Auto, in dem ich gefangen sei, seien Symbole für mein Leben, das meiner wahren Natur und meinen Sehnsüchten nicht genügend entspräche. Die feindselige Nacht symbolisiere meinen Beruf und die ganze Branche, die mich zu vergessen drohe. Das Neugeborene solle das zweite Kind darstellen, das ich nicht mehr bekommen würde, und der Rückspiegel … Sie hält kurz inne, bis sie es gefunden hat und triumphierend erklären kann: »Das ist die Vergangenheit, die dich heimsucht, denn bald wirst du ja vierzig und musst Bilanz ziehen. Das alles ist völlig normal!« Sie klingt schon fast wie Claire.

»Okay, solange ich dich habe, brauche ich kein Lexikon.«

Beim Telefonat mit Antoine, meinem Agenten, höre ich mal wieder die immerzu gleiche Frage, ob es mir denn gut gehe. Das traditionelle und erzwungen begeisterte »Danke, bestens!« ersetze ich diesmal durch das realistische »Mittelmäßig …«

»Ich habe immer wieder diese beklemmenden Albträume und fürchte mich schon am Tag vor der Nacht.«

»Du Arme … Du solltest einen Traumdeuter aufsuchen. Ich glaube, es gibt sogar Lexika. Warst du schon bei Pierre, dem Hellseher, von dem ich dir erzählt habe? Er ist unglaublich, nicht nur Hellseher, sondern fast schon Therapeut. Eine Lichtgestalt.«

»Und was hast du sonst noch für gute Nachrichten für mich?«

»Ich habe Tony getroffen, ganz zufällig, sie hat weitere Anfragen für dich, sie wird dich anrufen. Die Werbekampagne für dein Buch ist ja noch nicht abgeschlossen.«

Anlässlich einer Radiosendung laufe ich einem Redakteur über den Weg, der für seinen bissigen Humor bekannt ist. Er grüßt mich flüchtig. Seine imposante Statur macht ihn schwerfällig. Ein paar Wochen später blättere ich in einer Buchhandlung meines Viertels in seinem jüngsten Opus. Ich lese diagonal: Es geht um Sexorgien unter Fettleibigen. Trotz seiner Schilderung kann ich mir die Szenen nur schwer vorstellen. Er spricht auch über sein Glied, mit dessen Größe er zufrieden zu sein scheint. Als ich das Buch schon zuklappen will, springt mir plötzlich mein Name in die Augen: »Charlotte Valandrey und X [hier nennt er eine andere Schauspielerin] sind wie Wurstverkäuferinnen: Sie erzählen ihr Elend und kassieren dafür.« Der Vergleich mit einer Wurstverkäuferin ist ja eher nett und entlockt mir ein Lächeln. Ich kenne zwar keine persönlich, weil ich nie Wurst esse, stelle sie mir aber als fröhliche, lebenslustige Genießerinnen vor, wie es sie vielleicht nur in Frankreich gibt. »… und kassieren dafür.« Na klar, wie alle, die ihren Lebensunterhalt verdienen müssen. Wie er ja auch, falls seine Gewichtsprobleme jemanden interessieren. Die Wörter, die er verwendet, stören mich nicht, aber was mir zutiefst missfällt, ist die Absicht, die dahintersteckt: die intendierte Boshaftigkeit, die Hypokrisie und Durchtriebenheit. Bevor ein Buch auf den Markt kommt, wird es doch mehrmals gelesen und überprüft, die Worte werden gewichtet, die Klinge geschärft. Tony, die ihn ein wenig kennt, sagt sogar: »Er würde alles tun um eines Bonmots willen, aber er kann auch ganz nett sein«. Auf diese Art Nettigkeit kann man dazu auch verzichten.

Wenige Tage später höre ich wie zufällig denselben Herrn im Fernsehen erklären: »Isabelle Adjani ähnelt inzwischen einem Mondkalb.« Das ist doch die Höhe! Ich starre ihn an: Und du? Wem ähnelst du, du fettes Schwein? Für Sauereien dieser Art wird dieser Idiot auch noch bezahlt! Und ist dabei sogar gefragt! Ich weiß jetzt, warum er so dick ist: Er hat nur giftige Galle im Bauch. Seine Nettigkeit ist reinste Heuchelei, er ist eine scheinheilige nette Sau, ein Menschenfresser, der sich freundlich gebärdet, um dann mit voller Wucht zuzubeißen.

Kurz danach mache ich, wieder wie zufällig, über meinen ehemaligen Agenten und jetzigen Produzenten die Bekanntschaft von Isabelle Adjani und kann daher bezeugen, wie schön diese leibhaftige Fee immer noch ist, und zwar in natura wie auf Fotos. Und was das Mondkalb anbetrifft, so kann ich nur beteuern, dass ihre Augen noch immer schimmern wie in ihren Anfängen, in diesem irisierenden Blau. Gewiss wurden ihr am Tag nach der Sendung prachtvolle Rosen zugeschickt, mit einem Wort der Entschuldigung. Das ist nämlich die neue Masche: Man greift frontal an, mit Vorliebe Frauen, weil man ja *trashig* sein will, stachelt das Publikum an und entschuldigt sich sofort danach, um einem Prozess zu entgehen. Das sind die Tricks der Schlächter! Und da bin ich wieder bei meiner Wurstverkäuferin, meiner Schwester, aber nimm dich in Acht, du Schandmaul, denn Typen wie dich würde sie kurzerhand zu Brei schlagen und in eine Wurst stopfen.

Mir schwindelt manchmal bei dem Gedanken, dass alles im Leben einem unerbittlichen Gleichgewicht unterliegt und die Hochgelobten, die Glückspilze, eines Tages mit dem totalen Gegenteil konfrontiert werden, mit der Umkehrung, dem Allerschlimmsten, dem Yang nach dem Yin.

Der heutige Tag dürfte eintönig werden, trotz meiner Bemühungen, Dynamik in mein Leben zu bringen. Wieder so ein Tag, der so vielen anderen ähnelt. Ohne Tara, die bei ihrem Vater ist, ohne Lili, die mit ihrem angeblich ruhiger gewordenen Lover fürs Wochenende weggefahren ist, ohne Steven, der Dienst hat, ohne Vater, ohne Schwester, die mir immer fehlen, weil sie ihre

Bretagne kaum je verlassen, ohne SMS, ohne Pläne, ohne Ziel, ohne Lärm.

An einem solchen Tag habe ich einst beschlossen, nie mehr allein zu sein. Ich schnitt aus einem Anzeigenblatt eine Annonce aus und fuhr nach Vincennes zu einer Katzenzucht, die echte persische Chinchillakätzchen anbot.

Die Frau, die mich dort empfing, war reizend, enthusiastisch und mit ihren langen, dünnen Zöpfen, in die, passend zum Kleid, bunte Bänder eingeflochten waren, ein echtes Original. Sie schien mit ihrer extravaganten Menagerie allein zu leben. Um ihr Tätigkeitsfeld zu illustrieren, erklärte sie mir damals mit hoch erhobenem Zeigefinger: »Die Zucht finanziert das Futter, aber meine wahre Leidenschaft gilt den Tieren als solchen! Die Anhänglichkeit dieser Wesen ist eine einzige Freude! Traurig bin ich nur, wenn eines stirbt …«

Dann öffnete sie die Tür zu einer weiträumigen hellen Scheune, deren Sauberkeit mich verblüffte und deren Lärm ich noch heute in den Ohren habe. Dutzende Katzenkinder kugelten sich da miauend in frischem Stroh, darüber hingen Vogelkäfige voller hysterischer Wellensittiche, was die Neugierde einiger Kätzchen weckte, die sie mit abenteuerlichen Sprüngen zu erreichen versuchten. Zudem gab es ein großes, blitzblankes Aquarium, mehrere Hühner, die »Bioeier!« legten, ein paar frei laufende Gänse – »viel wachsamer als Hunde!« – und sogar ein Rattenhaus hinter hohen Gittern, von dem ich mich lieber fernhielt.

»Das ist nicht gerechtfertigt, denn sie sind, wenn sie erst einmal Vertrauen gefasst haben, äußerst handzahm und sehr intelligent. Wie Einstein schon sagte: Würden die Ratten sechzig Kilo schwer, wäre der Mensch nicht der Herr der Welt.«

In diesem tierischen *melting pot* erstand ich meinen himmlischen, gelb-braunen Kater Caviar mit echter Ahnentafel, die ich kurz in Augenschein nahm, um mich von ihrer Authentizität zu überzeugen.

Kurz bevor ich abfuhr, überreichte die Dame mir noch ein

durchsichtiges Plastikbeutelchen voller Wasser, in dem ganz aufgeregt ein Goldfischchen schwamm.

»Das wird Ihnen Glück bringen, das gehört zu Feng-Shui, man muss immer die drei Elemente Erde, Wasser und Luft im Haus haben.«

»Vielen Dank. Den Goldfisch nehme ich gerne, aber bitte keine Wellensittiche!«

»Vögel braucht es nicht, um Luft zu symbolisieren, ausgiebig lüften reicht. Machen Sie die Fenster auf, um Energie und Insekten hereinzulassen, und säubern Sie vor allem das Aquarium gründlich, damit sich das Feng-Shui nicht ins Gegenteil kehrt und Sie ein schlechtes Chi bekommen …«

Seitdem halte ich einen Fisch und einen Kater, Symbol für Wasser und Erde, um mir ein gutes Feng-Shui zu bewahren. Und da ich auch so oft wie möglich die Fenster zur Hälfte geöffnet lasse, habe ich eigentlich sämtliche Bedingungen für mein Glück erfüllt. Mein Fisch heißt Coco, nicht Chanel, sondern in Anlehnung an den Kommunismus, denn er ist rot wie ich in meinem ersten Film, und es ist ein einfach zu merkender und lustiger Name. Kurioserweise macht Coco mehr Lärm als Caviar. Sein vermeintlich leises Geplätscher kann in totaler Stille ganz schön nerven. Caviar hat sich als Neurastheniker entpuppt, er versteckt sich den ganzen Tag unter der Badewanne, und sein Langhaar wurde überraschend schnell schütter. Nur nachts taucht er auf, um seine Krallen an meinem Sofa zu wetzen. Der Tierarzt hält ihn für traumatisiert, dabei habe ich ihn doch als Winzling bekommen. Aber vielleicht sind ja die kreischenden Sittiche die Ursache. Mein armer Caviar kann nur im Schatten leben. Neurosen gibt es wohl überall.

Coco hingegen outete sich sehr bald als Alkoholiker. Eines Tages, als ich es endgültig leid war, jede Woche stinkenden Schlamm aus dem Aquarium zu schrubben, nur um das schlechte Chi zu vertreiben, fasste ich den Entschluss, mich von Coco zu trennen. Da niemand um mich herum ihn haben wollte, obwohl ich die

Bedeutung seiner Anwesenheit hervorhob, sann ich über ein Mittel nach, ihn sanft verenden zu lassen. Ganz hinten in einem meiner Küchenschränke stand eine Flasche mit altem österreichischen Schnaps, der noch von meinem Vormieter stammte. Ich kippte den gesamten Inhalt ins Aquarium, um Coco im Vollrausch verenden zu lassen. Nach ein paar Minuten sah ich meinen besoffenen Fisch auf dem Rücken schwimmen, er ließ sich abwechselnd dahintreiben oder wie eine Alge auf offener See umherwirbeln. Auch nach Ablauf einer Stunde vergnügte Coco sich noch und trieb damit mein Schuldgefühl auf die Spitze. Ich musste so viel lachen, dass ich mich entschied, den kleinen Alkoholiker doch zu retten. Ich wechselte das Wasser.

Heute ist Coco topfit, Caviar in seinem Versteck, und ich sinne darüber nach, wie ich die gefürchtete Monotonie des Tages unterbrechen könnte.

Dieser fade Tag wird mein Kampftag werden! Ich schnappe mir mein Handy und nutze meine Flatrate, um energiegeladen und belustigt von Cocos gleichförmigem Kreisen mein Telefonmarketing zu starten.

Dabei kurbele ich all meine beruflichen Kontakte erneut an: Agenten, Exagenten, Produzenten, Programmdirektoren, Personen mit Einfluss bei Fernsehen, Film, Theater … Zusammengenommen ergab das etliche Stunden mit: »Bonjour, ich bin's, Charlotte Valandrey, erinnerst du dich noch an mich? Ich bin nämlich in Bestform, musst du wissen, und viel hübscher als auf dem Cover von *Paris Match*. Hast du nicht etwas für mich?«

Ausgiebig spricht man mit mir über mein Buch, über meinen Mut, der aus meiner Sicht gar keiner ist, beglückwünscht mich und stellt mir immerhin zweimal ein Treffen in Aussicht und eventuell einen Synchronjob in Jennifer Anistons neuem Film.

Bilanz: gemischt. Per Fingerdruck lasse ich das ganze Namensregister vorbeirauschen, um sicherzustellen, dass ich niemanden vergessen habe. Da lese ich plötzlich: *Pierre, himmlischer Hellseher.*

Das wird mein letzter Anruf für heute sein und – ich schwöre es! – mein letzter Hellseher. Pierre hat eine helle, sympathische und jung klingende Stimme. Er ist restlos ausgebucht, über einen Monat hinaus, obwohl er am Ende der Welt wohnt. Ich beharre lächelnd, es heißt ja, dass man Lächeln hören könne: »Antoine gab mir Ihre Adresse«, und schon habe ich meinen Termin.

Den Rest des Tages zappe ich durchs Fernsehprogramm. Die Nachrichtensender meide ich eher, weil ich die absurde Gewalt von Menschen nicht ertragen kann. Ich stoppe die Bilderflut beim Bericht einer Krankenschwester, obwohl ich das Thema der Sendung nicht kenne, aber das Timbre ihrer Stimme und die Heiterkeit, die ihr Gesicht ausstrahlt, veranlassen mich, ihr zuzuhören.

»In den zehn Jahren meiner Tätigkeit auf der Palliativstation habe ich noch von keinem sterbenden Patienten gehört, dass er in seinen letzten Momenten seinem schönen Auto oder seinem tollen Hause nachtrauere … Nein, man denkt immer an eine Person, an Menschen, die man geliebt hat, an Liebesfreud oder Liebesleid. Kurz vor dem Tod sucht man immer nach einem Menschen, man streckt die Hand aus und spricht über Liebe, immer nur von Liebe …«

Endlich mal eine gute Nachricht! Und jetzt erscheint auch das Thema unten auf dem Schirm: *Woran denkt man kurz vor dem Tod?*

Und woran dachte ich jetzt, die ich mich doch so lebendig fühlte, angesichts der Werbung, die Augen getrübt von den Worten der Frau in Weiß, im Lotossitz auf meinem Sofa? An Steven. Ich habe die Schlüssel zu seiner Wohnung. Wollte ich auf mich hören, würde ich ihn heute Abend dort überraschen. Aber er mag keine Überraschungen. Würde sich überfallen fühlen. Ich respektiere sein Bedürfnis nach Abgeschiedenheit, nach Stille und Entspannung, die er braucht, wenn er stundenlang in der Klinik kranke Herzen abgehorcht hat. Doch meinem Kalender nach wird der Zeitraum zwischen unseren wechselseitigen Besuchen allmählich größer. Ich zähle an den Fingern nach. Ich ahnte es schon, hatte aber niemals die Tage gezählt. Dabei bemerke ich an ihm keinerlei Veränderung. Seine Anhänglichkeit, wollte man sie wie Herzschläge messen, zeigt einen völlig regelmäßigen Verlauf, und sein immer gleich bleibendes Verhalten verschafft mir ein süßes Gefühl von ewiger Dauer. Unsere Bindung hat sich sehr schnell stabilisiert, gleich wenige Tage nach unserer ersten Begegnung. Zustand gleichbleibend, kein erkennbares Symptom von Erschlaffung, höchstens die heutige Feststellung, dass die gemeinsamen Stunden etwas seltener werden. Wann hat er mir das letzte Mal gesagt, dass er mich liebe? Ich weiß es nicht mehr, werde ihn aber auch nicht danach fragen. Diese Frage habe ich über viel zu lange Zeit viel zu oft gestellt. Kein »Liebst du mich noch?« mehr! Schluss mit dem leidenschaftlichen, trügerischen, flüchtigen »Ich liebe dich«, aus einer Liebe geboren, deren Dauer dem Lebenssinn einer Eintagsfliege gleicht.

Ich habe etliche Formen von Liebe kennengelernt.

Steven ist meine erste ruhige Liebe.

Heute ist mein letzter Tag im Synchronstudio, und zum ersten Mal bin ich die Stimme des hübschen amerikanischen Wirbelwinds Jennifer Aniston in ihrem Film *Wo die Liebe hinfällt …* Diese punktgenaue Arbeit macht mir Spaß. Wenn man nur noch meine Stimme hören will, warum nicht? Frühmorgens habe ich mir einen starken Tee gekocht und ein großes Glas Vitamin-C-Brause zu mir genommen. Diese Jennifer ist ein einziges Energiebündel. Ihr Sprechtempo ist schwer zu imitieren, aber ich liebe dieses schnelle Sprechen, weil es komische Rollen so lebendig macht. Jennifer verleitet mich zum Träumen. Ihre Vitalität erinnert mich an meine Myriam in *Les Cordier, juge et flic*. Ich vermute, die Übersetzer mussten ganze Sätze umformulieren, weil das Englische knapper ist als unser Französisch mit seinen Längen. In meiner Kabine, die Kopfhörer auf den Ohren, die Augen auf den Text geheftet, der wie bei einer Karaokemaschine nach und nach rot markiert wird, kann ich mir in den Sprechpausen meine Heldin in Ruhe anschauen. Ich hatte bereits den Eindruck, sie durch die vielen Presseartikel persönlich zu kennen. Doch heute, in diesem Tête-à-Tête und mit meiner professionellen Empathie, erscheint mir Jennifer unter ihrer goldbestäubten Fönfrisur irgendwie mysteriös. Ihre hektische Gestik, ihr schelmisches Lächeln vermögen mich nicht zu täuschen. Dieses Mädchen mag der Star burlesker Komödien sein, doch womöglich ist ihr Leben ein einziges Drama. Ihr Gesicht ist so glatt, dass ich nicht sagen könnte, ob sie zwanzig oder vierzig Jahre alt ist. Sie verschleiert mehr, als sie zeigt. Wenn ich sie ganz konzentriert ansehe, deutet für mich so manches auf Leid, Einsamkeit und Ratlosigkeit hin. Als ich das in der Pause meinem

Kollegen gegenüber erwähnte, der den Verlobten spricht und offensichtlich so schnell wie möglich seine Gage, seinen Lebensunterhalt, kassieren will, hat er mich völlig entgeistert angeschaut, nervös an seiner Zigarette gezogen und entgegnet: »Du brauchst wirklich Urlaub!«

»Nein, ich erkenne nur leichter die Verzweiflung von Frauen!«

Dann habe ich mit der Hand gewedelt, um den Rauch zu verscheuchen, weil der mich immer zum Husten bringt. Der Herr Kollege wich ein paar Schritte zurück, wiegte den Kopf und sagte lachend: »Du solltest dich als Hellseherin betätigen, da würdest du mehr verdienen.«

»Richtig … Morgen habe ich einen Termin bei einem Hellseher, wie du siehst, bin ich schon in der Lehre für meinen neuen Beruf.«

Pierre, der »himmlische Hellseher«, lebt also in Vaucresson, einem Städtchen westlich von Paris. Ich werde den Wagen nehmen müssen, was mich nicht gerade begeistert, denn mein Wohnmobil Nummer zwei steht in einer düsteren Tiefgarage, etwa zehn Minuten von meiner Wohnung entfernt. Als ich aus dem Haus trete, bin ich angenehm überrascht, dass es so mild ist, dabei hatten sie die Frostmilderung ja angesagt. Ich aber habe mich dennoch in einen dicken Mantel aus krausem, cremefarbenen afghanischen Ziegenfell gehüllt, in dem ich mich warm eingepackt fühle. Ich muss ihn regelmäßig öffnen, um mir mit den wollenen Flügeln Luft zuzufächeln.

Ein Schrei über meinem Kopf lässt mich hochschauen, und ich entdecke jenseits der alten mehrstöckigen Gebäude im hellgrauen Himmel eine verirrte Möwe. Sie scheint mich dort oben begleiten zu wollen. Als ich an der Brasserie *Le Petit Lutetia* vorbekomme, wo ich manchmal zu Mittag esse, rufe ich dem sympathischen alten Mann, der vor dem Lokal die Krustentiere öffnet, im Vorbeigehen zu: »Das ist doch eine Möwe dort oben, nicht wahr?«

»Ja, das kommt vor, vereinzelte Möwen, die der Nordwind vom Meer herüberträgt und die dann der Seine folgen …«

»Sie begleitet mich schon die ganze Zeit, seit ich das Haus verlassen habe. Lustig, nicht wahr?«

Er antwortet nicht, lächelt mir nur zu und konzentriert sich weiter auf die riesige Platte Meeresfrüchte, die er fachmännisch zusammenstellt.

»Einen schönen Tag noch, Monsieur!«

Meine Möwe begleitet mich weiter bis zum *Bon Marché*, und bevor ich in die Tiefgarage gehe, bleibe ich noch einen Moment lang stehen, um ihr zuzuschauen, wie sie im eintönigen Himmel ihre Kreise zieht.

Vole, vole, petite aile …

Als meine Mutter starb, konnte ich nicht weinen, der Schmerz war zu stark, saß zu tief. Meine Trauer war unbeschreiblich, ich war wie gelähmt und fühlte mich schuldig. Ich steckte in einer problematischen Liebesbeziehung, Filmrollen gab's auch keine mehr für mich, mein Leben war eine Abfolge von Brüchen, und jetzt verließ mich auch noch meine Mutter. In der Kirche sang ich dieses Lied von Jean-Jacques Goldman: *Vole, vole, petite aile, qu'ici rien ne te retienne …* Flieg, flieg, Flügelchen, lass dich von nichts zurückhalten … Jetzt muss ich wieder an meine kranke Mutter denken, sehe sie vor mir, lächelnd und kahlköpfig, aber liebevoll bis zum Schluss. Ihr knochiger Körper mit dem runden Bauch ähnelte dem meinen kurz nach der Transplantation. Ihr friedvolles Gesicht mit den großen Augen zeichnet sich im dunstigen Himmel über mir ab. Meine Möwe ist immer noch da. Unglaublich! Träume ich? Ich küsse meine Fingerspitzen und winke ihr zu. *Vole, vole, petite aile …* Ein Passant bleibt stehen und hebt verwundert den Kopf, folgt meinem Blick und starrt mich dann voller Erstaunen an. Mit einem schwungvollen »Bonjour!« verziehe ich mich in die Tiefgarage.

Tiefgaragen stellen für Frauen immer eine Falle dar. Diese Stille, diese Winkel, diese Schatten, dieses Grau überall! Ich trällere vor mich hin, um meine Furcht zu überspielen, um zu testen, ob mir jemand antwortet, und gehe so schnell, wie ich nur kann. Erst als ich die Tür meines Wagens zuknallen kann, fühle ich mich erleichtert, und wie immer schwöre ich mir, fürs Wohnmobil Nummer zwei einen neuen Standplatz zu suchen. Eiligst verriegele ich sämtliche Türen, werfe hastige Blicke um mich und starte den Motor.

Er unterbricht die Stille und lässt diese massive Kiste aus Blech und Plastik, in der ich soeben Platz genommen habe, erbeben. Und in dem Moment, als ich die eine Hand auf den Schalthebel lege und die andere auf das Lenkrad, lässt ein dumpfes Dröhnen meinen Kopf schier explodieren. Während meine aufgerissenen

Augen die entspiegelte Windschutzscheibe anstarren, sehe ich wie in einem Videospiel die Straße vorbeifliegen, diesen langen Boulevard mit den hohen Säulen am äußersten Ende, sehe wieder den riesigen Platz vor mir. Meine goldene Halskette glüht, die Scheinwerfer verbrennen mir die Augen, der Regen trommelt aufs Dach … Ich lasse alles los, presse die Hände auf die Augen und reibe sie, um aufzuwachen, denn kaum hatte ich meine Augen geschlossen, war das rosige Baby wieder da gewesen und hatte mir einen Schrei entrissen.

Wie wahnsinnig springe ich aus dem Auto, rase durch die Garage, rempele einen Passanten an, höre ihn fluchen, kann aber nichts sagen, denn ich fliehe. Als ich wieder draußen bin, hebe ich den Kopf, recke den Hals, fühle die Tränen rinnen, atme ein, atme aus und starre in den leeren Himmel. Ich muss wieder zur Besinnung kommen, wieder ruhig werden. Ich bete, rufe Maman zu Hilfe, damit sie mich von diesen Visionen befreit, die mich mittlerweile nicht nur nachts, sondern auch tagsüber heimsuchen.

Langsam gehe ich bis zum *Hôtel Lutetia*, um ein Taxi zu nehmen, das mich zwar Unsummen kosten wird, aber ans Steuer setze ich mich nicht mehr! Kaum eingestiegen, kurbele ich die Scheibe herunter, der Luftzug belebt mein Gesicht und fegt mir durch die Wimpern. Meine Hände sind verkrampft. Das Taxi fährt zügig, schlängelt sich durch den Verkehr und versucht, ein konstantes Tempo einzuhalten. Plötzlich bremst es brutal, um einen Radfahrer nicht umzufahren. Ich schreie auf. Ich muss raus und bitte den Fahrer, kurz anzuhalten, mir sei übel. Ich gehe in mich und versuche die Bilder aus meinem Kopf zu verscheuchen, meinen inneren Bildschirm zu löschen.

»Ist Ihnen nicht gut, Mademoiselle?«

»Ich … ich hatte neulich einen Autounfall.«

»Verstehe.«

Dann geht es ruhig weiter, bis wir angekommen sind.

Ich bin erstaunt, wie jung dieser Pierre ist. So ganz in Weiß gekleidet, sieht er wirklich wie ein Magier aus. Er kennt mich nicht, das lese ich in seinem Blick, er kennt nur meinen Agenten Antoine und vor allem dessen Mutter, die in diesem stillen, grünen, verschlafenen Ort lebt. Nur eine Dreiviertelstunde von Paris entfernt, und schon ist man auf dem Land. Ich erkläre mich zu einer engen Freundin von Antoine und stelle mich mit meinem wirklichen Namen Anne-Charlotte Pascal vor. Nichts unter meinem Mantel deutet auf etwas anderes hin. Ich trage Jeans und einen neutralen grauen Pulli mit einem sehr diskreten Ausschnitt und Engelsflügelchen am Rücken, die er aber nicht sehen kann. Keinerlei Schmuck, die Haare zusammengebunden, kein Make-up, eine alltägliche Handtasche, also keinerlei Indiz für den Hellseher. Er empfängt mich in einem weißen Büro zu ebener Erde in einem begrünten Hof. An den Wänden hängen schöne stilisierte Reproduktionen von Planeten und fernen Galaxien. Pierre betreibt reine Hellseherei: Hoch konzentriert blickt er mir nur ganz kurz in die Augen, als wollte er mich durchbohren.

»Bonjour, Mademoiselle, haben Sie gut hergefunden?«

»Ja, ich habe mir ein Taxi genommen.«

»Von Paris aus hätten Sie auch den Zug nehmen können … Das ist weitaus billiger. Bitte, setzen Sie sich, und machen Sie es sich bequem.«

Er scheint jedes Detail an mir genauestens zu mustern, bevor er offenherzig lacht.

»Sie gehören wohl zu den Skeptikern?«

»Wieso?«

»Es gibt immer wieder Kundinnen, die es genauso machen wie Sie, man könnte sie für Geheimagentinnen halten, so sehr bemühen sie sich, keinerlei Anhaltspunkt für ihre Persönlichkeit, ihren Beruf oder ihre gesellschaftliche Stellung zu liefern. Sie wollen testen, ob ich es herausfinde. Keinerlei Schmuck, kein Ehering, neutrale Kleidung … Wenn sie könnten, kämen sie wohl am liebsten nackt. Sind Sie eine Freundin von Antoine oder eine dieser Schauspielerinnen, um die er sich kümmert?«

»Was glauben Sie?«

»Sie sind Schauspielerin, aber ich kenne Sie nicht, gehe nicht oft ins Kino, ich bleibe lieber in meiner Welt. Sie wirken nervös, bedrückt Sie etwas?«

»Ich habe vorhin große Angst gehabt …«

»Vor einem Unfall?«

»Gewissermaßen …«

»Geben Sie mir Ihre Hand. Wie lautet Ihr Künstlername? Es ist nicht …« Er schaut in seinen Kalender. »… Anne-Charlotte Pascal, nicht wahr? Ich sehe einen Strand, einen riesigen Strand voller Kinder, Sie spielen, und Ihre Mutter ruft Sie aus der Ferne … In welcher Beziehung steht das zu Ihrem Beruf?«

»Mein Künstlername ist Charlotte Valandrey, also der eines Dorfs in der Bretagne, wo ich seit meiner Kindheit die Ferien verbringe, und an diesem Strand hat mir meine Mutter eines Nachmittags vom Deich aus ein Telegramm vorgelesen, das mir mitteilte, ich sei ausgewählt worden und hätte meine erste Rolle in einem Film. Das war unglaublich …«

Er nimmt meine Hand in die seine und drückt sie. Ich spüre seine Wärme. Dann schließt er die Augen.

»Sind Sie schwanger?«

»Nein.«

Pech gehabt!, denke ich bei mir. Ich werfe einen flüchtigen Blick auf meinen verräterischen Bauch, der aber gut versteckt ist.

»Ich bestehe darauf, Sie sind schwanger oder werden es bald sein. Ich sehe ein Neugeborenes.«

»Ich bin nicht schwanger, das kann nicht sein. Ich hätte zwar gerne ein zweites Kind, aber dafür ist es ein wenig zu spät, und außerdem wäre es gefährlich …«

»Merkwürdig, ich spüre doch, dass da etwas in Ihnen lebt …«

Er macht seine bohrenden hellen Augen weit auf und mustert mich genauestens.

»Ich habe eine Herztransplantation hinter mir …«

Er unterbricht mich: »Ja, vor etwa zwei Jahren. Ihre Spenderin war jünger als Sie. Sie lebt in Ihnen weiter, das ist's …« Dann atmet er tief durch und schließt erneut die Augen. »Was sind das für Träume? Wovor haben Sie solche Angst?«

»Ich habe von meinem Tod geträumt, dann von einem Unfall … Und das träume ich regelmäßig. Selbst am helllichten Tag habe ich Visionen, wie vorhin, bevor ich herkam.«

»Aber nicht Sie kommen in diesem Traum ums Leben, sondern die andere, nicht wahr?«

»In meinem ersten Traum wurde tatsächlich mein Name genannt.«

»Mag sein, aber um Ihren Tod im eigentlichen Sinn ging es da nicht. Der Tod war notwendig für die Wiedergeburt. Aber *sie* war es, die gestorben ist. Sie haben doch nicht sich selbst in dem Sarg gesehen, oder? Es gab doch einen Sarg …?«

»Ja, einen geschlossenen weißen Sarg.«

»Weiß ist die Farbe der Reinkarnation. Träume sind immer wahr, sie reflektieren unsere innere Wahrheit, sie können Vorahnungen darstellen oder sind von symbolischer Natur. Denken Sie nochmals an diesen Traum zurück, es muss doch andere Indizien dafür geben, dass Sie sich nicht in diesem Sarg befanden.«

»Nein, ich sehe keine … Doch! Alle lachten. Sie wirkten fröhlich, alle, die mir nahestehen.«

»Normal, Sie wurden ja wiedergeboren, eine andere hat Ihnen ja neues Leben geschenkt. Ängstigen Sie sich nicht vor solchen Träumen, denn sie werden Sie zu einem glücklichen Ereignis hinleiten. Es ist die andere, die durch den Traum zu Ihnen spricht.«

»Das macht mir Angst. Diese Präsenz in mir und diese Träume, die nicht die meinen sind …«

»Sie werden verschwinden, sobald die andere Sie dort hingeführt haben wird, wo sie Sie haben möchte. Ich sehe einen Haufen Briefe und einen Umschlag … einen wichtigen. Öffnen Sie diesen Brief … Er ist blau.«

»Ich habe ein Buch geschrieben und viel Fanpost bekommen. Von Zeit zu Zeit lese ich ein paar, aber es ist oft so erschütternd. Mehr als achthundert sind noch ungeöffnet …«

»Ein oder zwei blaue sind darunter, ganz besondere, erlesene … Suchen Sie sie. Sie werden auch wieder Theater spielen, vermutlich im nächsten Jahr, und dieses Stück wird eine besondere Bedeutung für Sie haben. Sie werden auch wieder in einem Film zu sehen sein, in einer einmaligen Rolle … Ihrer eigenen Rolle … Ist das denkbar?«

»Warum nicht …«

»Als würde Ihr Leben verfilmt …«

»Meine Biografie? Sind Sie sich sicher? Daraus ein Drehbuch zu machen ist nicht leicht.«

»Das sehe ich ganz deutlich, und in einigen Jahren wird es sogar eine Fortsetzung geben. Auch in der Liebe sehe ich Höhen und Tiefen …«

»Ein bisschen vage, das Wort Tiefen.«

»Ja, und zwar bald schon, jemand in Ihrem Umfeld, er trägt eine Art Uniform, verheimlicht etwas. Er wird fortgehen, er hat Blut an den Händen …«

»Blut an den Händen? Aber das ist ja entsetzlich!«

»Nichts Schlimmes, keine Sorge, er wird Sie nicht in Stücke reißen, er hat einfach Blut an den Händen … Sie werden es verstehen. Aber die Liebe wird zu Ihnen zurückkehren, in noch stärkerem Maße … Ich sehe wieder ein Theater, Ihre Mutter in einem Theater … Sie ist gestorben, nicht wahr?«

»Ja.«

»Oh je … Gesundheitlich wird sich etwas verschlechtern, es tut mir leid, aber ich muss Ihnen ja alles sagen, was ich sehe … Sie werden es überstehen, weil Sie eine Art Mission zu erfüllen haben … Lesen Sie Ihre Post, Charlotte, und kommen Sie in einem Jahr wieder … Ah! Ich habe noch etwas vergessen … Ihre Mutter ist ein Engel … Sie kann fliegen, sie war Ihnen heute schon ganz nah, haben Sie das gespürt?«

Ich verlasse Vaucresson mit dem Zug, den ich gerade noch so erwische. Ich muss an der Gare Saint-Lazare umsteigen, ab da gibt's dann 'ne direkte Verbindung, es geht eigentlich sehr schnell. Während der Zug vor sich hin schaukelt, beschließe ich, mein umweltschädliches Auto, in dem es spukt, zu verkaufen. Weg mit den Autos, sie sind ohnehin aus der Mode! Und jetzt muss ich so schnell wie möglich heim und meine Post lesen.

Während wir an Saint-Cloud vorbeifahren, betrachte ich den Sonnenuntergang über Paris. Der Himmel war vorhin noch dunstig und eintönig grau, doch jetzt, kurz bevor es auf die andere Seite geht, hat die Sonne diese dichte Baumwolldecke durchstoßen. An den Hängen dort drüben wirkt ihr Licht wie horizontale Laserstrahlen, die die gerundeten Konturen einer riesigen, mal blauvioletten, mal rosafarbenen Wolke nachzeichnen, die über Paris hängt.

»Sieh dir das an, das ist die Umweltverschmutzung!«, sagt eine empörte Muter zu ihrem Sohn, den sie fest an der Hand hält.

Ich werde öfter den Zug nehmen, ich liebe dieses mich wiegende Geschaukel, bei dem ich die Welt um mich herum in Ruhe betrachten kann.

Ich rufe Steven an, bin schon auf die Mailbox gefasst, aber er antwortet selbst.

»Wie geht's? Du bist in der Arbeit, störe ich?«

»Nein, ich mache gerade Pause. Ich habe an dich gedacht heute Morgen, weil ich bei einer Transplantation dabei war. Es gab Komplikationen …«

»Du klingst besorgt, ist alles in Ordnung?«

»Ja, ich bin nur müde.«

»Du kannst doch wohl nichts dafür?«

»Nein, ich bin ja nicht Chirurg, ich war nur der Beobachter.«

»Sag mal, reparierst du Herzen, oder brichst du sie?«

»Warum fragst du so etwas?«

»Nur so, aus Spaß, wann sehe ich dich wieder?«

»Aha, ich verstehe, du warst ja heute bei deinem Hellseher. Und du glaubst diesen Unsinn wirklich?«

»Es macht mir Spaß … Außerdem war dieser wirklich klasse.«

Steven redet weiter, wirkt aber plötzlich gereizt.

»Das wundert mich bei dir, dass du an solches Zeug glaubst, du, die du doch das Leben so liebst. Begreifst du nicht, dass es, wenn man es voraussagen könnte, schon längst kein Leben mehr gäbe? Dass es unvorhersehbar ist, macht doch das Leben aus. Finde mir einen Hellseher, der die kommenden Lottozahlen kennt, zu dem würde ich gehen, sofern er nicht, wie ich vermute, seinen Wettschein lieber ohne mich einlöst. Finde mir einen Hellseher, der Attentate und Katastrophen präzise voraussagt und nicht nur solches Gewäsch von sich gibt wie: Ich sehe da ein Erdbeben im Jahr 2012. Hellseherei gibt es nicht. Das ist Psychologie, bestenfalls Telepathie … Das ist Ausbeutung von Menschen, die verletzlich sind, ein Bedürfnis nach Ruhe und Sicherheit haben …«

»Okay, okay, beruhige dich. Mich lenkt es ab, das ist alles. Also, wann sehen wir uns, Herr Doktor?«

»Heute Abend geht's nicht, morgen auch nicht, ich rufe dich an. Ich muss jetzt zurück in die Arbeit. Fühl dich umarmt.«

»Du dich auch. Und Kopf hoch!«

Ich wundere mich über Stevens Reaktion. Es gibt doch keinen Grund zur Aufregung! Das Mysteriöse hat mich eben schon immer fasziniert. Ohne Geheimnisse wäre das Leben ja unerträglich. Das Leben selbst ist ein Geheimnis.

Pierres Voraussagen sollte ich jedenfalls überprüfen. Aber zuerst rufe ich Lili an. Ich brauche ihre Hilfe: »Ich muss noch achthundert Briefe öffnen!« Lili entschuldigt sich, sie ist heute Abend nicht frei. Der Sänger holt sie in einer Stunde ab, er hat eine Überraschung für sie. Aber morgen wird sie mir helfen, versprochen.

»Das hat ja wohl noch ein paar Stunden Zeit, muss ja nicht prestissimo sein, oder? Wie war's denn bei deinem Hellseher? Davon hast du noch gar nicht erzählt.«

»Er ist klasse, aber auch deprimierend … Ich werd's dir morgen erzählen. Muss gleich aussteigen, der Zug fährt ein.«

»Ein bisschen was wirst du doch noch schnell sagen können!«

»Ich soll nach einem blauen Umschlag suchen und meinen Träumen folgen … keine Angst haben … Steven wird mich verlassen. Alles bestens.«

»Oje … Herzerfrischend scheint er ja nicht gerade zu sein, dein Typ.«

»Du und ich haben eben nicht denselben Geschmack. Jetzt muss ich aber wirklich Schluss machen.«

»Bis morgen, Herzchen.«

Taras Großmutter erwartet mich schon, sie hat sie von der Schule abgeholt und ihr einen Kakao gemacht. Mit dem Vorschlag, etwas zusammen zu spielen, sei sie jedoch gescheitert, erzählt mir meine Exschwiegermutter. Das Kind spiele lieber Videospiele oder sehe DVDs. Das sei nicht weiter schlimm, erwidere ich. Ich habe als Kind auch nicht gerne mit Erwachsenen gespielt. Tara hat ihr Leben in drei Universen eingeteilt: die Welt ihrer Freundinnen, mit denen sie gerne spielt, die der Erwachsenen, speziell ihrer Eltern, in der sie sich gerne in Schweigen hüllt, und eine große, virtuelle, verspielte Welt, die ihr als Traumwelt dient. Auch jetzt gibt sie mir nur einen flüchtigen Kuss und schaut schnell wieder zurück zum Bildschirm. Um weitere Gespräche zu diesem Thema abzukürzen, bedanke ich mich, gebe diesem gütigen Gesicht einen herzlichen Abschiedskuss und schließe die Tür. Insgeheim bin ich schrecklich aufgeregt wegen der Arbeit, die mich erwartet.

»Willst du Maman ein bisschen helfen?«

»Wobei?«

»Bei der Suche nach einem geheimnisvollen blauen Briefumschlag.«

»Okay. In den dicken Säcken dort?«

»Ja, woher weißt du das?«

»Ich hab ein bisschen darin gewühlt.«

Ich greife nach dem ersten Sack mit dem Etikett *Oktober*, wuchte ihn mühsam heran, stülpe ihn auf den Kopf und lasse den Inhalt auf den Teppich segeln. Aus dem sperrigen Jutesack mache ich ein unförmiges Bündel, das ich neben den Schreibtisch werfe. Das Spiel, das ich jetzt für Tara erfinde, heißt Schatzsuche.

»Suche mir einen blauen Umschlag, mein Herz, er enthält eine Geheimbotschaft …«

»Von wem?«

»Von jemandem, der in deine Maman verliebt ist.«

»Aber so einen hast du doch schon.«

»Stimmt … Aber es ist ein anderer, den ich noch nicht kenne …«

»Ganz schön kompliziert.«

»Hilfst du mir?«

Nervös lege ich die Briefe auf dem Teppich zurecht, als wollten wir ein Puzzle beginnen. Aufmerksam mustern wir jedes Mosaiksteinchen.

»Da ist nichts Blaues«, erklärt Tara schon bald. Sie ist mir zuvorgekommen. Bei Sechsjährigen funktionieren die Synapsen offenbar schneller.

»Du hast recht, mein Herz, da ist wirklich nichts Blaues dabei.«

»Bist du dir sicher, dass der Umschlag nicht rosa sein soll? Rosa passt doch viel besser zu Verliebten, außerdem sind da zwei rosa Briefe.«

»Nein, Herzchen, blau muss er sein.«

Gewissenhaft prüfe ich nochmals nach und höre dabei mein Herz klopfen. Meine innere Stimme raunt mir zu: Heiß, Charlotte, heiß!

»Dann müssen wir eben in den anderen Säcken suchen«, sage ich.

Tara, vom Jagdfieber gepackt, springt auf und versucht, die Säcke *November* und *Dezember* heranzuschleifen.

Also zurück mit all diesen Umschlägen in den ersten Sack und das gleiche Spiel noch mal! Aber Blau ist nirgends dabei! Da hocke ich nun, enttäuscht und albern kichernd, dabei verursacht mir allein die Vorstellung des Gewichts all dieser Worte, die ich noch vor mir habe und noch lesen muss, Beklemmung. Fast eine Stunde schon krabbele ich hier auf allen vieren herum, habe Herzklopfen und kann kaum mehr atmen, nur um der Anweisung des »himmlischen Hellsehers« Wort für Wort Folge zu leisten … Ich bin wirklich unverbesserlich! Aber ich kann mich auch nicht zur Vernunft rufen, ich will den Brief finden. Seine Worte haben mich verwirrt, weil sie so unglaublich wahr klangen. Ich glaube nämlich, dass man Wahrheit hören kann. Wir suchen also weiter.

»Weißt du was? Wir machen erst einmal nur die großen Umschläge auf, vielleicht verbirgt sich darin ja ein kleinerer, denn Verliebte verhüllen ihre Botschaft gern.«

Tara macht es sichtlich Spaß, mit einem Bleistift ungestraft Erwachsenenpost aufschlitzen zu dürfen, die ihr Geheimnis nicht preisgeben will. Aber auch in den großen Umschlägen steckt kein kleiner blauer. Also alles zurück in den jeweiligen Sack, damit wenigstens die Chronologie bewahrt wird. Ich versuche, mich an alle von Pierre genannten Hinweise zu erinnern. Ein Brief, vielleicht auch zwei Briefe, sie sind blau, wichtig und … »Erlesen!«, sage ich laut.

»Was heißt das, ›erlesen‹?«

»Besonders schön!«

Wir nehmen uns erneut den ersten Sack vor, suchen fiebrig darin herum, betasten das Papier, prüfen die Schrift und die Bilder auf jeder einzelnen Briefmarke.

»Der hier ist doch schön, oder?«

Tara hält mir einen weißen, etwas größeren Umschlag mit einer der mir wohlbekannten Landschaftsbriefmarken hin …

Gepflegte Schrift, blaue Tinte auf weichem Velin. Die Ränder der Umschlagklappen sind fein ziseliert. Das ist erlesen, aber weiß. Als ich nach dem Brief greife, spüre ich, wie mein Bauch sich verkrampft und mein Herz schneller schlägt. Heiß, Charlotte, heiß!

»Du hast recht, mein Liebling, er ist wirklich besonders schön.«

Ich stehe auf, um nach einem geeigneten Brieföffner zu suchen, der den Umschlag nicht zerreißen wird. Ich könnte ihn auch über Wasserdampf halten, aber heute Abend habe ich ungefähr so viel Geduld wie ein römischer Taxifahrer.

Schnell finde ich das geeignete Gerät und öffne den schönen weißen Umschlag. Schade, dass er nicht blau ist … Ich öffne ihn und mache ihn sofort wieder zu, als ich sehe, was er enthält. Mein Herz beginnt zu rasen. Ich muss mich setzen und bitte Tara, in ihr Zimmer zu gehen und ein bisschen zu spielen. Ich würde gleich nachkommen.

»Wirst du mir dann erzählen, was er geschrieben hat?«

»Ja …«

Der Brief ist innen mit ganz glattem, feinstem Seidenpapier gefüttert, von so tiefem Blau wie bei Yves Klein.

Und alles ist in Großbuchstaben geschrieben, mit regelmäßiger Handschrift und schön gerundet, als ob der Schreiber seine grafologische Identität verstecken wollte.

Ich lege mich aufs Sofa und lese, stutze aber schon bei den ersten Zeilen …

Liebe Charlotte,
ich kenne das Herz, das in Ihnen schlägt. Ich habe es geliebt. Ich habe nicht das Recht, mit Ihnen Kontakt aufzunehmen, kann mich aber auch nicht zum Schweigen entschliessen, also verzeihen Sie mir bitte, dass ich anonym bleiben möchte. Als ich einwilligte, dass man meiner Frau das Herz entnähme, um ein anderes Leben zu retten, hätte ich es niemals für möglich gehalten, eines Tages die Identität des Empfängers zu erfahren. Ich

Dachte zwar oftmals daran, doch ich wusste ja, dass es unmöglich war. Bis ich Sie plötzlich fand. Es ist ein eigenartiges und schönes Gefühl. In meinen Augen sind Sie der eindeutige Beweis dafür, dass all das einen Sinn hatte.
Meine Frau war ein wundervolles Wesen. Genau wie Sie liebte sie es, zu lachen und zu leben. Auf dem Umschlagfoto Ihres Buches habe ich das Kettchen wiedererkannt, das sie immer trug. Dieses kleine goldene Herz. Sie streichelte es oft und sagte, es wäre ein Abbild von mir, aber meine Frau war es, die ein goldenes Herz hatte.
Möge es Sie gut und weit tragen.
X

PS: Solltest Du dies lesen, dann wisse, dass Du mir in jedem Moment meines Lebens schmerzlich fehlst. Ich zögere noch, Dir zu folgen.
XXX

Ungeduldig öffnet Tara die Tür und findet mich mit an die Decke starrenden Augen, die Arme über der Brust gekreuzt.

»Was hat er denn nun geschrieben?«

Ich kann nicht gleich antworten, mein Herz galoppiert noch viel zu schnell. Die Wirkung lässt nicht nach. Daher lächle ich ihr beruhigend zu und sage ganz leise: »Dass … ich schön bin … Komm in meine Arme.«

Tara rührt sich nicht, ihr Blick verrät Konzentration. Bevor sie sich umarmen lässt, will sie noch mehr erfahren, meine Verwirrung verstehen. Kinder spüren einfach alles.

»Und wirst du dich mit ihm treffen?«

»Ich weiß es nicht.«

Heute Morgen habe ich mich mit Lili zu einem »außergewöhnlichen« Mittagessen im *Petit Lutetia* verabredet. Nur ihr kann ich mich anvertrauen. Steven würde wieder nur darüber lachen, dass ich einem solchen Brief überhaupt Glauben schenke, dass er eine solche Wirkung auf mich ausübt. Mein Vater bestimmt auch, und meine Therapeutin würde mich kurzerhand einsperren lassen.

»Ohne Möwe heute morgen, Mademoiselle?«, ruft mir der nette alte Mann vom Meeresfrüchtestand zu.

»Ohne Möwe heute.«

Das Leben gibt nur einmalig und flüchtig Zeichen, auf die man sofort reagieren muss, andernfalls sind sie für immer verloren.

»Das alles ist so schön, wahnsinnig, aber trotzdem schön … Eigentlich ja total irre! Sieh nur, ich bekomme schon Gänsehaut!« Lili weist auf ihre Arme, verschlingt mit den Augen aber weiterhin den Brief, den sie mir gleich, als sie unüberhörbar laut das Lokal betreten hatte, aus den Händen riss. »Das ist ja der reinste Guillaume Musso!« Lili kann ihre Augen nicht vom Brief abwenden. »Du, das ist wirklich superschön. Dem musst du antworten!«

»Aber ich habe ja nichts, keine Adresse, keine Unterschrift.«

»Was ist das für eine Story mit der Kette? Wer hat sie dir geschenkt?«

»Mein Cousin, noch vor der Werbekampagne für mein Buch, er sagte, sie würde mir Glück bringen. Es stimmt, ich trage sie auf dem Cover, aber das sieht nur, wer genau hinschaut, und außerdem ist es ein gängiges Modell. Er will ja nur sagen, dass seine Frau die gleiche trug …«

Lili liest laut vor: »*Aber meine Frau war es, die ein goldenes Herz hatte* … Den Namen und die Adresse müssen wir unbedingt herausfinden. Das kannst du dir doch nicht entgehen lassen!«

»Aber der Brief ist anonym!«

»Er hat erst mit einem, dann mit drei Kreuzen signiert. Wie die Amerikaner, das bedeutet *lots of love.* Er ist viel auf Reisen, dein Lover, welterfahren, international. Komisch, erst siezt er dich, und im Nachsatz duzt er dich …«

»Du begreifst aber auch gar nichts! Im PS spricht er nicht mich an, sondern sie, also mein Herz …«

»Ach so … deswegen sind dort die drei Kreuze … *Solltest du dies lesen* … Er glaubt es wirklich, glaubt wirklich daran, dass sie in dir steckt. Total irre!«

»Und deprimierend.«

»*Ich zögere noch, dir zu folgen* … Was soll das denn heißen, da er doch mit deinem Herzen spricht?«

»Freitod … oder dass er mich treffen will, das heißt *uns* treffen will!«

»Nach Selbstmord klingt mir das nicht, dafür hatte er doch schon zwei Jahre Zeit, nein, dich will er treffen …«

»Nicht mich, sie!«

Lili betrachtet den Brief jetzt aus der Nähe.

»Mit Tinte und Feder geschrieben … und dieses Papier … Schau dir das an, eine unglaubliche Qualität! Lass dir was einfallen, stelle ihm nach, lass uns seine Fährte gemeinsam verfolgen! Dieser Mann ist ein Romantiker der erlesensten Art, und du bist ein echter Glückspilz. Was für ein Unterschied zu unseren Trübsalbläsern und Spinnern!«

Ich muss laut lachen. Für ein Muster an Ausgeglichenheit habe ich Lili zwar noch nie gehalten, aber genau darin liegt ihr Charme, genau das verbindet uns, diese nicht alltägliche Mischung aus mütterlichem Scharfsinn, Lebenslust und Verrücktheit.

»Er ist vielleicht ein Romantiker, aber doch wohl auch ein bisschen neben der Spur, oder? Wie sollen wir denn seine Fährte verfolgen? Edles Papier, blaue Tinte und unidentifizierbare Handschrift in Großbuchstaben?«

»Ich sage dir nochmals, dieses Papier ist eine Seltenheit. Sieh nur, ganz unten ist ein kaum sichtbares winziges Siegel, da ist ein *S* eingeprägt.«

»Sehe ich nicht.«

»Hier, unter meinem Finger, Herzchen …«

Lili reicht mir ihre Brille, und da erkenne ich tatsächlich auf der Mitte der untersten Zeile ein *S*, ein Prägezeichen in ausgeklügelter Typografie.

»Und das soll ein Indiz sein?«

»Geh ihm trotzdem nach. Lass mich überlegen. Es gibt bestimmt eine Möglichkeit.«

»Ich weiß gar nicht, ob ich wissen möchte, wer er ist …«

»Verstehe, es passiert ja auch alles so schnell … erst einmal nachdenken, verdauen … Willst du ein Dessert?«

Der Kellner leiert die Liste der Tagesdesserts herunter.

»Ein Zitronentörtchen? Das magst du doch gar nicht!« Lili ist entgeistert.

»Ich weiß, aber heute habe ich Lust darauf. Wie meine Therapeutin sagte, befinde ich mich in einer Phase der Wiedergeburt. Neue Gefühle, neue Träume, neue Gelüste! Heute ist es eben Zitrone. Ich habe wahnsinnig Lust auf ein Zitronentörtchen mit Baiserhaube. Seit Weihnachten trinke ich sogar mit Genuss edlen Wein. Steven behauptet ernsthaft, Wein sei das einzige anerkannte Mittel, um Alzheimer vorzubeugen. Dieses Geheimnis wurde ihm von angesehenen Neurologenkollegen verraten, die ja wohl kaum das Rezept ›täglich ein Glas guten Rotweins‹ ausschreiben können …«

»Klar, aber fängst du nicht ein bisschen früh damit an, mit dieser Anti-Alzheimer-Droge?«

Mein Törtchen wird gebracht. Ich betrachte es, drehe den Teller und bewundere die kunstvoll gezwirbelte und golden gebräunte Baiserhaube. Dann nehme ich einen Bissen. Zitrone oder überhaupt alles, was sauer ist, mochte ich nie. Aber jetzt genieße ich, es ist hinreißend, absolut köstlich. Die dünne Mürbeteigschicht des Bodens zerkrümelt in meinem Mund, und das geschmacklose Baiserhäubchen nehme ich lieber herunter, es beeinträchtigt den Zitronengeschmack.

»Hat das Baiser Madame nicht geschmeckt?«, fragt der Kellner, als er meinen Teller holen kommt.

»Mademoiselle, junger Mann!«

Wenn man mich mit »Madame« anspricht, fühle ich mich gleich wie hundert, ausgerechnet ich, die zwanzig Jahre gebraucht hat, um den »Backfisch« abzulegen.

»Es ist zwar eine hübsche Verzierung, aber ich mag den süßlichen Geschmack nicht.«

Ich verabschiede mich von Lili, die immer noch Feuer und Flamme ist. Sie verspricht mir, über einen Schlachtplan nachzudenken.

Kaum daheim, lese ich den Brief ein weiteres Mal und wundere mich erneut über seine Auswirkungen auf mein Herz. Dann wähle ich die Nummer meines Liebsten, um wieder in der Realität anzukommen, und hinterlasse ihm folgende Nachricht: »Bonjour, Herr Doktor, du hattest versprochen, mich anzurufen ... also ruf mich bitte an.«

Kein Anruf von Steven. Heute Abend brauche ich eine doppelte Dosis Schlafmittel, um das alles zu vergessen, den stummen Geliebten und den anonymen Brief. Die pure »Blackout-Therapie«. Gewöhnt an meine Überdosierungen, wache ich zwölf Stunden später wieder auf und fühle mich eigentlich recht frisch.

An diesem Morgen tatsächlich ein Anruf von Steven: Er kommt zum Abendessen. Hurra!

Meine Anwältin will mich möglichst heute noch sehen. Sie hat mir eine dieser rätselhaften Nachrichten hinterlassen, die mir ein Gräuel sind: »Ich habe eine gute und eine schlechte Nachricht für Sie.« Da ich sie nicht erreichen kann, begebe ich mich also so schnell wie möglich in ihre Kanzlei.

»Soll ich mit der guten oder der schlechten Nachricht beginnen, Charlotte?«

»Mit der guten, und nur die will ich hören.«

»Das würde ich ja gerne tun, aber ich bin verpflichtet, Sie zu informieren. Also, wir haben gewonnen gegen Mercedes, aber sie erheben Einspruch. Wenn Sie mich fragen, werden sie wenig Erfolg haben, da das Urteil der ersten Instanz ganz klar zu Ihren Gunsten ausfiel. Im Klartext heißt das, Sie haben bona fide gehandelt und Ihre Raten immer bezahlt. Auf der Gegenseite stehen die Profis, und die müssen richtig rechnen und ihren Fehler nicht erst drei Jahre später bemerken. Also: Die gute Nachricht ist, wir haben gewonnen, die schlechte, sie gehen in Berufung.«

»Soll das heißen, dass wir womöglich doch noch verlieren könnten?«

»Ja. Dann muss alles noch einmal aufgefädelt werden, die gesamte Argumentationskette.«

»Und ich muss nochmals sämtliche Kosten tragen?«

»Ja.«

Nach einem Moment der Niedergeschlagenheit finde ich zu meiner Kampfeslust zurück. Ich klammere mich an meine bewährte Intuition und das vertrauenerweckende Lächeln meiner Anwältin.

»Was für eine Verschwendung von Zeit, Energie und Geld! David gegen Goliath, zum Zweiten! Ich gratuliere Ihnen, aber beim zweiten Mal muss es noch besser laufen, denn die werden ja schweres Geschütz auffahren.«

Etwa ein Jahr später haben wir das Berufungsverfahren gewonnen, aber sie haben sich an die nächsthöhere Instanz gewandt.

»Kann das noch lange so weitergehen? Was wollen sie eigentlich, mich ruinieren? Wenn ich verurteilt werde und nicht zahlen kann, was passiert dann?«

»Man kann bei Ihnen pfänden.«

»Wie denn? Wohnmobil Nummer zwei ist verkauft. Mein Sofa von meinem Kater zerfetzt. Taras DVDs? Mein goldenes Herz?«

Schließlich haben wir doch noch gewonnen. Ich musste nicht vors Kassationsgericht, zum Glück, denn meine Anwältin hatte mich wissen lassen, dass ich mich dafür an einen spezialisierten Kollegen hätte wenden müssen, bei dem jeder Schriftsatz 500 Euro kostet … Wir haben gewonnen, weil Mercedes das Kassationsgericht zu spät angerufen hat. Die gesetzliche Frist war längst verstrichen. Das scheint ihre Macke zu sein. Charlotte, die verletzliche, aber hartnäckige Künstlerin, hat gegen ein schlecht funktionierendes multinationales Unternehmen gewonnen!

Wie mein Großvater schon sagte: »Man darf sich niemals einschüchtern lassen, Kleines!«

Steven hat heute Abend schlechte Laune. Er wurde in eine andere Abteilung versetzt und sei somit auch nicht mehr für mich zuständig. In gewisser Weise komme ihm das gelegen, denn als Arzt sei man unbefangener gegenüber Patienten, die man nicht gut kenne. Und wie ist es, wenn man sie liebt?, frage ich mich insgeheim.

Ich erkundige mich nach dem Grund der Versetzung. Er zögert und behauptet, den wahren Grund nicht zu kennen. Doch ich spüre, dass er mir etwas verheimlicht.

»Es ist doch wohl nicht meinetwegen? Davon weiß doch niemand, oder?«

»Keine Ahnung, aber es ist auf jeden Fall besser so.« Ich merke ihm an, dass er unbedingt das Thema wechseln möchte. »Ich war neulich ein wenig gereizt am Telefon, aber was ich gesagt habe, meine ich wirklich. Das Magische am Leben ist per definitionem seine Unvorhersehbarkeit … Aber erzähl mir doch ein bisschen von deinem Hellseher, das wird mich ablenken.«

»Er hat einen guten Blick …«

»Und nach der Liebe hast du ihn doch bestimmt auch gefragt?«

»Höhen und Tiefen …«

»Das ist allerdings höchst aufschlussreich! Und was hat du bezahlt für diese Auskunft?«

»Er war sehr hilfreich, ihm verdanke ich eine wirklich eigenartige Entdeckung …«

Ich stehe auf und reiche Steven den weißen Umschlag. Er überfliegt den Brief und kann sich dabei kaum das Grinsen verkneifen.

»Und du glaubst dieses Gewäsch?« Er fasst nach meiner Hand. »Woher will dieser Mensch überhaupt wissen, was er da behauptet?«

Plötzlich erscheinen mir Steven und Lili als die beiden Gegenpole meiner Existenz, und in dem mächtigen Magnetfeld dazwischen flackert und flimmert mein Leben.

»Seit Monaten schon spüre ich merkwürdige Dinge, leide unter Albträumen, die nicht die meinen sind, und wenn ich diesen Brief nur anfasse, dreht mein Herz völlig durch. Ich trinke Wein, esse Dinge, die ich vorher nie mochte, und Dienstag hatte ich am helllichten Tag die gleichen Visionen wie in meinen Träumen … Wenn mich das überfällt, bin ich von einer unerklärlichen Angst gepeinigt, die ich nicht beherrschen kann. Irgendetwas ist da nicht normal. Dieser Brief hat mich sozusagen mitten ins Herz getroffen …«

»Es ist ja auch ein hübscher Brief, aber dennoch ein Hirngespinst. Es gibt Menschen, die das Blaue vom Himmel heruntererfinden, um auf sich aufmerksam zu machen. Hier handelt es sich eindeutig um einen Mythomanen oder um einen Schwindler … Außerdem war das ja zu erwarten.«

»Was?«

»Denk doch nur einmal nach, du bist bekannt und hast deine Herztransplantation publik gemacht. In der Presse war sogar zu lesen, wann und wo die Operation stattgefunden hat, daher ist es doch wohl ganz normal, dass Angehörige sich einbilden können, du seist womöglich der Empfänger ihres Spenderherzens. Aus ihrer Sicht kannst nur du es sein. Sie müssen etwas glauben und möchten hoffen, dass das Leben in einem anderen Körper weitergeht. Es ist normal, dass man sich an dich wendet …«

»Daran hatte ich noch gar nicht gedacht.«

»Mir erscheint es logisch. Ich kenne die Beweggründe und Fragen, die sich Angehörige stellen, bevor sie in eine Organverpflanzung einwilligen … Es sind nicht wenige, die in erster Linie an ein Weiterleben der Verstorbenen denken, und dann erst an die Rettung eines anderen Lebens … Das ist menschlich. Und wie konnte dein genialer Hellseher dir helfen, diesen Brief zu finden?«

»Er hat nur gesagt, ich solle nach einem blauen Umschlag suchen und der sei wichtig.«

»Dann ist dies ja gar nicht der richtige!«, spottet Steven und hält den weißen Umschlag hoch.

»Das Innenfutter ist blau.«

»Ich weiß wirklich nicht mehr, was ich dir sagen soll. Hast du etwa sämtliche Briefe aufgemacht? Hast du sie alle gelesen, rosa, weiß, grün und gelb? Vielleicht gibt es noch mehr Menschen, die wissen, woher dein Herz stammt … Und dass du von einem Unfall träumst, ist auch normal, denn es gibt keine Organverpflanzung ohne Unfalltod beziehungsweise ohne Hirntod. Ich streite deine Albträume ja nicht ab, aber eine Herztransplantation ist für einen Körper der womöglich schwerste Eingriff, und um das Herz selbst rankt sich in der Phantasie der Menschen ja eine ganze Kette von Symbolen, und daher ist es ebenfalls normal, dass deine Phantasie mit dir durchgeht … Verstehst du jetzt, dass nichts merkwürdig ist, sondern eher normal aus meiner Sicht … Beruhige dich … Komm in meine Arme.«

Steven umarmt mich so ungewohnt zärtlich, so liebevoll sanft, als wollte er für alles Mögliche Abbitte leisten, für die Heftigkeit, mit der er gesprochen hat, für die Rationalität seiner Argumente, für seine ausgebliebenen Anrufe und die größeren Abstände zwischen unseren gemeinsamen Abendessen. Ich lasse mich einlullen, fühle mich matt. Mein Kopf begreift, was er sagt, aber irgendwo in mir, in meinem Bauch oder noch tiefer in meinem Innersten, spüre ich, wie sich ein instinktiver Widerstand aufbaut und eine Intuition entsteht, die sich jedem logischen, wissenschaftlichen Argument entzieht.

Nicht alles lässt sich erklären. Auch das gehört zur Magie des Lebens. Ich muss wieder an Pierre, den Hellseher, denken, und als ich die Augen schließe, sehe ich erneut den Sonnenuntergang, der den Himmel über Paris schillern ließ, und sehe auch wieder die Möwe, die mich begleitete und im Dunst ihre Kreise zog.

Ich überlasse mich der wohligen Wärme von Stevens Körper, schmiege mich an ihn und schlafe ein.

Am nächsten Morgen strecke ich den Arm aus, wühle im Bett und hoffe darauf, Steven zu finden, der aber natürlich seit fast zwei Stunden bei der Arbeit ist – aber ich glaube eben gerne an Wunder und verfluche meine Einsamkeit. Meine Gesundheit zwingt mich, so lange wie möglich zu schlafen. »Ruhe ist die beste Medizin«, höre ich immer wieder. Aber bedeutet viel Schlaf nicht auch weniger Leben?

Zu mir passt das wirklich nicht. Als junger Mensch war ich sogar ein echter Nachtvogel, ein paillettengefiedertes Käuzchen. Dunkelheit ängstigte mich, Schlafen auch. Solange ich wach war, fühlte ich mich stark und allem gewachsen. Daher blieb ich an Orten, wo keinerlei Stille war, putschte mich mit Cola auf und tanzte in den von Lichtorgeln durchfurchten dunklen Schuppen, wo sich Zähne, Augen und T-Shirts lustig bläulich verfärbten und alles aussah wie auf einem Fotonegativ. Ich hinterging das Leben, lebte Tag und Nacht, schlief wenig, trotzte der Zeit und heulte mit den Wölfen – bis zur Besinnungslosigkeit.

Ich drehe und wende mich im Bett, rufe Caviar zu, er solle hervorkommen aus seinem Versteck und sein Frauchen begrüßen, sonst gebe es heute keine Katzenleckerli, aber nichts nützt, ich bin und bleibe allein. Meine Tochter fehlt mir, sie wollte bei einer Freundin übernachten. Zieht sie sich auch schon von mir zurück? Ich stehe auf, koche Tee und schlucke die abends zuvor bereitgelegten Tabletten. Im Wohnzimmer plätschert Coco, kommt an die Oberfläche und sperrt sein rundes Maul auf in Erwartung seines Futters. Ich weiß, dass er mich sieht.

Auf dem Boden liegen noch ein paar Briefe herum, die meinen Aufräumkünsten entgangen sind.

Während ich meinen bitter schmeckenden grünen Yunnan-Tee schlürfe, lasse ich im Geiste den Film der letzten Tage noch einmal ablaufen. Ich habe das Gefühl, etwas verpasst zu haben, einen Hinweis. Ich denke nach und höre wieder den Hellseher, aber auch Lili, den Briefschreiber und Steven.

Da heftet sich mein Blick spontan auf die drei verknoteten und sorgfältig in einer Ecke abgestellten Postsäcke. Ich hatte mich mit dem weißen Oktober-Umschlag begnügt, dabei hatte Pierre doch von zwei Briefen gesprochen … Vielleicht gibt es ja noch weitere anonyme oder signierte Schreiben. Ich habe doch alles in Reichweite. In einem Zug trinke ich meine Tasse leer, spucke die paar Blättchen aus, die meinem Teesieb entschlüpft sind, binde mir die Haare mit einem von Taras lustigen Haargummis hoch und mache mich auf Fährtensuche.

Gegen Mittag unterbricht mich ein Anruf von Lili, die sich über meine schluchzende Stimme besorgt zeigt. In meiner Hand halte ich das Geschreibsel eines jungen Mannes – Emmanuel heißt er –, der mir schildert, wie sich sein Körper der Tritherapie widersetzt habe, wie seine Aidsbeulen wie aus Rache überall aufgebrochen seien und dass es mit ihm zu Ende gehe. Bald werde er blind sein. Große Schmerzen habe er nicht, dank des Kortisons. Eigentlich sei er erleichtert, denn wenn er erblinde, müsse er wenigstens seine »Leopardenhaut« und vor allem die Augen seiner Mutter nicht mehr sehen. Sie sei die Einzige, die bei ihm ausharre, alle anderen hätten die Flucht ergriffen, wie in den Achtzigerjahren, als wir als Aussätzige galten. Sobald ich diesen Brief läse, sei er wahrscheinlich schon tot, er bitte mich aber, diesen Kampf, den viele schon für beendet erachten, fortzusetzen. Er grüße mich ganz herzlich. Ich kann gar nicht mehr aufhören zu heulen, lasse den Tränen freien Lauf und nehme mir die Verzweiflung dieses jungen Menschen schrecklich zu Herzen. Lili sage ich, ich würde später zurückrufen, ich müsse jetzt erst einmal allein sein. Innerlich verspreche ich Emmanuel, für ihn einzustehen und nicht zu schweigen. Dann schlucke ich ein Tarax, um meine Trauer einzudämmen, und werde schläfrig. Tara geht heute Abend ohnehin zu ihrem Vater, also habe ich Zeit genug.

Am Ende des Tages habe ich ihn, den zweiten Brief. Der schöne

Umschlag hat keine Briefmarke, keinen Poststempel, nur meinen Vornamen und ist völlig unbeschädigt, da auch er in einem anderen Umschlag gesteckt hatte. Schon bei der Berührung des seidigen Velins beginnt mein Herz zu klopfen. Lili hat recht, dieses Papier ist etwas ganz Besonderes.

Ich beschließe, erst alle anderen Briefe aufzumachen, bevor ich diesen lese, um nicht weiterhin nur stückweise Informationen zu erhalten.

Mein braver Bauer aus dem Larzac ist auch wieder dabei, er warte immer noch auf ein ihm gewidmetes Foto von mir. Großzügig wiederholt er seine Einladung und schickt mir seinerseits ein Foto von sich inmitten seiner Herde, das mich leider nicht dazu anregt, baldmöglichst zu ihm zu fahren. Als Nächstes hänge ich mir einen fürstlichen Heiratsantrag, dem eine gelungene Fotomontage beigefügt ist, an die Wand. Das Bild zeigt mich in der Epoche von *Rouge Baiser*. Der Schreiber selbst scheint ein gut aussehender Mann zu sein, wenn auch ein bisschen alt. Er sieht meinem Vater ähnlich und könnte vom Alter her auch mein Vater sein.

Ich weiß nicht, wie spät es schon ist, irgendwann nachts, aber schließlich bin ich fertig. Jetzt habe ich lange genug gewartet. Ich öffne den geheimnisvollen Brief und finde innen das gleiche blaue Seidenfutter vor. Dann beginne ich zu lesen:

LIEBE CHARLOTTE,
ES MACHT MICH GLÜCKLICH, DASS SIE AUF ALLEN BILDERN, DIE MAN ZU SEHEN BEKOMMT, SO GESUND UND KRÄFTIG WIRKEN. IHR BRIEFKASTEN DÜRFTE AM ÜBERQUELLEN SEIN, DENN GEWISS WOLLEN ANDERE IHNEN DASSELBE SAGEN. IN DIESEM SINNE LIEGT MIR SEHR DARAN, IHNEN NOCH EIN PAAR EINZELHEITEN ZU VERRATEN: IN DER NACHT VOM 3. AUF DEN 4. NOVEMBER 2003 HATTE MEINE FRAU IN PARIS EINEN AUTOUNFALL. SIE WAR 29 JAHRE ALT. ALS ICH IM KRANKENHAUS ANKAM, LEBTE SIE ZWAR NOCH, DOCH DIE ÄRZTE HATTEN SOEBEN IHREN HIRNTOD FESTGESTELLT. SIE

fragten mich: »Wollen Sie andere Leben retten?«
Ich stand unter Schock, war völlig verloren, ersehnte nichts mehr als die Verlängerung ihres Lebens, daher sagte ich Ja. Meine Frau war immer grossherzig gewesen und hatte an Reinkarnation geglaubt. Als ich das Datum und die Uhrzeit Ihrer Herztransplantation aus der Presse und dann aus Ihrem Buch erfuhr, wurde mir klar, dass es an jenem Morgen nur eine Herztransplantation in Paris gegeben hatte. Wenn ich Sie im Fernsehen sehe, wenn ich Sie höre, ist es für mich eindeutig. Ich zögere, Sie ein weiteres Mal zu kontaktieren. Ich möchte erst sichergehen, Sie nicht zu belästigen, nicht als Egoist zu erscheinen, wenn ich versuche, durch Sie eine Bindung aufrechtzuerhalten, die es womöglich nicht mehr gibt.
Sollte dieser Brief der letzte sein, möchte ich Ihnen noch sagen, wie sehr ich Ihren Mut bewundere und dass meine Frau bestimmt glücklich ist, Ihnen ein neues Leben geschenkt zu haben.
Ich wünsche Ihnen das Beste
X
PS: Ich liebe Dich
XXX

Behutsam falte ich den Brief wieder zusammen. Ich habe Tränen in den Augen, aber was mich wirklich zutiefst rührt, ist die Liebe, die dieser Mann dieser Frau entgegenbringt. Eine mir unbekannte Form von Liebe, die weit über das Leben hinausreicht.

Ob seine Worte nun wahr oder erfunden sind, ob das Herz dieser Frau tatsächlich in mir schlägt oder nicht, mir bleibt die Erkenntnis, dass es eine Liebe gibt, die vollkommen ist und den Tod überlebt.

Lili besteht darauf, auch diesen Brief zu lesen. Da ich zögere, fragt sie gar nicht erst nach meiner Meinung, sondern verkündet, sie sei gleich da.

Als Lili den Brief wieder auf meinen Schreibtisch zurücklegt, murmelt sie nur: »Schööön …«,und fügt drängend hinzu: »Was wirst du jetzt tun?«

»Nichts.«

»Wieso? Überprüf doch wenigstens, ob das, was er dir geschrieben hat, wahr ist, stell Nachforschungen an, das müsste doch möglich sein. Ein tödlicher Unfall einer 29-jährigen Frau in Paris genau an diesem Datum, da dürfte es ja wohl nicht viele geben …«

»Aber wozu denn? Ich werde mich doch nicht mit jemandem treffen, der davon überzeugt ist, dass ich das Herz seiner verstorbenen Frau in mir trage. Ich freue mich einfach darüber, dass er das Gefühl hat, etwas Nützliches getan zu haben, und dass ihm bewusst geworden ist, was diese Spende bewirkt hat. Nicht mich möchte er treffen, sondern sie.«

»Verstehe … Kann ich den Umschlag mitnehmen? Ich werde ihn dir zurückgeben, würde aber gerne die Marke dieses unglaublichen Briefpapiers in Erfahrung bringen. Außerdem hast du mir noch gar nicht erzählt, was der Hellseher dir prophezeit hat!«

»Ein andermal, meine Süße.«

»Nuuun ...«

»Meine Träume lassen nicht locker, jetzt träume ich sogar schon tagsüber. Ich habe einen Hellseher aufgesucht, der mich völlig verwirrt hat, habe zwei unglaubliche Briefe bekommen, von einem Mann, der behauptet, ich trüge in mir das Herz seiner Frau, der er eine Liebe entgegenbringt, die mich schwindelig werden lässt, wohingegen Steven sich allmählich von mir entfernt ... Ich arbeite ein bisschen, hatte ein paar Synchronaufnahmen ... Habe auf einen Rutsch 800 Briefe geöffnet, sie fast alle gelesen und dabei gelacht und geweint ... Tara geht es gut, doch manchmal habe ich den Eindruck, dass sie lieber mit anderen zusammen ist als mit mir, und das tut weh.«

»Beruhigen wir uns erst einmal ... Und dann nehmen wir uns ein Problem nach dem anderen vor. Tara ist ein Kind, das gerne mit Gleichaltrigen spielt. Ihre Mutter geschwächt und krank zu erleben war für sie ganz sicher eine schlimme Erfahrung. Vielleicht braucht auch sie ein wenig Abstand zur Realität, ein bisschen Abwechslung. Aber erzählen Sie mir von diesem Hellseher, diesen Briefen und diesen Träumen. Was halten Sie persönlich von alledem?«

»Ich will versuchen, mich klar auszudrücken: Ist es möglich, dass ich durch mein neues Herz Erinnerungen, Empfindungen und Vorlieben bekomme, die mir neu sind und eigentlich meinem Spender gehören?«

»Aha, jetzt kommt die Legende vom Zellgedächtnis. Aus medizinischer und wissenschaftlicher Sicht muss ich jetzt kategorisch Nein sagen. Die Auswirkung der Transplantation auf Ihre Psyche ist sehr stark und sehr komplex. All diese Empfindungen,

Eindrücke und Träume werden von Ihrem Geist erzeugt, doch um das zu verstehen, muss man die Komplexität und Macht des menschlichen Gehirns kennen: seine Induktionsfähigkeit, die endlosen Ressourcen der Empfindungsfähigkeit, die denjenigen der Intelligenz weit überlegen sind, die Fähigkeit, sich selbst zu überzeugen … Letzteres nennt man auch ›die sich selbst erfüllenden Prophezeiungen‹. Ernst zu nehmende Studien konnten Folgendes belegen: Wenn es Ihnen gelingt, sich selbst von etwas zu überzeugen, und Sie felsenfest daran glauben, dann steigen Ihre Chancen, es Wirklichkeit werden zu sehen, um etwa fünfzig Prozent. Wobei die Rahmenbedingungen und die Wahrscheinlichkeit natürlich auch eine Rolle spielen. Mit anderen Worten: Wenn Sie sich sagen: ›Ich werde es schaffen!‹, dann stellen Sie Ihren Geist darauf ein und erhöhen Ihre Erfolgschancen. Der Psychologe Martin Seligman hat dies eindeutig belegt und nennt es ›erlernten Optimismus‹. Das ist es auch, was Sie tun: Sie reden sich selbst ein, der Geist einer anderen lebe in Ihnen fort. Die Alternative dazu ist die ›Induktion‹: So verfahren Hellseher, wenn sie die Verletzlichkeit und Zweifel einer Person dazu verwenden, ihr Überzeugungen oder Gedanken zu suggerieren, also ihr etwas vorherzusagen, das ihr wie eine Lösung erscheinen und dann zur Wirklichkeit werden kann. Nehmen wir ein Beispiel: Sie sind auf der Suche nach Liebe, finden sie aber nicht, wie es einem Großteil der Menschheit ergeht. Verzweifelt suchen Sie nach einer Lösung dieses Problems, und nun komme ich daher und beteuere mit einer Überzeugungskraft, die ich auf geheimnisvolle Weise aus dem Jenseits bekommen haben will, dass Sie einen großen, blonden, sehr eleganten Mann etwa Ihren Alters treffen werden. Ich sehe zwar nichts, beeinflusse Sie aber, suggeriere Ihnen, dies sei Ihnen vorherbestimmt, bis Sie schließlich selbst daran glauben. Das nennen wir ›Induktion‹. Addieren wir nun zu meiner Suggestionskraft Ihre Autosuggestionsfähigkeit dazu, dann werden Sie unbewusst nur noch die Männer wahrnehmen, die meiner Beschreibung entsprechen. Sie werden sich meine Vorhersage völlig zu eigen machen, denn es stellt für Sie den Weg dazu dar, endlich zu erreichen, was Sie sich sehnlichst wünschen: die Liebe und die Beendigung des Zustands, in dem Sie sich unglücklich fühlen. Das Gehirn ist sehr mächtig, es will, dass es uns gut geht, dass wir überleben, und daher lässt es sich alles Mögliche einfallen, was zu unserem Wohlbefinden beitragen kann. Und um bei meinem Beispiel zu bleiben: Durch den Einfluss der Prophezeiung, der Sie Glauben schenken, werden Sie sich automatisch so verhalten, dass Sie den von mir beschriebenen Mann tatsächlich treffen, sich in ihn verlieben und die anderen nicht einmal wahrnehmen! Da sehen Sie, was Suggestion alles vermag und wie komplex unser Gehirn ist. Alles spielt sich im Kopf ab, dem Sitz unserer Emotionen und unseres Gedächtnisses. Das wahre Geheimnis, das meiner Meinung nach niemals vollständig entschlüsselt werden wird, ist das Ausmaß der Leistungsfähigkeit unseres Gehirns. Hat Claire sich klar genug ausgedrückt?«

»Ja … Ich kann Ihnen gut folgen und verstehe, was Sie mir sagen wollen: Die Erinnerungen, die mein zweites Herz mit sich bringt beziehungsweise mein ›Zellgedächtnis‹, sind reine Hirngespinste, weil ich auf der Suche nach einer Lösung bin … Und meine Träume?«

»Ihre Träume sind ebenfalls das Produkt Ihrer Psyche, die auf ihre Weise auf die Herztransplantation reagiert. Ich weiß natürlich, dass es verstörende Bezeugungen des Zellgedächtnisses gibt – sie kommen vor allem aus den USA, wo Erfahrungen dieser Art viel freier ausgesprochen werden als bei uns, doch soweit ich weiß, wurde nichts davon wissenschaftlich nachgewiesen. Mir liegt viel daran, dass Sie sich über Ihre Bedürfnisse, Sehnsüchte, Ängste und Kräfte wie auch über ihre Verletzlichkeit Klarheit verschaffen, dass Sie sie verstehen und beherrschen lernen, um besser leben zu können.«

Ich entschließe mich, für ein paar Tage allein nach Südfrankreich zu fahren. Mein bretonischer Cousin hat dem Pariser Leben mit Anzug, Krawatte und dickem Dienstwagen endgültig den Rücken gekehrt und sich auf die Hügel über Cannes zurückgezogen. Seine Entscheidung begründet er gerne mit La Fontaines Fabel *Der Wolf und der Hund*, in der eine vollgefressene Dogge einem ausgehungerten Wolf die Bequemlichkeiten des Lebens als Haustier in glühenden Farben schildert und dieser sich dennoch für sein Leben in freier Wildbahn entscheidet, anstatt als Sklave eines Herrn, mit vom Halsband abgewetztem Fell unter der Kehle, sein Leben fristen zu müssen.

Mein Cousin hat sich also für die freie Wildbahn in den Hügeln über Cannes entschieden. Er studiert jetzt Psychologie, und seine neue Berufsbezeichnung lautet »Coach«, nicht »intuitiver Coach« wie Natascha, nur schlicht und einfach »Coach«. »Aber mit Diplom«, wie er betont. »Und worin besteht deine Tätigkeit?« »Jemandem bei der Entwicklung seiner Potenziale zu helfen und ihn in die Lage zu versetzen, das Beste aus sich herauszuholen …« Wahrlich ein anspruchsvolles Programm.

Friedlich fahren wir durch das wunderschöne Hinterland der Côte d'Azur, wo kein einziger Tourist zu sehen ist. Wie hypnotisiert von diesem starken Licht, das den Winterhimmel in einen Sommerhimmel zu verwandeln vermag, muss ich wieder an Korsika, Steven und das Paradies zurückdenken. Den sich schlängelnden Sträßchen folgend, nähern wir uns Grasse und halten an einer uralten Ölpresse, deren Betreiber mit seiner Kleidung, seinem üppigen Schnauzbart und seiner für mich ungewohnten Redseligkeit einem Bilderbuch über die Provence entstiegen zu sein scheint. Er ist umwerfend komisch und weiß es auch.

»Dieser riesige Camembert dort ist 1700 Jahre gereift, das müssen Sie sich erst einmal vorstellen!« Sein Wurstfinger mit der verdorrten Haut weist auf einen riesigen Mühlstein, der von einem rostzerfressenen Metallstab durchbohrt wird.

»Das sieht man ihm auch an«, werfe ich ein. »Hier gibt's offensichtlich nur Urgestein, was?« Paris ist auf einmal weit weg. Als leicht verführbare Kundin lasse ich mir fast alles aufschwätzen: Olivenöl »auf römische Art« gepresst, Tapenade mit Knoblauch für meine einsamen Abende, reines Olivenmark, eine Köstlichkeit, und Mandelgebäck für meine Naschkatze Tara. Statt eines Mengenrabatts bekomme ich einen schmatzenden Abschiedskuss, denn »er liebt Pariserinnen«. Ich lasse ihn gewähren, was hätte ich auch anderes tun sollen, und denke an meinen netten Landwirt aus dem Larzac. Mein Cousin lässt sich belustigt noch weiter herumführen: In den Gewächshäusern dort unten am Hang, kaum erkennbar und wie eine geheime Militärbasis kaschiert, werden die teuersten Blumen der Welt gezüchtet, die Chanel-Rosen. Die süßliche Essenz ihrer Blütenblätter wird hier konzentriert und destilliert, um dann am Hals der elegantesten Schönheiten der ganzen Welt versprüht zu werden.

Gegen Ende des Tages schlendern wir über die berühmte Promenade de la Croisette. Ich steige die Betonstufen hinauf, die ohne den roten Teppich des dort jährlich stattfindenden Festivals banal aussehen, trage verwaschene Jeans und Turnschuhe und grüße eine unsichtbare Menge. Mein Cousin macht sofort mit und ruft lautstark: »Und hier kommt die berühmte Schauspielerin Charlotte Valandrey in einem eleganten Vintage-Etuikleid von Armani und ganz im Stil Sharon Stones ohne Slip!«

Albernheiten und Unsinn haben mir schon immer Spaß gemacht, sei auch der Ort noch so finster und mein Leben noch so düster.

In der Rehabilitationsklinik hatten meine Zimmernachbarin

Isabella und ich uns angewöhnt, trotz Schwäche und Schmerzen Tag für Tag bis ans Ende des weitverzweigten Gebäudes zu schlendern, bis uns nur noch wenige Meter vom Automaten mit den sauren Bonbons trennten. Wir schleppten uns dahin, sprachen uns gegenseitig Mut zu und brauchten für den Hin- und Rückweg mehrere Stunden. Um die schmutzig grauen, lichtlosen Flure etwas fröhlicher zu gestalten, waren Poster aufgehängt worden, die zwar schon stellenweise eingerissen, aber so richtig schön bunt waren. Da hingen unter anderem ein dralles bayerisches Mädel mit geflochtenen Zöpfen und Lederhose vor grünem Hintergrund, heiße Feuerwehrmänner vor rotem Hintergrund und Kätzchen mit Schleifchen im Fell vor blauem Hintergrund, außerdem Küchengerätschaften und der Tadsch Mahal. Wir winkten jedem einzelnen Foto zur Begrüßung zu und erfanden abwechselnd ein Szenario, das die Bilder vervollständigen sollte. Die mit Morphin vollgestopfte Isabella besaß eine überbordende Phantasie, sodass wir beim Erzählen der Abenteuer unseres unersättlichen bayerischen Mädels vor Lachen fast platzten. Schon nach wenigen Minuten musste ich Isabella anflehen, endlich aufzuhören, weil meine Schmerzen im Brustkorb unerträglich wurden. Oft habe ich gelacht, wenn mir eigentlich nach Weinen zumute war.

Ich höre die Mailbox ab, um Nachricht aus Paris zu erhalten. Nichts von Steven, Tara teilt mir mit, dass sie lauter gute Noten bekommen hat, mein Agent bittet um einen Rückruf, Nathalie will mir die Januar- und Februar-Fanpost liefern lassen, und Lili, die ich neuerdings meine Miss Marple nenne, lässt mich wissen, dass sie das Briefpapier des Unbekannten identifiziert hat. »Es handelt sich um ein sehr seltenes und teures Papier. Du bist ein echter Glückspilz, dein Typ ist kultiviert und stinkreich!« Sie erwarte meine Rückkehr mit Ungeduld, um mir den bis ins Detail durchdachten Schlachtplan zu unterbreiten.

Wie geplant, fliege ich am nächsten Tag nach Paris zurück. Ich muss in einer Sendung auftreten und an der Seite von Marianne für Organspenden werben.

Ich verlasse den Süden, der so beruhigend auf mich wirkt und die Jahreszeiten so wunderbar vermischt, mit großem Bedauern und verspreche mir selbst, so bald wie möglich wiederzukommen.

Ich werde von einem leichten Rütteln geweckt. Wir haben soeben Orly erreicht. Wie die meisten Handyfanatiker tippe auch ich meine PIN ein, ungeachtet der Ansage, man möge warten, »bis die Maschine ihre endgültige Landeposition erreicht hat«.

»Sie haben keine neuen Nachrichten.« Obwohl schon tausendmal gehört, trifft mich diese Ansage der synthetischen Stimme jedes Mal wie ein Stich ins Herz. Mehrmals tippe ich Stevens Nummer, und im Taxi habe ich ihn dann endlich am Apparat. Ich frage nicht nach dem Grund seines tagelangen Schweigens, möchte ihn nur gerne sehen. Das Rendezvous mit meinem Doktor wird auf morgen Abend gelegt.

Lili zu treffen gestaltet sich weitaus einfacher. Sie hat ja auf nichts anderes gewartet. Wir beschließen, im *Bon Marché* grünen Tee zu trinken und uns ein paar Leckereien zu gönnen.

»Wie geht's, schönes Kind? Du siehst erholt aus. Setz dich, ich habe Neuigkeiten: Das ›S‹ steht für Stafford, ein Papier, das seit dem 18. Jahrhundert vom englischen Adel benutzt wird. Ein geheimnisvolles Papier in mehreren Farbtönen und in Paris nur in zwei Geschäften erhältlich, eins ist im Marais und eins am Trocadéro. Zudem habe ich sämtliche Nummern des *Parisien* bestellt, die in der Zeit deiner Herztransplantation erschienen sind.«

»Und warum?«

»Wenn diese Frau einen schweren Unfall in der Pariser Innenstadt hatte, dann stand es doch bestimmt in der Zeitung, glaubst du nicht auch? Und schau mal ins Internet, unglaublich, was man da alles finden kann über Organverpflanzungen und Zellgedächtnis, genau das, was du erlebst … Außerdem dachte ich mir, du könntest vielleicht bei einer deiner nächsten Fernsehsendungen deinem Unbekannten ein Zeichen geben.«

»Was?«

»Françoise Sagan, die rasend in Peggy Roche verliebt war, tat das immer, um ihr eine Freude zu machen. Sie sagte während ihrer Show ein ungehöriges Wort oder machte eine obszöne Geste, die für ihre Geliebte eine besondere Bedeutung hatte und die nur sie beide verstanden. Es war ihr Geheimnis. Ich dachte an die Kette, die du immer um den Hals trägst, dieses kleine goldene Herz, das auch seine Frau trug. Du könntest es doch deutlich sichtbar berühren, um ihm zu signalisieren, dass du seine Briefe erhalten hast und ihn gerne treffen würdest.«

»Sonst noch was? Du beeindruckst mich, Miss Marple, aber sagte ich dir nicht bereits, dass ich gar nicht weiß, ob ich ihn kennenlernen will?«

»Wie dumm von dir. Das ist doch der Sinn deiner Träume. Gib dir einen Ruck, er hat dir zwei sehr schöne Briefe geschrieben, dafür kannst du doch wirklich mal an dein Kettchenherz tippen! Er soll begreifen, dass es dir lieb wäre, wenn er Kontakt mit dir aufnähme.«

»Ich erwarte den nächsten Sack Post, da ist vielleicht noch einmal ein Brief von ihm drin. Dann wäre ein solches Affentheater im Fernsehen unnötig.«

Ich unterbreche das Gespräch und schaue auf die Uhr. Ich muss Tara bei ihrer Großmutter abholen und habe nicht bemerkt, wie spät es schon ist.

Überstürzt mache ich mich zum Aufbruch bereit. Ich habe Sehnsucht nach meiner Tochter. »Über all das können wir ein andermal reden.« »Morgen?«, fragt Lili, ungeduldig wie immer. »Okay, morgen, meine Liebe.«

Dieser Kurzurlaub hat mich tatsächlich ein Weilchen von meinen Rätseln abgelenkt, und auch mein Zellgedächtnis scheint sich ausgeruht zu haben.

Tara umarmt mich ungewohnt stürmisch, was mir guttut. Dann wühlt sie in meiner Handtasche nach den Mitbringseln und findet die steinharten Mandelplätzchen und ein strassbesetztes T-Shirt *I love Cannes*. Mit dem Letzteren habe ich mehr Erfolg.

Wir gehen zum Japaner um die Ecke essen. Das liebt sie, meine Tara. Immer bestellt sie sich diese fetttriefenden Schmelzkäsespießchen von undefinierbarem Geschmack, und ich stelle mal wieder belustigt fest, dass Kinder eine natürliche Aversion gegen Diätkost haben. Im Anschluss an dieses fröhliche Essen lege ich mein Töchterchen in mein großes Bett, streichle lange und zärtlich ihr Haar und schleiche mich davon, sobald sie die Äuglein geschlossen hat.

Erst kürzlich habe ich den Umgang mit dem Computer gelernt. Mein Vater ist längst ein versierter Informatiker, und ich kann bestenfalls im Internet »googeln«. Aber das macht mir Spaß, also gebe ich »Transplantation« und »Zellgedächtnis« ein …

Was ich da bis spät in die Nacht hinein lese, verstört, rührt und erschreckt mich.

Auf einer Seite kann ich mir den Ablauf einer Herztransplantation ansehen und tue es bis zum Ende, als wollte ich testen, ob ich meiner Realität inzwischen gewachsen sei. Ich will diese langsame Präzisionsarbeit, die so essenziell ist, aber auch die Magie der stundenlangen Operation verstehen. Ich sehe, wie jede Arterie, jede Vene durchtrennt wird, sehe, wie sie an eine externe Herz-Lungen-Maschine angebunden werden, die den Blutstrom in Gang hält, während das Herz behutsam aus dem geöffneten Brustkorb entnommen wird, sehe das ersehnte Transplantat, wie es neben das andere gelegt wird, das auffallend blasse Kranke, das selbst abgetrennt noch schlägt, und das blutrote zweite, bewegungslos wie im Stand-by-Modus.

Ich lese über die unglaublichen Erfahrungen mit dem Zellgedächtnis, die Claire und Lili erwähnt hatten. Da gibt es diese Geschichte von einer Amerikanerin, deren Aussagen vom Gericht hinterfragt wurden. Diese Frau träumte von ihrem Spender, einem jungen Mann, und nannte sogar Namen und Vornamen. Da sie viele seiner Vorlieben sowie seine Ausdrucks- und Sprechweise quasi geerbt hatte, erkannte die Familie bei der Gegenüberstellung erschüttert den Geist ihres Sohnes wieder, der in dieser Frau fortzuleben schien. Dann gibt es da den Fall eines kleinen Mädchens, das unter psychiatrischer und juristischer Beobachtung die tatsächlichen Umstände, die zum Tod ihres Spenders geführt hatten, immer wieder im Traum durchlebte. Lauter Menschen, deren Leben und Persönlichkeiten sich nach der Transplantation von Grund auf verändert hatten! Im Grunde genommen ähnelt das Ganze einem schlechten Science-Fiction-Film.

Hervorgehoben wird natürlich vor allem die Skepsis der klassischen Medizin, doch verschaffen sich langsam auch andere wissenschaftliche Erklärungen Gehör.

So hat man zum Beispiel kürzlich das Vorkommen von Neuropeptiden im ganzen Körper entdeckt, obwohl man sie bisher ausschließlich aufs Gehirn konzentriert glaubte. Diese Neuropeptide fungieren als Botenstoffe von Nervenzellen. Sie ermöglichen uns durch elektromagnetische Stimulation das Speichern von Informationen in unseren Zellen, wie die Besonderheiten unserer Persönlichkeit, aber auch die Erinnerung an ein Trauma oder einen Moment, der lebensentscheidend war.

Die Herzzellen weisen eine besonders dichte Konzentration von Neuropeptiden auf. Diese werden ganz normal in den Blutfluss eingeschleust, zirkulieren im ganzen Körper wie Metastasen und können bis ins Gehirn gelangen. So sind die Neuropeptide des Herzens oder eines anderen lebenswichtigen Organs imstande, mit denen des Gehirns zu kommunizieren, als sei ein WLAN eingebaut. Körper und Geist sind also auf tausenderlei Art untrennbar miteinander vernetzt. Es kann demnach sein, dass unsere Emotion auch im Körper verankert ist. Und dass der Körper wie der Verstand über ein Gedächtnis verfügt.

Meine Intuition sagt mir, dass der Körper ein Erinnerungsvermögen hat.

Das Zellgedächtnis würde erklären, auf welche Weise der Spender dem Empfänger bei der Transplantation eines lebenswichtigen Organs persönliche Fragmente und Erinnerungen zu übermitteln imstande ist. Solche Übertragungen sind jedoch nicht systematisch zu beobachten und hängen von der Kommunikationsfähigkeit der Körper- und Gehirnzellen sowie von ihrer Vereinbarkeit, ihrer Kompatibilität, ab.

Nach stundenlangem Googeln sind meine Augen vom Geflimmer des Bildschirms in dunkler Nacht müde geworden, meine Nerven liegen blank, mein Geist ist verwirrt, ich stehe auf, verlasse den Raum, lege mich neben Tara und lasse mich von ihrem regelmäßigen Atmen in den Schlaf wiegen.

Am nächsten Morgen bin ich erstaunt, trotz meiner Entdeckungen, der blutroten Bilder und verstörenden Dokumente so friedlich geschlafen zu haben … Noch nicht ganz wach, bemühe ich mich, meinen Handywecker auszuschalten, denn diese höllische Toccata, die ins Crescendo ausartet, wird bald die Nachbarn wecken. Mein Anrufklingeln ist friedlich, asiatischer Natur, aber der Weckalarm ist absichtlich so brutal, weil er ja das angenehme Koma, in das meine Schlafmittel mich häufig versetzen, durchbrechen muss. Jetzt wacht auch Tara auf, schießt hoch und lacht, weil ich mich drehe und wende, um den Schreihals zu finden. Schließlich kriege ich ihn unter meinem Bett zu fassen, wo er wie eine fette Grille vor sich hin vibriert. Ich reiße die Augen weit auf – ich muss mir endlich mal eine Brille kaufen, ich sehe aus der Nähe immer schlechter –, konzentriere mich darauf, den Ausschaltbutton zu finden, und drücke schließlich auf Aus. Wahrlich ein Aufwachen, wie ich es liebe, zärtlich, liebevoll, harmonisch. Jeden Morgen begutachte ich mein Aufwachen, weil ich davon überzeugt bin, dass es auf das Gelingen meines Tages Einfluss nimmt.

Ich stopfe Taras Siebensachen in ihre Tasche, denn diese Woche wird sie bei ihrem Vater bleiben. Das ist dieses schreckliche alternierende Sorgerecht, diese legal erzwungene Abwesenheit. Ich setze Tara an der Schule ab und gebe ihr für die nächsten sieben Tage auf Vorrat Küsse, was ihr peinlich ist. Auf dem Heimweg halte ich kurz bei meinem Zeitungshändler und frage nach den Schlagzeilen des Tages, dann gönne ich mir gleich nebenan eine heiße Schokolade und warte, bis der Laden, den Gottes Vorsehung direkt unterhalb meiner Wohnung einquartiert hat, seine Tore aufsperrt: Tiefkühlkost Picard.

Ich koche nicht gerne, das gebe ich zu. Es ist mehr als eine Geschmacksfrage, ich denke halt immer, dass man Besseres tun könnte als schneiden, rühren, garen. Außerdem habe ich nur zwei

Kochplatten und eine Arbeitsfläche im A4-Format. Ich koche ausschließlich für Tara, das ist mein mütterlicher Instinkt, während ich, wenn sie beim Vater ist, die fürs Kochen notwendige Zeit lieber fröhlich mit Freunden oder in den Armen meines Liebsten verbringe.

Ich sitze also im Bistro, verrühre bedächtig die Reste des Kakaopulvers und beobachte mit diskreter Aufmerksamkeit einen eher jung wirkenden Mann und die große schlanke Frau neben ihm. Sie lehnen an der Theke und bestellen schon so früh am Morgen ein Gläschen Weißwein und einen Kir. Das durchdringende Lachen des Mannes klingt irgendwie erzwungen und abgehackt. Die Frau ist eher schweigsam, sie hält den Kopf gesenkt, hat dunkle Augenringe, verzerrte Mundwinkel, und wenn sie das Glas an den Mund hebt, zittert ihre Hand. Dennoch lässt sie es nicht los und stellt es nicht ab – wie ein verängstigtes Kind, das sich an eine Hand klammert.

Als Picard endlich aufmacht, kann ich mein Diner für Steven zusammenstellen. Ich halte Ausschau nach den Angeboten des Monats, aufgrund derer ich meine Menus variieren kann, und beeile mich, um der Kälte der ständig auf- und zuklappenden Tiefkühlschränke zu entgehen.

Mein Handy klingelt. Ein vom Verlag geschickter Kurier wartet mit einem Sack Post vor meiner Haustür. Sofort spüre ich einen Stich im Herzen.

Es ist der gut aussehende, dunkelhaarige Athlet vom letzten Mal, der da vor meiner Tür steht und mich mit einem breiten, strahlend weißen Lächeln empfängt. Zu anderen Zeiten hätte ich diesem muskulösen und so hilfsbereiten Mann spontan einen Kaffee, eine Cola, wenn nicht gar ein Küsschen angeboten, aber wenn die Liebe mich gepackt hat, bin ich treu, verblendet, nur auf einen fixiert.

Ich betrachte den Jutesack, der diesmal dünner ist. Zwei Monate Post. Jetzt haben wir März, mein Buch erschien im September, ein normaler Schwund.

»Sie haben den Verlagsrekord gebrochen, haben Sie alles lesen können?«, fragt mein Apollo, der offensichtlich ein Schwätzchen halten möchte.

»Na klar, hab sogar geantwortet und bin jetzt fast mit allem durch. Es hat wahnsinnig viel Zeit gekostet, etliche Antworten musste ich zweimal verschicken, weil ich sie ohne Briefmarke eingeworfen hatte …«

»Wie ärgerlich!«

»Geradezu idiotisch, ich war wohl verwirrt … Einen schönen Tag noch! Sehen wir uns nächsten Monat wieder?«

Kaum ist die Tür zu, kann ich nicht mehr widerstehen. Mit einem Ruck kippe ich den Inhalt des Sacks auf den Boden und breite nervös alle meine Briefe aus. Sind es hundert, zweihundert? Inzwischen weiß ich, wie man's macht: Mit einer regelmäßigen Kreisbewegung des Arms glätte ich um mich herum sämtliche Umschläge, wie ich es als Kind mit dem feuchten und buckeligen Sand auf meinem bretonischen Strand tat.

Ich überprüfe nochmals: kein Stafford-Papier. Ich muss lachen über meine Enttäuschung, nehme mir die beiden Briefe wieder vor und lese zum zigsten Mal: »Aber meine Frau war es, die ein goldenes Herz hatte …« Ich spüre, dass mein Unbekannter mir nicht mehr schreiben wird und fühle eine ununterdrückbare Trauer in mir aufsteigen. Lächerlich! Ich werde doch nicht um diesen Unbekannten trauern! Undenkbar! Ich lege mich aufs Sofa, versuche mich zu beruhigen, fahre mir mit dem Ärmel über die Augen und sage mir wieder und wieder: »Das ist doch absurd! Absurd!«

Kaum erblicke ich ihn im Türrahmen, krampft mein Herz sich zusammen. Steven ist da, pünktlich wie immer. Ich lehne meinen Kopf an seine Brust, will ihn so nah wie möglich spüren, rieche an ihm, bin süchtig nach ihm. Meine Hände, die ich zittern spüre wie die der Kir-Trinkerin heute Morgen, krallen sich in seinen Rücken.

Seinem Pulli entströmt noch der Duft seines leicht nach Zitrone riechenden Herrenparfums, nur wenig abgeschwächt durch den Tag.

»Was hast du denn?«, fragt er, ein wenig verwundert über mein Benehmen.

»Nichts … Ich bin einfach froh, dich zu sehen … Ich habe einen Grand Bordeaux gekauft, einen Graves, du weißt schon. Und ein paar Blätterteigpastetchen bei Picard … Soll ich dir ein Glas einschenken? Die Flasche ist bloß noch nicht offen. Je besser der Wein, desto widerspenstiger der Korken, ist dir das auch schon aufgefallen?«

Mit Andacht und einer gewissen Hemmung nippt Steven an diesem Château Haut-Brion, zweitbeste Lage.

»Das wäre doch nicht nötig gewesen, du bist verrückt …«

»Ich hatte Lust darauf … Habe *the best* verlangt! Ein seltener Wein für einen seltenen Mann, der immer seltener kommt …«

Steven unterbricht mich: »Was redest du denn da?«

»Das war ein Witz! Mein verliebter Kellermeister hat mir großmütig Rabatt gewährt. Ich spiele eben meine Reize aus …«

»Trink nicht so viel«, mahnt Steven besorgt.

Zwei Gläschen Nektar, niemals mehr, und gleich wird alles leichter. Während des Essens verlangt Steven plötzlich seine Wohnungsschlüssel zurück. Er brauche sie für ein paar Tage, seine Schwester komme zu Besuch. Ich stehe sofort auf und drücke sie ihm in die Hand. Damit ich es später nicht vergesse und er nicht noch mal darum bitten muss. Ich stelle keinerlei Frage. Er erzählt mir, er habe sich in der neuen Abteilung mittlerweile gut eingelebt. Der leitende Arzt, ein Professor, sei charismatisch und sehr versiert und besitze selbst bei heiklen Fällen ein Gespür für die richtige Diagnose. Es erstaune ihn, welch große Rolle die Intuition sogar in der Spitzenmedizin spiele. Während ich ihm zuhöre, wird mir klar, dass ich ihm aus meinem Beruf absolut nichts zu erzählen habe. Da gibt's kein spannendes Projekt. Abgesehen von der einen Synchronrolle, hat mir meine Telefonkampagne nichts gebracht. Aber das soll mir egal sein heute Abend. In meinen Gedanken frage ich Steven über alles andere aus: Und abgesehen vom Job? Was ist mit uns? Was wird aus unserer stillen Beziehung werden? Welche Regelmäßigkeit setzt du für unsere künftigen Treffen an? Werden die Abstände immer länger werden?

Diesen Rat hatte ich einmal einer Freundin gegeben, die nicht wusste, wie sie einen hartnäckigen Liebhaber loswerden sollte, vor einem brutalen Schlussstrich aber zurückscheute. »Lass doch einfach einen, dann zwei und allmählich, ganz behutsam, mehrere Tage vergehen vor dem nächsten Beisammensein. Entwöhne ihn, damit er lernt, ohne dich auszukommen.«

Was kann ich bloß tun, um wieder mehr Nähe herzustellen, damit wir nicht in dieser Flaute verharren? Kann man die Liebe festhalten? Ich bin nervös. So viele Fragen gehen mir durch den Kopf, die ich Steven aber nicht werde stellen können, ohne ihn dazu zu zwingen, Position zu beziehen, obwohl er doch genau das in einer Beziehung fürchtet: das Sich-Binden, Aufbauen, »Wir«-Sagen. Er will frei bleiben, seine Karriere vorantreiben, nach seinem eigenen Rhythmus den Aufstieg planen, ohne Zwang. Er genießt das Liebesleben, aber vor die Wahl gestellt, würde er sich für die Freiheit entscheiden, das weiß ich genau. Aber für welche Art von Freiheit? Für die, die in die Einsamkeit führt? Ich verschweige also, was ich für wesentlich halte und was mich quält, und entscheide mich, jeden ernsthaften Gedanken, gleich welcher Art, von mir zu weisen. Wie sagte schon meine Lehrerin? »Wer den Dingen auf den Grund gehen will, bleibt in ihm stecken!« Ich nehme also einen Schluck von diesem erlesenen Wein und beschließe, im neckischen Ton Unsinn zu reden.

»Ist Picards Zitronentorte nicht köstlich? Habe ich nicht ein echtes Talent fürs Auftauen?«

»Stimmt, du kannst gut aufwärmen ...«

Steven deutet ein Lächeln an, blickt mich an, denkt nach, das Kinn auf der geschlossenen Faust. Da fallen mir meine Internetentdeckungen ein, und ich entscheide mich, das Gespräch in ernsteres Fahrwasser zu lenken. Behutsam lege ich meine Hand auf die von Steven und unterbreche das Schweigen, das sich schon zu breit gemacht hat, mit einer unvermittelten Frage: »Was hältst du eigentlich vom Zellgedächtnis?«

»Nichts ...«

Steven ist schwerer zu interviewen als ein Hollywoodstar.

Ich lasse nicht locker: »Und abgesehen davon?«

Ich schenke ihm Wein nach.

»Was nicht erwiesen ist, interessiert mich beruflich nicht. Soweit ich weiß, ist das Zellgedächtnis eine rein hypothetische Annahme. Ich bemühe mich, kranke Herzen zu heilen und die Mechanik dieser lebenswichtigen Pumpe zu reparieren. Alles Übrige ...«

»Und warum das Herz? Warum hast du dich auf das Herz spezialisiert? Was ist denn so Besonderes an ihm, warum ranken sich so viele Legenden um das Herz, so viele Redensarten, wenn es doch nur eine simple Blutpumpe ist?«

Missmutig blickt er mich an, setzt dann aber eine ernsthafte Miene auf, um mir seine Beweggründe, die Funktion des Herzens wie auch das, was für ihn das Entscheidende sein dürfte, zu erklären.

»Tja, warum gerade das Herz? ... Du wirst es nicht glauben, aber diese Frage habe ich mir noch nie gestellt. Nach den Pflichtjahren im Krankenhaus muss man sich für ein Fachgebiet entscheiden, und Kardiologie gilt als eines der angesehensten … Das Herz ist ein so lebenswichtiges Organ, wie andere es auch sind, weist aber eine Besonderheit auf, die die Phantasie der Menschen schon immer angeregt hat: Es ist das Antriebsorgan fürs Leben, Antriebsorgan fürs Blut, und man kann spüren, dass es schlägt. Hörst du etwa deine Bauchspeicheldrüse? Das Herz ist das einzige unserer lebenswichtigen Organe, das man wirklich direkt wahrnehmen kann. Es besitzt Zellen, die einmalig sind, die Herzmuskelzellen, das Knotengewebe, aber vor allem den Sinusknoten … autonome Zellen, die ein elektrisches Signal aussenden und zum Glück nie aussetzen. Der Herzmuskel zieht sich zusammen, der Sinusknoten gibt das Tempo vor, bestimmt also gewissermaßen den Lebensrhythmus … Und wenn es etwas Magisches gibt auf unserer Erde, dann liegt es im Leben selbst, im Innersten, im Herzen des Lebens … Daher symbolisiert das Herz das Leben und alles, was man damit verbindet: Kraft, Mut, Gefühl, Großherzigkeit …«

»Liebe.«

»Auch … aber ich bin kein Philosoph, nur Facharzt.«

Er redet so selbstsicher daher wie ein Professor, der sein Fach beherrscht. Und wie er da so aufrecht auf seinem Stuhl sitzt, schafft er zwischen uns die gleiche Distanz wie zwischen Lehrer und Schüler. Die Hand, die ich umfasst hatte, hat er längst wieder befreit, um seine Worte mit präzisen Gesten zu unterstreichen. Bei den Begriffen »Kraft« und »Mut« ballt er die Fäuste. Geballte Fäuste, verschlossenes Gesicht … Es ist, als stehe er im Ring. Plötzlich wird meine Aufmerksamkeit abgelenkt. Ich spüre, wie mein Herz wie wild zu klopfen anfängt. Ich höre meine Verwirrung, meinen inneren Protest, setze aber unser Gespräch fort.

»Gestern Abend habe ich mir im Internet zum ersten Mal eine Herztransplantation vor Augen geführt … Wirklich beeindruckend. Man konnte das Transplantat neben dem kranken Herzen liegen sehen, das auch nach der Entnahme nicht zu schlagen aufhörte …«

»Das ist normal, auch wenn der Blutfluss stoppt, setzen das Knotengewebe und die Muskelzellen, die den Herzschlag bewirken, ihre Arbeit noch eine Weile fort … Du bist ja neugierig, wonach suchst du?«

»Ich will es nur verstehen …«

»Um auf deine erste Frage zurückzukommen: Glaube nicht alles, was über das Zellgedächtnis geschrieben wird … Das Herz ist eine großartige und lebenswichtige Pumpe, weiter nichts … Habe ich deine Fragen beantwortet?«

»Zum Herzen ganz allgemein ja, aber nicht speziell zu deinem.«

»Was meinst du?«

Ich tue es als Witz ab und biete Steven das letzte Stück der »liebevoll aufgetauten« Torte an, er akzeptiert es, zerkaut es und verharrt einen Moment lang in nachdenklichem Schweigen. Dann steht er auf, geht zu meinem DVD-Turm und sucht einen Film für heute Abend aus. Ich folge ihm, umfange ihn, möchte viel lieber neben ihm liegen und sein Herz klopfen hören.

Wir schlafen miteinander. Dass ich für ihn noch begehrenswert bin, belebt mich, auch wenn es mechanischer abläuft als gewöhnlich. Unsere Körper reagieren noch aufeinander, doch wir sind beide nervös, in Gedanken woanders, jeder in seinem Geheimnis gefangen, jeder der eigenen Deutung des Herzens ausgeliefert.

Nach seinem Orgasmus springt Steven aus dem Bett und läuft ins Badezimmer, während ich mich ausstrecke und die leicht verknitterten feuchten Laken glätte, weil meine Hände den Kontakt noch nicht verlieren wollen. Doch da steht er bereits wieder vor mir und scheint ganz außer sich vor Wut.

»Bist du jetzt total verrückt geworden?! Da ist Blut auf dem Kondom!«

»Was?«

»Ja, Blut, schau her, da sind Blutspuren!«

»Ich sehe nichts. Ist es geplatzt?«

»Zum Glück nicht! Was ist mit dir? Hast du deine Regel?«

»Nein, die ist vorbei.«

»Seit wann?«

»Seit vorgestern, oder gestern, ich weiß nicht so genau …«

»Du weißt es nicht? Das kann doch nicht wahr sein, du bist ja total übergeschnappt!!!«

Er schleudert das Kondom auf den Schlafzimmerboden und rafft seine Kleidung zusammen wie ein Ehebrecher, der es eilig hat.

»Was machst du?«

»Ich gehe.«

Seine Aggressivität lähmt mich, ich lasse ihn fliehen. Sprachlos rappele ich mich hoch, stehe mühsam auf und finde kein Wort, das ich hätte herausschreien können. Ich hebe das Präservativ auf, das nur ein paar kaum sichtbare Spuren hellen Bluts aufweist, werfe es in den Müll und schleppe mich wie ein kaputter Roboter zu meiner Medikamentenschachtel. Nur eine kleine Überdosis! Blackout-Therapie! Morgen sehen wir weiter.

Die Sonne aus dem Fernen Osten hat mein ganzes Schlafzimmer frisch geweißt. Eine wundervolle Helligkeit. Bin ich wirklich wach? Noch auf der Erde? Das schräg durchs Fenster einfallende Licht wärmt meine Laken und erfasst die Staubpartikelchen, die durch den Raum wirbeln und vom Licht gebündelt werden. Endlich bin ich richtig wach. Es ist spät, ich bin allein, und der Himmel dort draußen ist unwiderstehlich hell.

Der gestrige Abend versinkt dank der Medikamente noch ein Weilchen in erträglichem Nebel. Ich bleibe im Bett, rolle mich ein, drehe mich auf die Seite und schaue in den Himmel. Fötuslage bedeutet Schutz. Plötzlich verspüre ich einen Druck in meinem Rücken, der mich zusammenzucken lässt. Caviar reibt sich an mir, das ist das erste Mal. Vielleicht ist heute ja der Tag der Wunder? Die vergangene Nacht wird in Vergessenheit geraten, und ein fröhlicher Steven wird mich zum Mittagessen einladen …

Ich umarme Caviar, presse mein Ohr an ihn, um seinem andauernden Schnurren zu lauschen wie in der Kindheit dem Meer in den Muscheln. Ich liebe dieses wohlige Gebrumm. Caviar bleibt bei mir, dreht den Kopf und bohrt mir sein Schnäuzchen in die Seite. Tiere scheinen wirklich zu spüren, wie den Menschen zumute ist. Da fällt mir seine Züchterin wieder ein, wie sie gesagt hatte: »Die Anhänglichkeit dieser Wesen ist eine einzige Freude!«

Der heutige Tag soll ein besonderer werden. Irgendetwas Neues muss geschehen. Ich muss mich ein wenig zwingen, um schließlich aufzustehen. Ein Blick aufs Handy, nein, es bleibt ausgeschaltet! Wenn Taras Vater mich erreichen will, kann er es über das Festnetz tun, mein »rotes Telefon«, dessen Nummer nur er kennt. Mit ausgeschaltetem Handy fühle ich mich schon besser. Ich will nichts erfahren. Den Kopf in den Sand stecken. Unter meinen riesigen Federschwingen verschwinden wie eine ermattete Varietétänzerin. Keine Nachricht, gute Nachricht. Ich werde ausgehen und Luft schnappen. Ich brauche einen Tapetenwechsel.

Ich weiß, wo ich hinwill! Entschlossenen Schrittes, den Blick geradeaus, hartnäckig meinem Weg folgend, gehe ich bis zum *Bon Marché*. Das Tageslicht lässt die Menschen fröhlicher aussehen, ich spüre ihre gute Laune. An der Ecke biege ich scharf nach links in die Rue du Bac ein, ich bin schon fast da, heiß, Charlotte, heiß! Noch knapp hundert Meter, dann schlüpfe ich unter einem Torbogen hindurch und bin in meiner Lieblingskapelle. Besonders prachtvoll ist sie nicht, dafür hat sie jedoch das schönste Marienbild von allen. Vor mehr als einem Jahrhundert soll Maria an diesem Ort erschienen sein. Wie selten anderswo verspürt man hier die Inbrunst der in sich versunkenen Pilger, die Kraft ihrer Gebete, das Ausmaß ihrer Hoffnungen. Meine Mutter trug das Medaillon der wundertätigen Madonna immer bei sich.

In der Kapelle herrscht ein buntes Völkergemisch. Der Glaube ist hier universal und international. Ich ziehe die helle Holztür hinter mir zu, neige den Kopf, bekreuzige mich und gehe geradewegs auf den Altar zu. Auf den harten Marmorstufen mit den durch Abnutzung gerundeten Kanten knie ich nieder, um zu beten, wie alle anderen um mich herum. Das passiert mir selten, denn ich zweifle an meinem Glauben. Das menschliche Elend scheint mir unvereinbar mit der Vorstellung eines lebendigen, mächtigen Gottes. Wie Tristan Bernard zu sagen pflegte: »Wenn Gott die Welt erschaffen hat, dann ist es der Teufel, der sie in Gang hält.« Wieso sind es die Religionen, durch die so viele Menschen zu Tode kommen?

Aber heute will ich glauben, ich bete zur Jungfrau Maria. Ich liebe dieses Mutterbild mit dem glatten Antlitz, das durch die leichte Neigung des Kopfes Trauer erkennen lässt. Für mich verkörpert es den abstrakten Glauben an einen irrealen, machtlosen Gott. Ich liebe auch die Gewänder der Thronenden, diese eleganten Drapierungen, das weiß umrandete Himmelsblau, das Gold und diese göttlichen Strahlen, die ohne Ende aus ihren gefächerten Händen zu fließen scheinen, wie in meinen Träumen. Im Spruchband rings um Maria ist zu lesen: »O Marie, du unbefleckt Empfangene, bete für uns, die wir vor dir kniend um Hilfe flehen.« Ohne nachzudenken, bete ich innerlich diesen Satz nach. Wenn die Liebe mich mal wieder verlässt, dann wünsche ich mir, dass sie wiederkommt, und während ich darauf warte, möchte ich fest daran glauben, dass sie zurückkehrt. Ich möchte auch nicht mehr leiden müssen, mein Soll ist erfüllt. Mehr verlange ich nicht, du Wundertätige! Dann bete ich noch, Gott möge erwachen, für alle, die ich liebe, und auch für jene, die ich nicht liebe, für jedermann, um dieser friedlosen Welt willen, in der meine Tochter heranwachsen wird.

Als ich die Kapelle verlasse, fühle ich mich wie aufgeputscht von meinen Gebeten, wie neu belebt und erleuchtet an diesem Tag, der so düster zu werden drohte.

Ich will Ihnen einen Trick verraten: An den schwarzen Tagen unseres inneren Kalenders muss man etwas Außergewöhnliches, etwas nie Dagewesenes tun! Man muss eine Leistung vollbringen, die man mit diesem düsteren Tag verbinden kann und die im Laufe der Zeit dazu führen wird, dass man sich an diesen Tag nur noch im Guten erinnert.

Als ich unter dem Torbogen hindurch wieder in die Rue du Bac gelange, bin ich fest entschlossen, heute noch etwas Großartiges zu leisten. Dass ich mein Handy ausgeschaltet habe, ist für mich schon so etwas wie eine Leistung, aber jetzt muss noch eine echte Großtat her! Es ist fast vierzehn Uhr und noch richtig schön hell.

Ich beschließe, in Richtung Jardin du Luxembourg zu gehen. Ich nehme die Steigung, ohne außer Atem zu geraten, und blicke suchend um mich. Soll ich vielleicht einen Unbekannten küssen? Zu einfach für eine Schauspielerin. Wieder zur Kapelle zurückgehen und bitten, in den Orden eintreten zu dürfen? Warum nicht? Aber doch lieber ein bisschen später, wenn ich etwas älter bin. Eine Fahrt in der Metro, im Fahrerstand blindlings hinein in den Bauch von Paris? Kein übler Gedanke, aber nicht lustig genug. Außerdem ist das Wetter viel zu schön. Das kann man sich für einen dunkleren, regnerischen Tag aufheben. Was dann? Los, Charlotte, streng deinen Kopf ein bisschen an! Mach die Augen auf!

Ich hab's! Genau vor meiner Nase taucht eine *Vélib'*-Station auf. Diese frei verfügbaren Fahrräder stehen jetzt fast überall in Paris, und es gibt unendlich viele neue Radwege, die ich, bevor ich mein Auto verkauft habe, noch lauthals verfluchte. Sie sind absichtlich hässlich, diese Räder, damit sie nicht geklaut werden, die Kakifarbe gibt ihnen einen leichten Retrolook, Typ Sowjetunion. Jeder fährt damit herum, sogar mein Agent. Es ist der letzte Schrei, in die Pedale zu treten. Also tue ich das jetzt auch! Einige Ungeübte wackeln ein bisschen, während sie an mir vorbeifahren. Ich blicke ihnen nach. Meine Beine haben keine Spannkraft mehr, und von größeren körperlichen Anstrengungen hat man mir abgeraten, doch heute will ich *Vélib'* fahren! Der Sattel erscheint mir recht hoch, und die Gangschaltung klemmt ein bisschen. Aber ich bin schon jetzt Feuer und Flamme, denn wenn Tara heute Abend am Telefon fragt: »Was hast du heute gemacht, Maman?«, werde ich sagen können: »Ich bin *Vélib'* gefahren, mein Herz, ist doch klar! Deine Maman ist nicht von gestern!«

Bevor man sich in den Sattel schwingen darf, muss man ein Ticket ziehen. Ein Zwei-Tage-Abo dürfte genügen für den Jardin du Luxembourg, der zu Fuß in einer Viertelstunde zu erreichen ist. Ich erspare Ihnen jetzt die endlosen Gebrauchsanweisungen wie »Drücken Sie die Taste 5, bitte geben Sie Ihre Geheimzahl ein«, dann folgen weitere Informationen zum Eintippen eines ganz persönlichen PIN-Codes, wie immer das Geburtsdatum meiner Tochter, das ich ja eigentlich nicht vergessen dürfte, dann ist von einer Kaution die Rede, die aber zum Glück nicht hinterlegt werden muss, und erst dann darf ich mich ins Abenteuer stürzen. Ich kriege die Gänge nicht hinein. Man erklärt mir, ich müsse den Knauf drehen. Ich werde es lieber so versuchen, nichts anfassen, um nichts kaputt zu machen.

»Warum quietscht das so?!«

»Die quietschen alle!«, erwidert der Mann neben mir.

Na, dann mal los! Erst einmal im Zickzack, weil ich nicht schnell genug fahre. Anstrengend … Aber anhalten will ich auch nicht, also trete ich in die Pedale, bin sofort außer Atem und fasse mir ans neue Herz. Los, Charlotte! Streng dich an! Die Ampel zeigt Rot, was für ein Glück! Ich halte an. Neben mir ein anderes Mitglied der *Vélib'*-Sekte.

»Das ist mir zu anstrengend, ich weiß gar nicht, wie Sie das schaffen.«

»Sie fahren ja auch im dritten Gang.«

»Ach so, stimmt, man muss ja drehen.«

Tatsächlich, es geht schon viel besser. Jetzt rollt das Fahrrad ganz ohne mein Zutun. Schön geradeaus. Schön gemütlich. Ich halte den Lenker schön fest, nehme Schwung, hebe die Beine – hopp! – und nochmals hopp! Die Pedale im Leerlauf, und hopp! Ich bekomme die Füße nicht mehr auf den Boden. Der Wagen vor mir bremst ohne Grund. Ich schreie. Da fährt er weiter, während ich schon aufs Schlimmste gefasst war. Hopp! Ich halte an. Mit einem Fuß am Boden und einer Hand am Herzen. Ich höre mich noch lachen und sehe die Fußgänger vor mir, wie sie sich umdrehen und keine Ahnung haben, was für eine Leistung ich da gerade erbracht habe.

Einmal um den Jardin du Luxembourg herum und sogar noch weiter, ganz entspannt. Ein hübscher Frühjahrsausflug. Dann gehe ich heim.

In meinen Kalender schrieb ich auf der Seite des 27. März 2006: *Herrliche Sonne / Steven the end? / Bittgebet um ein Wunder / Tollkühne Vélib'-Tour.*

Siebzehn Uhr: Ich schalte mein Handy ein und habe Angst.

Ich ersehne den Piepton, der einem mitteilt, dass sich noch jemand für einen interessiert. Ein paar unwichtige Nachrichten, dann Taras Vater, um zu bestätigen, dass sie morgen Abend zurückkommt, dann mein Vater, der mich demnächst, anlässlich eines Seminars in Paris, kurz besuchen möchte, dann dreimal Lili, die sich »wirklich Sorgen« macht. Das ist alles. *Steven the end?*

»Bonjour, ruf mich zurück, danke.« Meine erste Nachricht für Steven.

Lili, die ich beruhigen konnte, kündigt an, später vorbeizukommen.

»Warum rufst du mich nicht an?« Meine zweite Nachricht für Steven, zwei Stunden später.

Warten zieht die Zeit endlos in die Länge. Zwei Stunden, die mir wie zehn erscheinen, starre ich auf das Display meines Handys, vermeide jedes Geräusch, um ein Klingeln nicht zu überhören, versuche, an etwas anderes zu denken und nicht nur an ihn, den Schweigsamen. An unsere letzte Nacht zum Beispiel.

Ich rufe im Krankenhaus an, verlange Henriette, aber sie ist schon gegangen.

»Dann geben Sie mir Herrn Dr. Leroux.«

»Er hat Sprechstunde. Wer ist am Apparat?«

»Ich rufe später wieder an, danke.«

Dann kommt endlich Lili.

»Geht's dir nicht gut?«

»Nein, Liebes, es geht mir nicht gut.«

Während ich ihr mit schwacher Stimme von dem Zwischenfall erzähle, fasst sie nach meinen Händen. Beim Wort »Blut« stocke ich, und sofort kommentiert sie: »Das ist doch ungeheuerlich, gerade für einen Arzt! Dein Virus ist fast nicht mehr nachweisbar, und mit Kondom besteht ohnehin keine Gefahr …«

Ich höre schon gar nicht mehr hin und wiederhole nur: »Blut …« Dann kommt mir eine Erleuchtung. »Der Hellseher!«

»Was soll das heißen, der Hellseher?«

»Er hat gesagt, Steven hätte Blut an den Händen …«

»Was redest du denn da?«

Ich erinnere mich an Pierres Prophezeiung über den Mann in Uniform, der etwas verbirgt, weil er Angst hat und Blut an den Händen …

Lili ist baff. Ich auch. Um mich ein wenig zu entspannen, erzähle ich ihr von meiner Fahrradtour, meiner Großtat. Das zerstreut sie ein wenig, doch dann nimmt sie den Faden wieder auf.

»Unglaublich! So was kann man doch nicht im Voraus wissen … Hätte er mir gegenüber ›Steven‹ und ›Blut‹ erwähnt, hätte ich doch eher gedacht …« Sie überlegt kurz. »… er meine einen chirurgischen Eingriff. Steven ist ja schließlich Kardiologe in demselben Krankenhaus, wo deine Transplantation durchgeführt wurde … Womöglich war er dabei, kannte dich aber noch nicht …«

»Auch möglich. Das alles ist unglaublich … Aber so kann es doch nicht enden, oder? Pierre irrt sich doch, oder?«

Ich kann nicht mehr und muss heulen.

»Ganz bestimmt … Beruhige dich, mein Herz. Er wird wieder anrufen. Das war doch nur ein dummer Zwischenfall, er hat einfach Angst bekommen. Er hängt wahnsinnig an dir …«

»Ja, du hast recht, er hängt an mir … Das ist aber auch alles.

Und er hat Angst vor meinem Virus, auch wenn es nicht mehr nachweisbar sein sollte. Sogar mit Kondom …«

Ich heule, bin erschöpft. Lili beschließt, heute Abend bei mir zu übernachten, und organisiert sich telefonisch einen Babysitter für ihren Sohn. Sie kümmert sich um mich wie eine Mutter, hält mich im Arm, und ihre Wärme beruhigt mich. Als ich sie bitte, doch lieber zu ihrem Sohn heimzugehen, erwidert sie, er schlafe schon und später, beim Aufwachen, sei sie ja da.

Bevor ich ins Bett gehe, hinterlasse ich Steven noch eine letzte Nachricht: »Ruf mich an. Rede mit mir. Hab keine Angst. Ich liebe dich.«

Lili geht schon früh am Morgen, ohne mich zu wecken. Ich verbringe die Nacht mit Albträumen, die aber eindeutig zu mir gehören: eine Trennung, ein Streit, ein in Blut gebadeter Steven …

Gegen Mittag erwische ich Henriette. Sie könne mich leider nicht direkt mit Steven verbinden, sie sehe ihn kaum mehr, seit er die Abteilung gewechselt habe. Sie verbindet mich mit seiner Assistentin, die mir wieder sagt, er habe Sprechstunde.

»Sind Sie die Dame, die gestern schon anrief?«

»Ja, und diejenige, die morgen wieder anrufen wird.«

Ich rufe also tags darauf abermals an, und sie beteuert, sie habe es dem Herrn Doktor ausgerichtet.

Ich rufe ein letztes Mal auf seinem Handy an, sage nichts, kann nicht sprechen, weil ich weine, und lege auf. Eine wortlose Nachricht.

Am 29. März 2006 schreibe ich in meinen Kalender: *Steven the end.*

Steven hat nie mehr angerufen. Nie mehr. Kein einziges Wort. Keinerlei Lebenszeichen.

Schweigen ist die schlimmste Art von Trennung. Verächtliches Schweigen ist brutal. Sollte man nie tun. Ist unmenschlich.

Dem Schweigen kann man nämlich alles zuordnen, sich jedes Szenario dazu ausdenken, man kann sich selbst für alles verantwortlich machen, sich völlig wertlos fühlen, denn man ist ja nicht einmal einen Anruf wert. Schweigen quält mehr als Zweifeln, es tut weh. Der geliebte Mensch verschwindet einfach, ohne Erklärung.

Trauern ist schwer, wenn man das Warum nicht versteht, wenn man nicht hören darf: »Ich verlasse dich, Charlotte, weil … weil ich Angst habe, weil ich Kinder haben möchte … Ich will nicht mehr mit dir schlafen, weil ich eine andere liebe … Ich verlasse dich, weil ich dich nicht liebe.«

April 2006

Eine Woche lang habe ich Albträume. Tag und Nacht. Ich denke an unsere erste Begegnung, an die Klinik, den blendenden Himmel über Korsika, Stevens Ankunft in Tonys Fischerhäuschen, den blassen Arzt aus Paris, der mich vor aller Augen, als sei es das Natürlichste von der Welt, auf den Mund küsste. Immer wieder denke ich daran, wie viel Sicherheit es mir gegeben hat, wenn Steven mir in ernsthaftem, vertraulichem Ton meine Blutwerte und meine Herzuntersuchung erklärte. Immer wieder sehe ich sie vor mir, unsere gemeinsamen Stunden voller Zärtlichkeit. Ich hatte mich immer so wohl mit ihm gefühlt. Ich sehe sein Gesicht vor mir, im Augenblick der Lust. Unsere ganze Geschichte spult sich ab, von Anfang bis Ende, vom Jungen, der mich in *Rouge Baiser* gesehen hat und für mich schwärmte, bis hin zum schweigenden Arzt.

Eines Nachts überkommt mich in all meinem Schmerz ein anderer, seltsamer Albtraum, noch heftiger als die vorigen.

Das Neugeborene sitzt auf meinem Schoß und neben mir, auf dem Beifahrersitz, ein Mann ohne Kopf. Er streckt den Arm aus und versucht, über mein Kettchen zu streichen. Dies scheint mich nicht zu beunruhigen, ich habe nur panische Angst, das Kind am Lenkrad zu zerquetschen. Kurz vor dem Aufprall und diesem gleißenden Licht verschwindet der Mann, und auf dem Sitz verbleiben nur Blutflecken, die allmählich verblassen, dann fängt meine Kette Feuer, und ein brennender Schmerz lässt mich im Bett hochfahren. Mein Kater ergreift die Flucht.

Als ich später wie automatisch in meinem Kalender *Albtraum Unfall* vermerke, werde ich stutzig: Diese Träume treten Monat für Monat auf, und das Datum deckt sich fast immer mit dem Tag meiner Transplantation, um den vierten herum. Diese Feststellung verschärft meine Panik, die mich jedes Mal nach solchen Träumen für mehrere Stunden heimsucht, egal, was ich unternehme, um mich zur Vernunft zu rufen.

Steven fehlt mir schmerzlich. Ich kenne den Liebesentzug und fürchte mich davor, da ich nie weiß, wo er mich hinführen wird.

Ich schlucke einen Haufen Medikamente und betrachte jeden Morgen und Abend meine ungeheuren Vorräte. Mit meiner Apotheke könnte ich das ganze Haus bis weit in den nächsten Tag hinein in Tiefschlaf versetzen oder nur mich selbst bis in alle Ewigkeit.

Ich schleppe mich herum wie ein altes Weib, genau wie vor der Transplantation, ein Wesen ohne Sinusknoten, ohne Lebensantrieb.

Ich kann viel Schmerz ertragen, aber diesmal gelange ich in einen kritischen Bereich, eine rote Zone, die ich noch nicht kenne. Mein Bauchgefühl sagt mir, dass ich innerlich zusammenbreche, kein inneres oder äußeres Gerüst hält mich mehr, ich falle und verschwinde. Alles verlässt mich, mein Vertrauen, meine Hoffnung, meine Vernunft, jegliche Verbindung mit dem Leben. Ich fühle mich abgestoßen, lebensuntüchtig, warum also darauf beharren zu leben? Der Schmerz sitzt tief. Ich krümme mich. Überlebensreflex. Ich will dieses Endzeitgefühl endlich in Griff bekommen, aber vielleicht wird es stärker sein als ich.

Lili tröstet mich, drückt mich an sich, lässt mich gar nicht mehr los. Sie streichelt mich und murmelt wieder und wieder die von ihr nur für mich erfundene Litanei: »So ist das Leben, die Liebe kommt und geht wie der Wind, halt dich an mir fest, bis wieder Ruhe einkehrt …«

Eines Morgens höre ich sie schwer seufzen, als sie bei mir eintrifft. Sie gibt mir einen flüchtigen Kuss, stürzt ans Fenster und reißt es weit auf.

»Schluss mit diesem Dämmerlicht! Draußen scheint die Sonne.

Du stehst jetzt auf, ziehst dich an, machst dich hübsch, und dann geht's hinaus. Los, los, meine Schöne, auf, auf! Heute Abend darfst du wieder schlafen.«

Wir bummeln den ganzen Tag durch Paris.

Als ich mich abends vor meiner Haustür bei Lili bedanke, sie umarme und ihr verspreche, es mir besser gehen zu lassen, ruft sie mir als Abschiedsgruß noch nach: »Mach dir den Kopf frei, und hör auf dein Herz!«

Abends im Bett kommt mir dann eine denkwürdige Erkenntnis: Der Liebesschmerz ist riesig, aber mit dem Körper hat er nichts zu tun, er hat keine physische Ursache. Meinem Körper geht es gut, nur in meinem Kopf werden die einfachsten Gedanken zur geistigen Qual. Ich muss sie verscheuchen, sie durch andere ersetzen und mir meinen gesunden Körper detailliert vor Augen führen. Ich denke an meine Tochter, in jeder Altersstufe, an jedem Ort, spielend, lachend, weinend, mich umarmend und küssend. Lange Zeit konzentriere ich mich einzig und allein auf Tara, und schon fühle ich mich besser. Und in diesem Moment presst sich mein wunderlicher Kater fest an mich, und wieder konzentriere ich mich nur auf das Gefühl von Wärme und meine kraulenden Finger in seinem Fell. Ich denke an meine Mutter und sehe das hübsche Gesicht der Zwanzigjährigen mit dem unbekümmerten Lächeln vor mir, dieses Schwarz-Weiß-Foto auf meiner Kommode. Kurz vor dem Einschlafen horche ich noch auf meinen Herzschlag, er ist vollkommen regelmäßig, dem Herzen geht es offenbar gut. Dann sehe ich nochmals Tara, nur noch sie in Großaufnahme. Ich fühle mich wohl.

Am nächsten Tag verlasse ich das Haus aus eigenem Antrieb. Ich rufe von einem Café aus Lili an und bestelle mir frisch gepressten Orangensaft. Auf dem Tisch mir gegenüber liegen lauter bunte Glücksspielkarten zum Rubbeln. Ich gebe zu, dass ich dabei wieder an Pierre, den Hellseher, denken muss. »Auf diese Träume, die mich zu einem Wesen führen werden, das mich glücklich machen wird. Und auf die Liebe, die noch größer zurückkehren wird!« Solche Gedanken mögen in meiner Lage etwas Absurdes an sich haben, aber sagt man nicht auch: *den Teufel mit dem Beelzebub austreiben*? Also das Irrationale einer Trennung mit dem Irrationalen der erneuten Liebeshoffnung? Wenn sich die Geschichte mit dem Blut an den Händen und den blauen Briefen bewahrheitet hat, dann könnten ja Pierres andere Prophezeiungen ebenso Wirklichkeit werden …

Ich verbringe den Rest des Tages mit Lili, die mich zu zerstreuen vermag wie niemand sonst.

Am Abend übe ich mich wieder im »positiven Denken« und der Registrierung all dessen, was gut läuft. Ich rede mir ein, dass es mir gut geht, will glauben, dass alles ins Lot kommt und alles einen Sinn hat. Und dann glaube ich es tatsächlich.

Das Event zur »Lebensspende«, bei dem ich als Schirmherrin auftreten sollte, wird auf Wunsch der Organisatoren auf einen späteren Zeitpunkt vertagt. Das trifft sich gut, ich hätte eine klägliche Figur abgegeben.

Tony, der ich mein Unglück schildere, überredet mich, aus meiner Isolation herauszutreten und wie geplant an der Fernsehsendung mitzuwirken.

»Steh auf! Zeig dich, Herzchen, zeig aller Welt, dass alles in Ordnung ist, zeig diesem Kerl, dass du das locker wegsteckst. Sei Schauspielerin, das Leben geht weiter, meine Schöne, du hast doch schon ganz anderes bewältigt, sei nicht traurig, nicht wegen eines Kerls, ich bitte dich, nicht wegen eines Idioten, nicht als Frau von vierzig Jahren!«

»Ich bin noch nicht vierzig!«

»Ich weiß, meine Schöne. Siehst du, es geht dir schon viel besser, du protestierst. Los, mach mit!«

Lili besteht darauf, mich vor der Sendung noch zu briefen. Sie hält an ihrem Plan fest, dem anonymen Briefeschreiber ein Zeichen zu geben. Mir ist es recht. Ihre Nachforschungen sollen ja nicht umsonst gewesen sein. Sie kommt immer wieder darauf zurück: Sie will unbedingt, dass ich mit ihr nach der Sendung ins

Marais gehe und dort in den kleinen Laden *Le Calligraphe*, wo das geheimnisvolle Stafford-Papier zu finden ist. Auch ihre Flirtstrategie mit dem Berühren der Kette tischt sie mir wieder auf. Sie ist davon überzeugt, dass der Unbekannte, der Schreiber der anonymen Briefe, mich liebend gern treffen würde und nur auf ein Zeichen von mir wartet. Sie will unbedingt, dass ich vor laufender Kamera deutlich sichtbar an dem goldenen Herzchen herumspiele, wie seine Frau es auch immer tat. Meine Teilnahme an der Sendung würde ja in der Zeitung stehen, und Lili schwört darauf, dass er die Sendung anschauen und das Signal verstehen wird, »denn er ist ein genauer und subtiler Beobachter«. Sie spricht von ihm, als kennte sie ihn, als wüsste sie, dass eine Begegnung mit ihm das Beste wäre, was mir passieren könnte.

»Wirst du es tun? Wirst du über deine Kette streichen?«, fragt sie immer wieder.

»Wenn du mitkommst, vielleicht ...«

In der Maske, vor der Sendung, treffe ich auf Jean-Luc Delarue, den Sendeleiter. Er grüßt mich nur knapp, eher eisig, anscheinend muss er sämtliche Empathiereserven für das Publikum aufsparen. Die Zeit, in der wir miteinander bei TV 6 auftraten und am Wochenende Ski fuhren, hat er wohl vergessen. Damals war er mir sympathischer.

Die Maskenbildnerin findet, dass ich nicht gerade strahlend aussehe. Wir kennen uns, das weiß ich genau. Und auch sie erinnert sich an mich. Aber wo und wann sind wir uns begegnet? Keine Ahnung. Es ist lange her. Sie hat für Film und Fernsehen gearbeitet, für fast alle Sender. Vielleicht war es bei TV 6 oder TV 1 oder bei einer früheren Werbekampagne für einen meiner Filme ... Wir lachen, weil wir uns beide vergeblich zu erinnern versuchen und unsere Karrieren rekapitulieren. Es fällt keiner von uns ein, macht uns aber zu Komplizinnen.

»Ich habe dein Buch gelesen, es hat mich sehr berührt. Ich wusste von nichts, hatte nur gehört, du seist krank, aber du weißt ja, was alles geredet wird in den Drehpausen ... Damals, als ich dich geschminkt habe, dürftest du fünfundzwanzig gewesen sein. Du warst bildhübsch, hattest eine unglaubliche Energie und ein so offenherziges, schallendes Lachen. Ich konnte es wirklich nicht glauben … Im Augenblick bist du wohl nicht so gut in Form, oder?«

»Ich habe die ganze Woche geheult. Liebeskummer … Aber es wird schon besser. Mach mich nur recht hübsch, damit ich wieder begehrenswert bin … und er daran krepiert, mich verlassen zu haben … Du musst mich richtig aufpeppen!«

Mein Auftritt ist nicht besonders gut. Ich hätte meiner Intuition folgen, daheim bleiben und, eingerollt um Caviar, schlafen sollen.

Ich weiß gar nicht mehr genau, warum ich eigentlich hier bin, kann mich mit dem Thema nicht mehr identifizieren. Außerdem hat man mich in eine winzige Box gesteckt, die in der Mitte der Sitzreihen über den Zuschauern thront. Ich fühle mich isoliert, bin in Gedanken woanders, klinke mich aus. Am Ende der Sendung schwenkt die Kamera auf mich zu. Weit unter mir sehe ich Lili mit den Armen wedeln, ihre Finger klopfen auf ihren Halsansatz, als wollte sie mich vor dem Geköpftwerden warnen, denn soeben wird das Unmögliche von mir verlangt: eine Zusammenfassung der Sendung und meine Meinung dazu … Ich weiß nicht mehr, was ich gesagt habe, es wurde bestimmt zurechtgeschnitten, aber kurz bevor der rote Lichtpunkt unter der Kamera erlosch, der einem signalisiert, dass man auf Sendung ist, griff ich mit der ganzen Hand fast instinktiv nach meiner Kette. Diese Geste gab mir neue Energie, sodass ich abschließend erklären konnte: »Die Diskussion war faszinierend!« Dieser Satz und meine strategische Gestik würden bestimmt nicht herausgeschnitten werden!

Die völlig aufgeputschte Lili beglückwünscht mich. Sie ist zufrieden mit meiner Leistung, aber schon im Taxi, das uns vom nördlichen Außenbezirk ins Herz von Paris zurückbringt, verfalle ich unwillkürlich in eine Traurigkeit, die sich nicht abschütteln lässt. Auf der Autobahn dann drücke ich meine Stirn gegen die Scheibe und starre auf die vorbeifliegenden weißen Streifen auf der geteerten Fahrbahn. Lili respektiert mein Schweigen und tippt mir irgendwann aufs Knie. Wir sind da.

Die Boutique *Le Calligraphe* liegt in einem gewundenen Gässchen des Marais versteckt. Hier findet man alles für eine stilvolle handschriftliche Korrespondenz. Wie lange wird es diesen kleinen Laden noch geben in unseren Internetzeiten? Wer schreibt noch mit der Hand? Auf einem schönen Regal aus edlem Naturholz reiht sich, hübsch ordentlich, eine ganze Palette Stafford-Papier. Drei Formate, aber nur eine Farbe: weiß. Schade, denke ich …

Da reißt mich Lili, die übereifrige Miss Marple, aus meinen Gedanken: »Du glaubst, sie seien alle weiß, nicht wahr? Aber lies doch mal die Etiketten!«

Ich lese: blau, rot, gelb … Die drei Grundfarben. Komisch, die sind doch alle weiß.

Der Inhaber, der unsere Neugier bemerkt hat, tritt näher: »Sie interessieren sich für das Stafford-Papier?«

»Ich habe zwei Briefe bekommen, es war genau dieses Papier.«

»Welche Farbe?«

»Zwar weiß, aber der Umschlag war blau gefüttert…«

»Dann kennen Sie das Geheimnis von Stafford nicht … Es ist scheinbar weiß. Ursprünglich wurde es im 18. Jahrhundert ausschließlich vom englischen Adel verwendet, bis es sich dann in ganz Europa ausbreitete. Damals waren die Umschläge nicht gefüttert, denn es gab noch kein Seidenpapier, die Blätter waren am Schnitt eingefärbt, was man aber nur erkennen konnte, wenn man sie gegen das Tageslicht hielt. Das Blau stand für die Liebe, das Gelb für Geschäftliches oder Alltägliches, und das Rot für Zwist und Krieg.«

»Das *Blau* stand für die Liebe?«

»Ja, zur Täuschung, denn häufig ging es um Ehebruch.«

»Und heutzutage?«

»Da hat sich nichts geändert, mit Ausnahme der Umschläge, die jetzt genauso eingefärbt sind wie die Blattkanten, aber für Puristen haben wir auch rein weiße Umschläge.«

»Monsieur will sagen«, erklärt mir Lili, »dass du dein weißes Blatt nur in die Sonne zu halten brauchst, um seine wahre Farbe zu erkennen.«

»Wie romantisch ...«, erwidere ich.

»Romantisch und geheimnisvoll. Und wer kauft solches Papier?«, fragt Miss Marple.

»Ein paar treue Kunden, die einen Sinn fürs Romantische und Geheimnisvolle haben.«

»Und reich sind ...«, präzisiert Lili.

»Dies ist das wahrscheinlich schönste Briefpapier der Welt, Mademoiselle ...«

Ich kaufe neun Blatt, drei von jeder Farbe, um für alles, was die Zukunft noch bringen wird, gerüstet zu sein.

Bei mir daheim will Lili das Papier sofort testen. Da es draußen schon dunkel ist, hält sie es über meine Halogenlampe, und sofort flammt das herrlichste Blau auf.

»Ich hab übrigens noch mehr Überraschungen für dich, mein Herz ...«

»Was?«

»Ich habe die vierzehn Ausgaben des *Parisien* durchforstet, die ich bestellt hatte. Das habe ich dir doch erzählt, weißt du das nicht mehr? Und ich bin fündig geworden!«

»Inwiefern?«

»Na ja, der Unfall. Die Frau des Unbekannten. Ein paar Stunden vor deiner Transplantation ...«

»Was steht da genau?«

»Das zeige ich dir morgen. Der Artikel liegt bei mir zu Hause. Ruh dich jetzt erst einmal aus, du siehst völlig erschöpft aus. Und trainiere dein ›positives Denken‹!«

»Ach, bleib doch noch ein bisschen ...«

Am nächsten Tag ruft mich mein Exmann an. Er will die bevorstehenden Osterferien besprechen und würde Tara gerne für zwei Wochen auf die Île d'Oléron mitnehmen, wo sie eine ganze Schar fröhlicher Cousins und Cousinchen treffen und vor allem – was sie kaum mehr erwarten könne – auf einem Ponyhof reiten lernen würde.

Gute Idee! Ich würde auch gerne von hier abhauen, aus dieser Wohnung fliehen.

Doch da teilt mein Exagent Dominique Besnehard mir mit, er habe jetzt endlich das Theaterstück bekommen und auf die Post gebracht, und ich müsste es in Kürze haben, solle es lesen, und wenn es mir gefalle, könnte es 2007 schon auf die Bühne kommen, da man mit den Vorarbeiten recht weit sei.

»Und wie heißt das Stück?«

»La Mémoire de l'eau …«

Das Gedächtnis des Wassers … Na dann mal los.

Miss Marple kommt erst nach dem Mittagessen, um sich, wie sie spöttisch sagt, Picards »Angebot des Monats« zu ersparen. Unter dem Arm trägt sie eine vergilbte Ausgabe des *Parisien* vom 5. November 2003, und ihr Gesicht gleicht dem eines Paparazzos, der gerade das Foto des Jahrhunderts geschossen hat.

»Lies, da, wo mein Finger hinzeigt!«

Ein paar Zeilen unter einer Überschrift in Fettdruck:

> **Unwetter: Tödlicher Unfall bei La Nation, Paris 12e.**
> In der Nacht von Samstag auf Sonntag verlor ein Lastwagenfahrer die Kontrolle über sein Fahrzeug und prallte mit einem entgegenkommenden Audi zusammen. Das Opfer, eine 30-jährige Ärztin, wurde bewusstlos ins Hôpital Saint-Paul gebracht, wo sie kurz darauf starb. Der Fahrer blieb unverletzt und wurde von der Polizei in Gewahrsam genommen.

Lili schaut mich prüfend an. Ich verharre eine Weile reglos und stumm.

»Na, was hältst du davon?«

Ich kann noch nicht antworten, mir ist übel, schwindelig, und ich habe einen Kloß im Hals. Ich stehe auf, um etwas zu trinken. Meine Reaktion auf diesen bereits drei Jahre alten Zeitungsartikel verwirrt mich. Ich habe Tränen in den Augen und verstehe mich selbst nicht mehr. Bin ich einfach nur restlos erschöpft oder tatsächlich überempfindlich? Ich nehme ein paar Schlucke Himbeerwasser und wärme meinen Hals mit meinen Händen. Ich weiß nicht, was ich Lili antworten soll. Als die Erregung abgeklungen ist, gehe ich wieder ins Wohnzimmer zurück.

»Was schlägst du denn vor? Die Kommissariate abzuklappern? … Dafür fehlt mir die Kraft und auch der Wille … Außerdem würde es nichts nützen … Ich müsste Klage einreichen. Damit sie sich überhaupt die Mühe machen, Recherchen anzustellen, bräuchte ich ein legales Motiv … Für *Les Cordier* haben wir mehrmals in echten Polizeidienststellen gedreht, die sind trist, düster und laut, und da triffst du wie in den Krankenhäusern das ganze Elend der Welt … Und alles dauert Stunden … Und selbst wenn sie etwas herausfinden würden, wieso sollten sie uns sagen, wer das Opfer war?«

»Okay, aber immerhin wissen wir jetzt, dass dein Unbekannter die Wahrheit sagt, er ist kein Spinner. Seine Story stimmt. Außerdem deckt sie sich mit dem, was dein Hellseher dir vorhergesagt hat, und auch mit deinen Träumen.«

»Kann sein … Aber ich bin dabei, den Verstand zu verlieren …«

Ich spüre ja, dass meine Reaktion nicht normal ist, dass dieser Artikel mich verwirrt, dabei will ich doch nur eines: diese Verwirrung vergessen, mit alldem aufhören, mein Leben leichter gestalten. »Keinen Stress für dein Herz, bloß keinen Stress …«, pflegte Steven zu sagen. »Stress tötet wirklich …«

»Was würdest du denn gerne tun?«

»Den Stress abschütteln, den Schmerz an mir abgleiten lassen wie Wasser an einem Wachstuch, mich in Sicherheit bringen, mich retten. Zehn Tage lang leiden, das ist zu viel. Ich kann nicht mehr. Ich muss diese Trennung hinnehmen, muss weiterleben und mich schützen, um noch lange zu leben.«

»Und was möchtest du jetzt, in diesem Moment, machen?«

»Verreisen, ein bisschen Luft schnappen, mich mit neuen Erinnerungen auftanken. Den Schmerz bekämpfen zu wollen ist unsinnig, man muss ihn austauschen, ihm eine andere, starke, belebende Emotion entgegensetzen … Ich habe ein unwiderstehliches Bedürfnis danach, einfach abzuhauen …«

»Was du da beschreibst, nennt man in der Neurolinguistik ›Ankerheuristik‹: Du kannst deine schmerzlichen Erinnerungen modifizieren, indem du sie mit anderen, glücklicheren assoziierst, die du entweder aus der Erinnerung holst oder neu kreierst …«

»Mag sein, wenn ich auch von deiner Neurolinguistik noch nie gehört habe, aber ich verwende viel Kraft darauf, an Dinge zu denken, die mir guttun … ›Ankerheuristik‹, sagtest du? Ja, dann wollen wir doch mal den Anker lichten! Würdest du mitkommen?«

»Vielleicht …«

»Was machst du denn in den Ferien? Dich um deinen Sohn kümmern?«

»Nein, sein Vater nimmt ihn mit in die Berge. Wohin möchtest du denn fahren?«

»Das weiß ich noch nicht. Nur weg, trotz ärztlichen Rats weit weg.«

Am nächsten Morgen

Steven lässt mich noch immer nicht los. Ich werde verreisen, um etwas anderes vor Augen zu haben als nur seine Abwesenheit.

Ich würde gerne mit ihm reden, ihn hören, verstehen können.

Dieses Schweigen brechen, Gewissheit erlangen, dass es endgültig ist und ich nicht umsonst leide. Ich rufe Henriette an, sie muss ihn doch ab und zu mal zu sehen bekommen.

»Er ist wie immer, es scheint ihm gut zu gehen … Er lässt nichts durchblicken, aber Sie kennen ihn ja, er gehört nicht zu denen, die ihre Gefühle preisgeben … Nehmen Sie's nicht tragisch, Kleines, es gibt Schlimmeres. Das wissen Sie doch besser als jede andere. Man muss nur ein neues Kapitel aufschlagen …«

Henriettes Worte stimmen mich noch trauriger, sie treffen mich wie ein unsichtbarer Pfeil. Ich muss schon wieder weinen, dabei hasse ich es und tue doch nichts anderes. Henriette entschuldigt sich, sie werde später wieder anrufen, wenn es mir besser gehe, und hängt ein.

Ich bin sicher, dass sie recht hat: Steven geht es gut, er hat bereits »ein neues Kapitel aufgeschlagen«. Dass ich leide, ist ihm egal. Wie konnte ich mich bloß so in ihm täuschen? Neben ihm leben, mit ihm lachen, ihn streicheln, mit ihm sprechen, mich an ihn schmiegen all diese Nächte wie ein Abziehbild seiner selbst, und nichts von ihm wissen, nicht wissen, wer er wirklich ist.

Steven geht es gut … Er ist womöglich sogar erleichtert … Ich pflege kein »neues Kapitel« aufzuschlagen, ich hasse diese Redensart, ich vergesse nicht, zappe nicht durchs Leben auf der Suche nach etwas Neuem, als hätte es alles Vorherige nie gegeben. Für mich ist das Leben ein nie abreißender Faden, den ich verwebe, ohne jemanden auszulassen. Ich bestehe aus all meinen Erinnerungen, all meinen Lieben, ich bin ein Patchwork, zusammengesetzt aus Lebenspartikeln, ich bin aus anderen und für andere gemacht, und jeder hat dazu beigetragen, mich aufzubauen oder zu Fall zu bringen. Ich schlage kein neues Kapitel auf, sondern schreibe weiter.

Da fällt mir ein, dass ich vergessen habe, Henriette die Frage zu stellen, die mir seit dem Gespräch mit Lili ständig im Kopf herumgeht. Ich muss sie sofort zurückrufen.

»Ich höre, Kleines, was gibt's?«

»Ich habe vergessen, Sie etwas zu fragen. Das hat nichts mit dem anderen zu tun … oder vielleicht doch, in gewisser Weise … Ist es möglich, dass Steven bei meiner Transplantation dabei war oder gar mitgewirkt hat?«

»Schwer zu sagen … hm …«

Sie macht eine Pause, denkt nach.

»Damals, wann war's noch? Ach ja, vor drei Jahren, da war er noch in einer anderen Abteilung, aber dennoch in diesem Gebäude … Das müsste ich nachprüfen, bei einer solchen Operation sind immer so viele dabei, wissen Sie, fast ein Dutzend. Aber das würde mich wundern, Charlotte, er war noch zu jung. Vielleicht als einer der Beobachter, aber deren Name wird auf dem Dienstplan nie vermerkt. Wenn ich etwas finde, rufe ich Sie an. Lassen Sie es sich gut gehen bis dahin, verstanden? Das sind Sie mir schuldig. Und erholen Sie sich, Charlotte, keinen Stress mehr!«

»Das hat Steven mir auch immer gesagt.«

Henriette nennt mich eigentlich nie beim Vornamen.

»Keinen Stress, Charlotte …«

Am heutigen Tag werde ich sicheren Schrittes durch die Straßen gehen, schließlich habe ich eine Mission zu erfüllen: für Lili und mich ein Reiseziel finden.

Und es kostet mich auch nur wenige Minuten. Neben der Metrostation Duroc, nicht weit von hier, ist ein Reisebüro. Ich habe schon eine Idee, bemühe mich aber, nicht allzu intensiv daran zu denken, um nicht enttäuscht zu werden. Dabei kann ich mir eigentlich kein anderes Ziel vorstellen. Am liebsten würde ich nach Indien fliehen. Ich spüre dieses Bedürfnis, etwas ganz anderes zu erleben, eine Initiationsreise zu machen, zu meditieren, einer anderen Lebensart zu begegnen, einem anderen Menschenschlag. Nur eines schreckt mich ab: die Kosten.

Aber heute ist ein Yang-Tag. Schluss mit dem Yin! Im Schaufenster springt mir ein orangefarbener Zettel in die Augen: 40 %

Preisnachlass! Was für ein Glück! Eine zehntägige Reise ins »Rajasthan der Maharadschas«! »Last-Minute-Angebot!« Nichts wie rein! Es gebe nur noch wenige Plätze, informiert mich der Verkäufer, man müsse schnell sein. Der Abflug ist in einer Woche. Ich bin jetzt schon ganz aufgeregt, was ein gutes Zeichen ist, und rufe sofort Lili an, um ihr von diesem Schnäppchen zu berichten.

»Noch weiter weg ging's wohl nicht«, erwidert sie, nicht unbedingt begeistert.

»Aber das ist doch phänomenal, wir besichtigen ... Warte, ich lese dir den Prospekt vor: New Delhi, Jaipur, Udaipur, Fatehpur Sikri und Agra und den Tadsch Mahal, den Liebestempel! Nach Varanasi kommen wir jedoch nicht ...«

»In zehn Tagen kann man ja auch nicht ganz Indien abklappern, meine Liebe, und außerdem, Varanasi ... Um Leichen auf dem Ganges treiben zu sehen, da muss man schon ganz besonders beherzt sein. Ich habe eine Freundin, die sich davon bis heute nicht erholt hat ...«

»Ich sagte doch, dass wir nicht nach Varanasi kommen. Die Hotels sind Spitzenklasse. Also gib schon dein Okay!«

»Kriegen wir wenigstens Businessclass? Brauchen wir ein Visum? Impfungen? Wann ist der Abflug?«

»Nein, Economy natürlich, nach Indien können wir doch nicht Businessclass nehmen! Kein Visum, keine Impfungen, nur Chinintabletten, falls wir uns im Dschungel verirren, und fliegen tun wir schon nächsten Dienstag.«

Längeres Schweigen am anderen Ende der Leitung. Doch ich gebe nicht auf und würde sie am liebsten mit dem Verkäufer reden lassen, der fände bestimmt bessere Argumente als ich. Ich rutsche ungeduldig auf meinem Stuhl herum und drücke mir selbst die Daumen.

»Was nun? Sag doch was, sag Ja! Das magische Indien, ich habe schon positive Schwingungen, da müssen wir hin! Sag endlich Ja!«

»Okay ...«

Paris – New Delhi: neun Stunden Flugzeit, aber wer so zierlich gebaut ist wie ich, kann sich in den erstaunlich bequemen Economysitzen durchaus wie in der Businessclass fühlen. Lili ist nicht ganz so begeistert. »Neun Stunden, also echt …«, wiederholt sie unermüdlich, und um ihre Beklemmung zu lindern, macht sie demonstrativ Atemübungen, bis eine glückliche Fügung sie ablenkt: Zu ihrer Rechten lässt sich ein junger Mann nieder, sehr elegant, hochgewachsen, Typ Model, langes aschblondes Haar, blassblauer Blick und ein so ebenmäßiges Profil, dass er aussieht wie eine männlichere Version des Tadzio aus Viscontis *Tod in Venedig*. Sich seiner Schönheit durchaus bewusst, testet er mit flüchtigen, scheinbar suchenden Blicken um sich herum seine Wirkung. Kaum hat er Platz genommen, spitzt Lili kokett die Lippen und beginnt ein Gespräch, »da wir ja nun neun Stunden miteinander ausharren müssen, sollen sie wenigstens angenehm sein …«. Ich habe weniger Glück, vor mir thront ein riesiger, kunstvoll gewickelter Turban, der mir ein Gutteil des Panoramas verdeckt. Auf mein leises Murren hin unterbricht Lili ihre Flirtaktion und erklärt mir, dies sei die traditionelle Kopfbedeckung der Sikhs, und das sei eine indische Religion, und wenn ich als Reiseziel Tibet ausgesucht hätte, wo die Mönche klein und kahlköpfig sind, dann wäre mein Gesichtsfeld jetzt weniger eingeschränkt. Ich kontere mit der Bemerkung, dass wir nach Tibet reisen würden, sobald ihre neue Liaison in die Brüche ginge, und räche mich, indem ich ihr ins Ohr flüstere, meiner Ansicht nach sei ihr Sitznachbar schwul. Als der junge Mann nochmals kurz aufsteht, um sicherzugehen, dass auch jedermann weiß, wo er sitzt und wie er aussieht, antwortet Lili mir: »Weiß ich auch, meine Schöne, ist mir aber egal, Schwule sind die idealen Liebhaber, sanft und fast nie aufdringlich.«

Das Mannequin setzt sich wieder, und ich verrenke mir den Hals, um dem Ritual der Stewardessen zu folgen, die uns die Sicherheitsmaßnahmen vorspielen. Druckabfall in der Kabine bedeutet für mich das Aus, denn bevor die Sauerstoffmaske herunterfällt, um mir zu Hilfe zu kommen, bin ich an Herzstillstand verendet. Meine Aufmerksamkeit lässt schnell nach. Mein Vater, der Statistikfan, hat mir immer wieder erklärt, das Risiko, im Straßenverkehr umzukommen, sei unvergleichlich höher als durch einen Flugzeugabsturz, und wenn so etwas doch einmal vorkommen sollte, seien unsere Überlebenschancen ohnehin gleich null. Ein Weilchen verfolge ich noch Lilis Possen aus den Augenwinkeln, vertiefe mich aber dann doch lieber in meinen Indien-Reiseführer.

Flächenmäßig sechsmal größer als Frankreich, darin 1,1 Milliarden kleine Inder, die immer mehr werden … Die größte Demokratie der Welt, »eine funktionierende Anarchie«, 40 Prozent Analphabeten, aber in puncto Wirtschaftswachstum eins der stärksten Länder. Und das Wichtigste für mich: Wer einmal Zugang gefunden habe zu dieser Kultur, werde sie für ewig verinnerlicht haben.

Der Hinduismus ist die historisch gewachsene Staatsreligion, und über die Sikhs erfahre ich, dass sich unter dem Turban sehr langes Kopfhaar verbirgt, was den Hügel vor meinen Augen faszinierend macht. Und bei weiterer Lektüre begegne ich auch meinen Lieblingspazifisten wieder, den Anhängern des Jainismus, aber vor allem den Buddhisten, deren Lebensregeln ich mir endgültig zu eigen machen möchte.

Indien kennt nicht den einen einzigen Gott, sondern eine Vielzahl von Gottheiten. Was ich über all diese Religionen, all die phantastischen Legenden und die fröhliche Götterschar dort lese, fordert mich geradezu heraus: Wer hat recht? Wer ist der wahre Gott? Wer hat das Leben geschaffen und besitzt die Magie? Wer entscheidet, ob unser Flugzeug zerschellt oder nicht?

In der hinduistischen Dreifaltigkeit ist Brahma der Schöpfer der Welt. Dann gibt es Vishnu, den Gott mit den vier Händen, der Traum jeder Hausfrau. Er wird von einem weißen Adler getragen, ein bisschen wie ich momentan, und kommt nur auf die Erde herab, um dort Ordnung zu schaffen. Als Letztes kommt Shiva. Er und sein drittes Auge in der Mitte der Stirn durchdringen die Geheimnisse und zerstören alles, was nicht wahr ist. Vishnu und Shiva dürften viel zu tun haben!

Ich lese weiter. Der 3000 Jahre alte Hinduismus beruht auf einigen wenigen Grundgedanken: Wir bewegen uns immerzu vorwärts und suchen ewig nach Wahrheit und Gleichgewicht: nach dem Dharma. Wir sind verantwortlich für unser Karma, die Summe unserer Taten in all unseren irdischen Leben. Folglich ist es ratsam, gut zu sein, um Samsara zu erlangen, die Reinkarnation unserer Seele in einer höheren Stufe, einem besseren Leben.

Da muss ich mich doch fragen, was ich in einem früheren Leben verbrochen haben könnte, um in solch einer Misere zu landen …

Obwohl das Kastenwesen offiziell abgeschafft ist, besteht es weiter, weil es ein integrierender Bestandteil des Hinduismus ist. Das sei der Knackpunkt, der große Widerspruch in der vermeintlichen Demokratie. Die Kasten verkörpern starre und kodifizierte soziale Kategorien mit schwer übertretbaren Grenzen.

Die Brahmanen, die Kaste der Priester und Gelehrten, sind der Legende nach aus Brahmas Mund entsprungen. Die Kshatriyas, die edlen Krieger, schlüpften aus seinen Armen, die Vaishyas, also die Händler, Handwerker und Bauern, aus seinen Lenden und die Sudras, die niedrigste Kaste der Diener, aus seinen Füßen.

Aber es gibt noch Schlimmeres: die »Unberührbaren« oder Parias, diese Männer und Frauen außerhalb aller Klassen, abgestellt für die schmutzigsten Arbeiten, wie das Reinigen von Unrat und Dreck sowie die Leichenverbrennung. Man meidet ihre Nähe, da sie als unrein gelten. Nicht einmal ihr Schatten darf einen Brahmanen je berühren.

Während ich das lese, wächst mein Mitgefühl für diese unberührbaren Ausgestoßenen, diese zweihundert Millionen Menschen, die man da aus der Gesellschaft verbannt. Es ist noch nicht so lange her, da hat man sich auch bei uns geweigert, aus dem Glas eines Aidskranken zu trinken, ihn zu berühren, ihm die Hand zu drücken oder ein Küsschen auf die Wange zu geben. So manche hegten den Gedanken, sie einfach abzuschieben … Ich lasse das Buch sinken, um meine Empörung abklingen zu lassen und nachzudenken: Würde sich heute keiner mehr verweigern, aus dem Glas eines Aidskranken trinken? Um auf andere Gedanken zu kommen, schau ich zu Lili rüber, für die ich gar nicht mehr existiere und die ihren Sitznachbarn endgültig in die Kaste der »Berührbaren«, der »Betätschelbaren« befördert hat, was beiden durchaus zu gefallen scheint.

Als es Nacht wird und belastende Stille in der inzwischen unbewegt dahinschwebenden Maschine Raum greift und der kleine Bildschirm vor mir 10 000 Meter Höhe anzeigt, bekomme ich plötzlich Panik …

Zehn Kilometer leichter und eisiger Luft direkt unter meinem Sitz, zwischen mir und der Erde! Mir ist, als könne diese auf nichts ruhende gewaltige fliegende Masse jeden Augenblick abstürzen und pfeilgerade ins Nichts versinken, und das wären dann die längsten zehn Kilometer meines Lebens gewesen … Ich ringe nach Luft und zögere dennoch, die an der Schulter des jungen Mannes selig schlummernde Lili zu wecken, wühle lieber in meinem Medikamentenbeutel, greife nach einem Xanax, das sofort unter der Zunge zerschmilzt und mich so weit beruhigt, dass ich weiterlesen kann.

Der Buddhismus ist aus dem Hinduismus hervorgegangen. Buddha ist königlichen Geblüts, ein Hinduprinz, der im 5. Jahrhundert vor Christus im Norden Indiens »erwacht« ist – daher auch sein Name, denn Buddha bedeutet »Erwachter«. Der Buddhismus verkündet die Abschaffung der Kasten, umso besser. Nach der Begegnung mit einem Bettler, einem Kranken, einem Greis und einem Toten wurden Buddha vier Weisheiten enthüllt, die ich für mich schweigend kommentiere:

In jedem Leben gibt es Unzufriedenheit und Leid – einverstanden.

Leid entsteht aus Begehren, aus Anhänglichkeit – bei mir ist's Liebesleid.

Die Beendigung des Leidens ist möglich – gute Nachricht.

Der Weg zum Erwachen, zum Nirwana, sei der *goldene Mittelweg,* wo Gerechtigkeit herrsche, leidenschaftliches Begehren überwunden und Respekt vor dem Leben erlangt sei.

Und nun erscheint meine *Tara.* O du mein persönlicher Engel, meine einzige Gottheit, Mutter aller Buddhas, die einzige Frau voller Macht und Edelmut, die der Buddhismus kennt. Ihr Name bedeutet »himmlischer Stern« oder »Befreiung«. Sie gibt es in vielen verschiedenen Farben, aber die Grüne erfährt die meiste Verehrung, denn sie besitzt die himmlische Macht, alle Gefahren abzuwenden. Meine Tochter verwirklicht diese Legende, sie ist immer gleich gut gelaunt, nichts beeinträchtigt ihr Lächeln, nie will sie in ihrem Bett schlafen, immer klebt sie an mir. Ich lasse sie gewähren, obwohl die Kinderärzte Einspruch erheben. Nachts, unter den Laken, sucht ihre Hand nach mir, sie will mich beschützen. Als ihr Vater und ich uns auf diesen Namen einigten, hatten wir keine Ahnung von seiner buddhistischen Symbolik. Wir dachten an *Vom Winde verweht,* an die Plantage der Abenteurerin Scarlett O'Hara, mein gelobtes Land. Ich klappe das Buch zu, träume, meditiere und werde schläfrig …

Lieben, ohne zu leiden, nicht ständig begehren, nach dem Guten streben, sich reinigen, ins Gleichgewicht finden, zu heiterer Gelassenheit gelangen und … schlafen. Jetzt, wo meine Lektüre mich beruhigt hat, entfaltet das Xanax seine volle Wirkung. Ich schlafe ein, schwebe in der Luft, weit weg vom festen Land, getragen von meinem neuen Denken, schon etwas leichter, etwas heiterer.

Als wir in New Delhi angekommen sind, tauschen Lili und Adam – selbst sein Vorname ist schön, flüstert sie mir ins Ohr – ihre Telefonnummern aus.

Ein vom Hotel geschicktes Auto erwartet uns schon.

Indien ist ein gigantischer Schock. Die feuchte Spätnachmittagshitze lähmt mich sofort.

»Mai und Juni sind die wärmsten Monate, so steht's in deinem Reiseführer. Jetzt haben wir den Grund für deinen Schnäppchenpreis«, spöttelt Lili.

»Frag trotzdem den Herrn da, ob diese Temperatur normal ist. Stell dir das bloß einmal vor, zehn Tage lang! Ich bin jetzt schon schweißgebadet!«

Lili ist zweisprachig, während mein Englisch bei einem Hollywooddreh ziemlich aufgemöbelt werden müsste. Der Fahrer antwortet kategorisch: »*Yes, normal*« und fügt hinzu: »*Monsoon soon!*«

»Was sagt er?«

»Dass bald der Monsun kommt.«

Die Nacht bricht an, und die Formen verlieren sich ineinander. Von der Autobahn aus gleichen New Delhis Außenbezirke denen jeder anderen sich krakenhaft ausbreitenden, größenwahnsinnigen Hauptstadt. Kein für dieses Land typisches Erkennungsmerkmal in Sicht, abgesehen von der Menschendichte und dem jeden Raum verschlingenden anarchischen Häusermeer. Ich spüre, wie aufgeregt ich bin, und fürchte mich gleichzeitig. Der Himmel verdüstert sich in kürzester Zeit, obwohl die Nacht gerade erst angebrochen ist. Plötzlich zieht ein Unwetter auf. Mit voller Wucht prasselt der Regen auf die Fahrbahn, überschwemmt sie in Sekundenschnelle und bringt den Verkehr fast zum Erliegen. Ich kann Lili gerade noch sagen, dass mir immer beklommener ums Herz wird, dann lege ich mir die Hände um die Brust und schließe die Augen. Ich versuche, mich zu entspannen. Während das Geprassel auf dem Autodach immer unerträglicher wird, flammen die Traumbilder wieder auf: der unkontrollierbare Wagen, der heftige Regen, der weite, runde Platz am Ende der Straße, die Statue auf ihrem mächtigen Sockel, meine um das Lenkrad gekrallten Hände, Blut auf dem Rückspiegel, das Neugeborene, die entgegenkommenden Scheinwerfer und dann der Zusammenprall! Ein Schrei entfährt mir. Das Hupkonzert übertönt meine Stimme. Ich reiße die Augen auf. Lili hat mir zur Beruhigung eine Hand auf die Schulter gelegt. Sie dreht und wendet den Kopf und beobachtet, was draußen vor sich geht. Das Taxi versucht, sich zwischen den überfluteten Autos, umgefallenen Motorrädern und durchnässten Passanten einen Weg zu bahnen. Dann beruhigt sich das Unwetter, ein paar Minuten später ist alles vorbei, der Lärm des Regens und die Verdunkelung des Himmels, der sich jetzt anthrazitgrau färbt. Allmählich kehrt Ruhe ein im Wagen, die Klimaanlage läuft auf Hochtouren, und wir fahren fröstelnd in die noch vor Nässe triefende Hauptstadt ein.

Es gibt das alte Delhi und das Neu-Delhi, und auf dieser vage gezogenen Grenze, nicht weit vom Hauptbahnhof, liegt unser Hotel. Das Taxi schlängelt sich durch die alten Bezirke, meine Augen können all das Unbekannte kaum erfassen, die Stirn an die Scheibe gepresst, entdecke ich ein zur Stadt gewordenes Gewirr. Alles hier ist hässlich, unstrukturiert und fällt aus dem Rahmen. Eine Boutique westlicher Prägung liegt direkt neben einer Bruchbude, und diese grenzt an ein mehrstöckiges Wohnhaus mit vergitterten Fenstern, die auf eine schäbige Garage schauen. Dann kommt eine von verworrenen elektrischen Drähten überspannte Gasse, auf der sich eine Menschenmenge drängt, die permanenten Kurzschlussblitze über sich ignorierend. Überall Gewimmel, dem mein Blick nicht zu folgen vermag. Es ist, wie wenn ich als Kind auf einen Ameisenhügel starrte, den ich unter einem Stein entdeckt hatte. Plötzlich schlägt etwas kurz und dumpf gegen mein Seitenfenster. Ich weiche zurück und schreie auf. Ein Mann hat mit einem Armstumpf dagegengeklopft und hält mir jetzt seine einzige Hand hin, wobei er lächelt, wie um sich zu entschuldigen, dass er mich erschreckt hat. Er klopft abermals, gibt nicht auf, aber ich rühre mich nicht, halte Abstand, drücke mich gegen Lili.

»*Don't give, don't look*«, befiehlt der Fahrer.

Der Wagen fährt wieder an, der Mann geht zurück aufs Trottoir und verschwindet allmählich aus meinem Blickfeld. Ich drehe mich um, möchte ihm nachschauen. Er hatte unglaublich durchdringende, lackschwarze Augen. Der Fahrer weist mit dem Finger auf das erleuchtete Schild unseres Hotels, das sich aus der Masse herausschält. Auf dem Gehweg vor der Einfahrt liegen Scharen von Menschen, ganze Familien auf Lumpen und Pappe direkt auf dem Boden. Frauen, in Tücher gewickelt, blicken uns gleichgültig nach, als wir vorbeifahren. Um sie herum liegen mehrere kleine Jungen. Kleinkinder schlafen unter freiem Himmel im Schatten einiger Männer, die stehen und sich streiten.

Die Sperrbalken gehen auf, und schon sind wir in einer anderen Welt. Indien ist ein einziger Gegensatz, weit und schwindelerregend. Der Innenhof, in den wir jetzt kommen, schwelgt in Luxus. Mächtige Laternen erleuchten prachtvolle Palmen. Säulengänge und Trennwände aus feinen Holzlatten erstrahlen in reinstem Weiß vor dunklem Hintergrund. Zwei Männer in tadelloser Uniform verneigen sich und öffnen uns den Wagenschlag. »*Thank you, thank you very much*«, stammele ich. Bevor ich die Lobby betrete, wende ich mich noch einmal zum Park hin um. Obwohl nur wenige Schritte entfernt, ist der Lärm der Menge kaum mehr zu vernehmen. Die verfallenen Häuser und die übervollen Gassen wurden wie durch Zauberhand mit dem Sperrbalken aus meinem Landschaftsbild verbannt. Die Tropenpalmen wiegen sich und rascheln im warmen Wind. Dieses Hotel ist eine irreale Insel, eine Kolonialfestung von einem Luxus, der ebenso blendend wie unerträglich ist. Ich bin in der Kaste der Reichen angekommen, doch morgen will ich wieder das Elend aufsuchen.

Wir nehmen ein leichtes Abendessen in Form eines zarten Lammcurrys zu uns. Für gewöhnlich mag ich keine würzenden Zutaten, die den ursprünglichen Geschmack eines Gerichts überdecken. Aber heute will ich Curry. »Wenn du kein Curry magst«, erklärt Lili beim Durchblättern der Speisekarte, »dann bist du hier arm dran …« Ich liebe das dünne Fladenbrot mit Käse, das *Naan*, minutenschnell im Holzofen gebacken und mit einem Hauch Asche überstäubt.

»Auf all das war ich nicht eingestellt«, sage ich zu Lili.

Die so völlig voneinander abweichenden Ankunftsbilder gehen mir nicht aus dem Kopf.

»Auf Indien kann man sich auch nicht einstellen …«

Am nächsten Morgen beschließt Lili, am tiefblauen Swimmingpool zu faulenzen. Ich mache ein wenig Druck, denn ich möchte wieder unter Menschen kommen, zu den Indern. Die von der UNESCO zum Weltkulturerbe erhobene Grabstätte des Mogulherrschers Humayun ist nur knapp einen Kilometer entfernt. Könnten wir da nicht zu Fuß hingehen? Der Portier rät vehement davon ab. Also nehmen wir wieder den Hotelwagen. Bei Tageslicht erstreckt sich das Gassengewirr des Alten Delhi ins Unendliche. Die auf dem Gehsteig Schlafenden sind verschwunden, und der Verkehr wird zunehmend dichter. Für Verkehrssicherheit sorgt hier niemand, Geschwindigkeitsbegrenzung gibt es nicht, auch keine Passagierbegrenzung pro Fahrzeug. Auf einem Motorrad von unbestimmbarem Alter sitzt stolz und hoch erhobenen Haupts ein junger Mann, vor sich, zwischen Sattel und Reservetank eingeklemmt, hockt ein kleines Kind. Seine Frau auf dem Rücksitz, deren gelbe Sarizipfel im Fahrtwind knattern, hält in einem Arm ein in Windeln gewickeltes Neugeborenes, während ein kleines Mädchen, das die Arme um die Mutter geschlungen hat, seinen Kopf an deren Rücken schmiegt. Mich trifft ein erstaunlich gelassener Blick aus goldschimmernden Augen.

Unser Fahrer bremst, biegt ab, beschleunigt, weicht aus, allem und jedem, einer heiligen Kuh, einer Ziege, einer langsamen Fahrradrikscha, um dann einen überfüllten Bus zu überholen, bei dem Gitter die Fenster ersetzen.

Ein Menschendschungel. Wir erreichen das Mausoleum und stellen fest, dass es keinerlei Ähnlichkeit hat mit einer Grabstätte. Wir betreten ein Areal von riesigen Ausmaßen, mit Gärten, so weit das Auge reicht, monumentalen Kuppeln und tiefen Torbögen, alles aus weißem Marmor oder rotem Sandstein. Das Weiß symbolisiert die Reinheit, aber auch den Tod, die Wiedergeburt durch Reinkarnation. Das Rot steht fürs irdische Leben, für Blut, Liebe und das Fleischliche. Alles ist schön, schlicht, gigantisch. Diese Grabstätte soll die Inspiration für den Tadsch Mahal geliefert haben. Wie geblendet, schweigend und überwältigt schlendern wir herum, pendeln zwischen Weiß und Rot, zwischen Wiedergeburt und Liebe.

Aus Frankreich kommen nur gute Nachrichten, wenn auch seltene. Ich höre die Stimme meiner Tochter, als stünde sie neben mir. Sie versucht, mich auf einem Schulatlas ausfindig zu machen, und fragt, wie oft sie noch schlafen müsse, bis ich wieder da sei. Als Entschädigung für die lange Abwesenheit verlangt sie ein entsprechendes Mitbringsel. Mein Agent fragt nach, ob ich das Theaterstück bekommen habe. Steven ist völlig aus meinem Leben verschwunden. Mein Bauch verkrampft sich, wenn ich nur an ihn denke, sogar hier, weit weg von allem. Doch ich zwinge mich dazu, diese Welt mit offenen Augen in mich einzusaugen, mich auf all das zu konzentrieren, was Indien mir bietet und was mich heute erfüllt.

Wir verlassen Delhi, es geht weiter nach Udaipur, ins südliche Rajasthan.

Vor unserem auf einen See hinausgehenden Zimmerfenster breitet sich die wohl schönste Landschaft aus, die man je gesehen hat. Die einzigartige Pracht Indiens. Im Hintergrund erkennt man die Stadtmauern von Udaipur, die »hängenden Paläste«, die ockerfarbene Stadt. Hier und da verstreut sieht man hellgelbe, grüne, menschenleere Hügel. Und mitten im See dann der *Lake Palace*, ein Palast aus weißem Marmor, der im Sumpf steht wie ein gestrandeter Ozeandampfer. Das schillernde Wasser reflektiert die Ockerschattierungen der verzierten Mauern, den orangefarbenen Himmel, den schräg einfallenden Sonnenball und die Blässe des großen Schiffs. Ich rühre mich nicht vom Fleck und vibriere innerlich. Lili versucht, mich aus meiner Hypnose herauszureißen, indem sie mir von einer Ayurveda-Behandlung im Spa vorschwärmt. Aber mein Blick bleibt gebannt. Ich könnte den Rest meines Lebens hier zubringen und die Zeitlosigkeit der Schönheit in mich einsaugen. Große Vögel von mir unbekannter Gestalt vergnügen sich im See, während die sinkende Sonne das Wasser mit funkelndem Kupfer überzieht. Ich muss die Augen zusammenkneifen.

»Du meditierst, *little Buddha*?«

Ich antworte nicht.

»Es ist prachtvoll, aber ich haue jetzt ab ins Spa und überlasse dich deinem Element, meine Schöne.«

Etliche Stunden dürfte ich reglos auf meiner Terrasse gelegen haben, die Augen auf- und zumachend, bis mein Leben mir irreal erschien. Die laue Luft der Nacht hat die Tageshitze abgelöst, und auf dem See und an den Stadtmauern gehen die Lichter an. Tränen der Rührung laufen mir übers Gesicht. Ich kenne diesen Ort, bin mir sicher, schon einmal hier gewesen zu sein, vielleicht in einem anderen Leben oder einem Traum, denn diese Schönheit ist mir vertraut. Sie schenkt mir einen unendlichen Frieden, weit mehr als jede andere zuvor. Ein Déjà-vu.

Lili poltert ins Zimmer.

»Das darf doch nicht wahr sein! Du hast dich nicht vom Fleck gerührt? Ich habe mich massieren, einwickeln, abrubbeln, enthaaren lassen, und du hast die ganze Zeit hier herumgelegen?!«

Lili tritt näher und entdeckt im Schein der Lampe meine von zerflossener Wimperntusche gestreiften Wangen.

»Du weinst? Oh nein, meine Schöne … Mach die Augen auf … Schau mich an. Schau dieses Indien an. Es wird schon wieder, glaub mir, es wird wieder …« Dann setzt sie ihrem Mitgefühl und meiner unveränderten Reglosigkeit ein Ende, indem sie verkündet: »Ich sterbe vor Hunger! Und du auch, los jetzt! Ich will *Naan* mit Käse und dann shoppen. Wusstest du, dass die Läden in der Altstadt bis Mitternacht geöffnet haben?«

Udaipur, dann das rosarote Jaipur mit seinem »Palast der Winde«, Ranakpur mit seinem grauweißen Jaintempel und den unzähligen Schmuckelementen, Agra mit seinem Roten Fort, und – endlich – der Tadsch Mahal … Ich komme aus dem Staunen nicht mehr heraus. Indien trifft mich mitten ins Herz, ein wahrer Elektroschock.

Hier mischt sich Schönheit mit absoluter Kargheit. Das Elend ist so massiv wie die Hitze und schwer erträglich. Ich fühle mich machtlos und hasse diesen Zustand. Es war mir schon immer wichtig gewesen, Dinge in Bewegung zu setzen, immer glaube ich, dass es möglich sei, etwas zu verändern, die Fäden des Lebens fest in der Hand zu behalten. Ich liebe es, das Schicksal herauszufordern. Aber welche Zukunft steht diesen dreckstarrenden Kindern bevor? Welches Schicksal diesen Menschen mit leuchtenden Blicken, gegenüber denen ich beim Warten an der roten Ampel die Augen niederschlagen muss, und diesen in Bussen Eingepferchten, die mich mustern, wenn ich im klimatisierten Geländewagen an ihnen vorbeifahre?

Bewahren will ich mir von Indien zumindest seine irreale Schönheit, mein Gefühl angesichts dieser Schönheit, weil sie stärker ist als ich, weil sie mich überwältigt hat.

Der Tadsch Mahal ist genauso schön und genauso weiß wie auf den Fotos. Er wird von einem Eingangsportal verborgen gehalten, doch kaum hat man dieses durchschritten, hat man das ganze majestätische Wunderwerk auf einen Schlag vor Augen.

Die gewaltige schützende Kuppel in der Mitte symbolisiert die Rundungen der Frau und der Liebe. Die zwei kleineren Kuppeln seitlich lassen an Brustwarzen denken. Die vier Säulen an den Ecken mit ihren sich verjüngenden hohen Türmchen scheinen ins Unendliche zu streben. Die Anmut des Ortes überwältigt mich. Lili steht sprachlos da. Mir wird schwindelig vor lauter Verzückung, ich muss mich setzen. Auf einer der vielen Bänke entlang des mittleren Wasserbeckens stütze ich den Kopf in die Hände und schließe die Augen. Lili fragt, ob es mir gut gehe. Ich antworte nicht, rühre mich nicht. Ich lasse den Tadsch Mahal meine geschlossenen Augen erleuchten … Ich sehe mich … wie ich gleichmäßigen Schrittes auf die Kuppel zugehe, der Kies knirscht unter meinen Füßen, ich trage mein Goldkettchen um den Hals, und meine Hand liegt in der Hand eines Mannes … Ich sehe nur seine Hand, den Ehering, spüre seine Wärme, den Druck seiner Finger, der mich leitet. Ich bin vollkommen glücklich. Und je näher wir dem Denkmal kommen, desto glücklicher werde ich. Es sind nicht viele Menschen da, und die Luft ist eher kühl. Weiter vorn dann, an der Fassade des Tadsch Mahal, überkreuzen wir unsere Hände über einem grazilen, in den Marmor geschnittenen Vogel. Wir betreten das Mausoleum noch nicht, sondern umrunden die Kuppel, schlendern an einem stillen, zartgrünen Fluss entlang, gelangen wieder vor das Eingangstor und gehen dann erst gemeinsam, Hand in Hand, in das Innere des Gebäudes …

»Charlotte? Charlotte!«

Ich spüre Lilis Hand, die sachte an meiner Schulter rüttelt. Ich öffne die Augen und bitte Lili mit einer trägen Geste, mich meinen Gedanken zu überlassen. Die Süße dieser inneren Bilder durchströmt mich ein Weilchen. Könnte ich sie doch festhalten, noch lange in mir behalten! Lili hat sich neben mich gesetzt, wartet geduldig und bewundert die Schönheit des Ortes ringsum.

Das wohlige Gefühl lässt nach, schwindet, und plötzlich überfällt mich eine solche Traurigkeit, eine solche Einsamkeit, dass nichts und niemand, auch kein Gedanke, mich zu trösten vermag. Ich spüre, wie mir die Tränen kommen. Lili ist beunruhigt.

»Was ist denn bloß los? Sprich endlich mit mir! Warum weinst du dauernd?«

Ich will nicht erzählen, was in meinem Innersten vorgeht, was nur mir gehört, nicht jetzt. Ich möchte diese Erinnerung noch einmal hervorholen, egal, woher sie kommt, um sie mir zu bewahren. Ich wische mir über die Augen, stehe abrupt auf, lächle Lili an und sage: »Komm, Liebes, es ist nichts. Lass uns weitergehen.«

»Du bist gerührt, das ist normal … Du denkst wieder zu viel nach.«

»Ja, aber es wird vergehen, ich sag's dir … Komm, gehen wir näher heran, aus der Nähe ist es noch schöner … Du wirst in Stein gehauene Blumen und Vögel sehen… und weiter hinten einen friedlichen Fluss mit grünem Wasser …«

Lili folgt mir und fragt so leise und monoton, als erwarte sie gar keine Antwort: »Woher weißt du das bloß alles?«

Auf der erhöhten Plattform vor der Kuppel zeige ich Lili den filigranen Blumendekor aus Lotos, Rosen und Tulpen und die auf langen Beinen stehenden Vögel. »Ist dieser da nicht besonders schön?«, frage ich und weise auf einen, der dem aus meinem Traum gleicht. Eine Art Reiher, ein tropischer Storch mit langem Schnabel, der an Flussufern lebt und sich dort die Fische herausholt. Ich freue mich, ihn wiederzusehen, berühre ihn, streichle ihn. Mein Herz klopft. Langsam umrunden wir die Kuppel, und als wir recht weit unten im Hang den breiten Fluss vor Augen haben, ruft Lili plötzlich: »Das ist aber komisch, man konnte ihn doch eben noch gar nicht sehen, und auch im Reiseführer wird er nicht erwähnt …«

Lili schaut mich irritiert an … Wir gehen weiter, und dann will sie unbedingt ein Foto machen: unsere Hände, über einer Lotosblüte vereint, das Ewigkeitssymbol. Ein schwieriges Unterfangen. Mit einer Hand hält Lili den Apparat hoch, kann ihn aber nicht ruhig halten. Ein galanter Tourist kommt uns zu Hilfe. Bei der Berührung des steinernen Lotos und unter dem Druck von Lilis Hand beginnt mein Herz zu rasen. Ich muss mich setzen. Lili möchte das Innere besichtigen, ich lasse sie gehen.

»Viel hast du nicht verpasst«, sagt sie, als sie zurückkommt. »Ziemlich düster, eine Grabesstille, und außerdem fast leer.« Sie setzt sich neben mich, und um mich zu zerstreuen, erzählt sie mir die romantische und grausame Geschichte des Tadsch Mahal.

Im Grunde genommen handelt es sich um eine Grabstätte aus dem 17. Jahrhundert, an der dreißig Jahre lang gebaut wurde. Es ist das Grab von Mumtaz Mahal, der jungen Gemahlin eines Kaisers, Inbegriff der Schönheit und zu früh verstorben. Der Schmerz des zurückgebliebenen Mannes war so groß, dass niemand ihn nachvollziehen konnte und kein indischer Architekt ein angemessenes Grabmal zu entwerfen vermochte. Der Monarch holte daher einen jungen persischen Künstler zu sich, dessen Ruhm als Genie bereits über die Grenze gelangt war. Heimtückisch ließ er dessen Verlobte ermorden, damit der junge Mann das Ausmaß seines Schmerzes selbst verspürte. Und so entstand der Tadsch Mahal.

Eine gute Stunde saßen wir unter der sengenden Sonne auf einer Marmorbank vor dem Liebestempel und mussten schließlich darüber lachen, weil uns plötzlich ein Foto von Lady Di in den Sinn kam, die an der gleichen Stelle gesessen und so einsam und melancholisch ausgesehen hatte. Wahrscheinlich hatte man ihr kurz vor dem Schnappschuss die Legende des Tadsch Mahal erzählt.

Am nächsten Tag beginnt die Rückreise. Letzte Etappe: Fatehpur Sikri.

Gut eine Stunde brauchen wir bis dahin. Ich muss die Augen schließen, denn der Fahrer lenkt den Wagen wie ein Wahnsinniger und lässt sich durch nichts beirren, weder durch Befehle in einem Englisch, das er nicht zu verstehen scheint, noch durch meine Angstschreie. Ohne das Tempo zu verlangsamen, weicht er jedem plötzlich auftauchenden Hindernis des Gegenverkehrs aus, wie ein kleiner Junge, der in ein Videospiel vertieft ist. Riesige Lastwagen mit bedrohlichen Stoßstangen, ausgemergelte heilige Kühe, sogar einen Elefanten, zudem Karren, Fahrräder und Autos, die es genauso eilig zu haben scheinen wie wir. Aber warum bloß diese Eile? Ich schreie, huste, klammere, bete, und Lili lacht. Wir sind da.

Vor uns steht die verlassene Zitadelle, schöner noch als das Fort in Agra und aus dem gleichen roten Sandstein. Die Architektur ist ein Konglomerat verschiedenster Einflusssphären: muslimisch, hinduistisch, christlich. Das Eingangstor ist riesig. Es ist auf die Moschee ausgerichtet, die einen sternförmig gepflasterten Innenhof hat. Hier sind alle Formen vertreten: Türme, Gewölbe, Säulen, Spitzbögen … Ein heiliger Ort, an dem man die Schuhe auszieht. Musikanten sitzen auf dem Boden, sie spielen Flöten und Sarangi, eine kleine einfache Geige. Bettelnde Unberührbare strecken mir die Hand entgegen. Ich setze mich neben sie und zeige ihnen, dass meine Taschen leer sind. Ich habe kein Geld mehr, habe es wie der kleine Däumling entlang der Wege verstreut. Aber meine Arme strecke ich ihnen hin, ich will sie berühren und behalte die Hand einer Mutter in einem zerfransten Sari fest in der meinen. Sie freut sich darüber und lacht, und ihr Lachen überträgt sich auf alle um sie herum. Auch ich lache laut. »Namaste … Namaste …« Ich grüße auf Hindi, mehr kann ich nicht sagen.

Lachen wir, lachen wir gemeinsam, wir Ausgestoßenen! Plötzlich sieht der Himmel über uns bedrohlich aus. Auf allen vieren flüchtet meine Bande von Aussätzigen unter die Arkaden. Ich aber bleibe und stehe auf. Schon prasselt der Regen herunter und schöpft aus dem porösen Boden schwärzliche Pfützen, die meine nackten Füße umspülen.

»Das ist doch dreckig, Charlotte!«, ruft Lili mir zu, die sich wie die anderen untergestellt hat.

Mir ist das egal. Ich liebe dieses dreckige Wasser, das an mir hochspritzt, und genieße diesen Erdgeruch. Ich fühle mich gut, so allein auf diesem riesigen Platz. Da die Musiker nicht aufgehört haben zu spielen, will ich ihnen huldigen, indem ich tanze. Es ist ein improvisierter, noch nie getanzter Tanz, meiner, ihrer, der Tanz der Ausgestoßenen.

Ich wirbele um mich selbst, lasse den Regen meine Haare durchnässen, an meinem Körper dieses Wasser herunterrinnen, als wäre es neues, durchsichtiges Blut. Die Musik schwillt an, und meine Truppe klopft mit Händen und Füßen auf den Boden, um mich anzufeuern. Kleine Jungen wollen mitmachen und gestikulieren und imitieren mich, indem sie die Arme recken. Ich tätschele ihnen den Kopf, und sie bemühen sich, meine wirbelnden Hände einzufangen. Mein an den Zeigefinger gepresster Daumen zeichnet einen Kreis, ein Auge, Shivas Auge. Meine Handgelenke beschreiben Wellen und meine Finger Kreise in der Luft. Ich lasse meine Haare fliegen und meine Hüften wiegen. Ein mir unbekannter Zauber hat mich gepackt. Jetzt kleben die Kinder an mir. Wir bilden einen kleinen Kreis, doch nur noch sekundenlang, denn genauso plötzlich, wie er begonnen hat, hört der Regen nun auf. Ich applaudiere meinen lachenden Mittänzern, die unter die Arkaden zurücklaufen, und gehe zu meiner Lili, die jetzt schluchzt.

»Was ist denn mit dir los, meine Süße?«

»Das war Magie. Du warst wie besessen, so glücklich, so voller Leben … Und dieser Tanz …«

Ich verlasse Indien geblendet, demütig, voller Leben und wie elektrisiert. Angefüllt mit neuen Farbeindrücken, erleuchtet von neuen Blicken, erschüttert durch die Pracht dieses Landes, von neuen und wiedergefundenen Empfindungen bewegt.

Tara schnappt sich als Erstes ihre Geschenke: das Abbild einer grünen Tara, einen rosa Sari mit Silberfäden und einen prachtvollen Plüsch-Ganesh in allen erdenklichen Farben. Ich muss zugeben, dass ich auch einen für mich gekauft habe – einen diskreteren und in die Handtasche passenden.

Ganesh ist einer von Shivas Söhnen. Er sieht goldig aus mit seinem Elefantenkopf, den vier Händen und dem dicken Buddhabauch. Shiva mit seinem dritten zerstörerischen Auge benahm sich seinem Sohn gegenüber wie ein echter Mistkerl, dem aber gelang das Kunststück, kein Neurotiker, sondern das Gegenteil seines Vaters zu werden. Eine tolle Leistung, ein Vorbild an Widerstandskraft: das drangsalierte Kind, das zum Beschützer der Menschheit wird. Er ist derjenige, der alle Hindernisse auf unserem Lebensweg beiseiteräumt und somit unsere Schritte erleichtert, und außerdem ist er als Gott des Theaters wie geschaffen für Tara und mich.

Möge Ganesh sie bei all ihren Plänen leiten! Inständig bitte ich dich, Gott Ganesh, schütze meine Tochter, erleuchte ihren Weg, erhalte mir ihr Lächeln, denn wenn meiner Tara etwas zustoßen sollte, wäre das mein Ende, ich würde schlichtweg und endgültig den Verstand verlieren, würde dahinsiechen ohne den geringsten Überlebenswillen. An Tara würde ich scheitern, sie ist meine einzige Schwäche.

Mein Briefkasten quillt über: Gut zwanzig Fanschreiben hat mein Verleger an mich weiterleiten lassen. Ich liebe diese Briefe, sie haben diese persönliche Note und häufig eine schöne bunte Briefmarke. Sie sind aufgeladen mit Zuneigung. Beim Lesen spüre ich sofort eine Verbundenheit. Fans scheint es generell leichtzufallen, sich preiszugeben, und das schafft eine ganz eigenartige, berührende und doch virtuelle Nähe.

Häufig sind diese Briefe auch schmeichelhaft, was mir allerdings Unbehagen bereitet, selbst wenn ich mit meiner Therapeutin dagegen anarbeite.

Für mich ist der Überlebenskampf kein Verdienst. Claire betet es mir ja oft genug vor: »Wir sind von Grund auf aufs Überleben programmiert.« Ich spreche mir auch kein besonderes Talent dafür zu, ich betrachte mich eher kritisch.

Um ein Kompliment entgegennehmen zu können, bedarf es eines entsprechend vorbereiteten Bodens, der schon einen Keim dieses Kompliments enthält, eine Stammzelle, die das Kompliment erkennbar und annehmbar macht. Es muss bereits ein gewisses Selbstwertgefühl vorhanden sein, damit ein Kompliment es steigern und ihm Glanz verleihen kann. Macht man mir ein Kompliment, habe ich sofort den Eindruck, es nicht annehmen zu können. Ich besitze kein Selbstwertgefühl, leider. In mich dringt kein Kompliment ein, es gleitet an mir ab, ich lächle und habe es schon vergessen.

Meine Therapeutin erklärt mir, dass das Selbstwertgefühl mit der Selbstachtung zusammenhänge, und das sei der Blick, den wir seit frühester Kindheit, seit den Anfängen, auf uns selbst werfen. Es sei eine tiefe, intime und oft unbewusste Bindung an uns selbst. Die Elternliebe erschaffe diese Selbstachtung, und das Leben verstärke oder zerstöre sie.

Mein Vater und meine Mutter liebten mich, ohne es auszusprechen. Aus ihrer Zurückhaltung entstand eine Art Missverständnis. Kinder sind wie der heilige Thomas, sie brauchen Liebesbeweise, um an sich zu glauben, sie brauchen Wörter und Zärtlichkeiten. Ich habe die Elternliebe falsch gedeutet. Inzwischen arbeite ich an einer Neuinterpretation, doch in gewisser Weise ist das Unheil eben geschehen, und ich fühle mich der Liebe nie ganz würdig.

Mein Leben hat daran nichts verbessert. HIV zerstört auch den Kontakt mit den Angehörigen, und dass ich nicht studieren wollte, war ebenfalls kein Vorteil in einer bildungsbeflissenen

Familie, und dann war da noch der mir zufliegende Erfolg, dieses scheinbar unverdiente Rampenlicht, das dem Familienverhältnis noch mal zusätzlich geschadet hat …

In Eile packe ich meine Post zusammen und lege sie auf den Schreibtisch. Lesen werde ich sie später. Es gibt nichts Neues von meinem Unbekannten, obwohl die Sendung bereits ausgestrahlt wurde.

Dann ruft mich eine heulende Lili an. Der Sänger sei abgehauen. Es war zu einem heftigen Streit gekommen, »wegen Geld«. Lili zahlte immer alles und war es leid. Zum Glück spielte sich die Szene im Restaurant ab, sonst wäre er wohl gewalttätig geworden, sagt Lili unter Tränen. »Er war völlig außer sich, stand unter Drogen, Alkohol und Medikamenten«, dem idealen Cocktail, um einen Abend und sein Leben zu verpatzen. Im Grunde erleichtert mich diese Nachricht, ich versuche aber, Mitleid zu haben. Dieser Typ war gestört, er fand keinen Halt, keine Werte, und meine Lili war viel zu zartfühlend und orientierungslos und allzu sehr bereit, alles zu ertragen, nur um ein »Ich liebe dich« zu hören.

Wie sagte schon mein illustrer Ahnherr Blaise Pascal? *Das Herz hat seine Gründe, die die Vernunft nicht kennt* … Und seit der Scheidung ist Lilis Herz nicht sehr vernünftig gewesen. Ich kenne die zerbrechliche Natur meiner geliebten Freundin.

Leichtfertigkeit und permanent gute Laune sind Qualitäten, die besonders empfindsame Menschen als Abwehr aufbauen, um den Prüfungen des Lebens standzuhalten. Meine Lili ist eine verletzte Frau, die sich, um überleben zu können, für die Leichtfertigkeit entschieden hat. Ihre Scheidung, dieser zu Unrecht als banal bezeichnete Vorgang, hat sie zutiefst getroffen und zerstört. Sie liebte ihren Mann von ganzem Herzen. Sie hatte ihn schon gekannt, als er noch alles andere als reich war. Sie liebte seinen Elan und seine Fähigkeit, sie immer wieder in Staunen zu versetzen. Eines Tages erklärte er ihr in aller Ruhe und totaler Gefühlskälte, dass er sie nach zehnjähriger Ehe nicht mehr begehre, und das sei in gewisser Weise ja auch völlig normal im zeitlichen Verschleißprozess. Er langweile sich mit ihr, sie würden sich inzwischen viel zu gut kennen, das Geheimnis sei verflogen und das Leben zu kurz, um unter diesen Umständen die Ehe fortzusetzen. Der zum Millionär aufgestiegene Geschäftsmann verließ sie von heute auf morgen wegen einer anderen, einer Jüngeren, die natürlich mehr als sexy und viel geheimnisvoller war, da er mit ihr ja Neuland betrat. Männer gehen nie, ohne den nächsten Hafen in Sichtweite zu haben.

Ich sage Lili, sie solle herkommen, und sie sagt sofort zu. Ihr Sohn soll sie nicht in diesem Zustand sehen. Ich gehe schnell hinunter, um in einem stadtbekannten Geschäft die legale und süchtig machende Droge namens Schokolade zu kaufen. Lili liebt sie, vor allem die schwarze, fast bittere, »die echte«, wie sie sagt. Ich nehme die beste, kaufe eine ansehnliche Portion und erliege der Versuchung, auch ein Beutelchen Milchschokoladepralinen zu erstehen, die eigentlich verboten werden müssten. Für meine Lili wähle ich spontan ein rotes Schächtelchen, dann »vielleicht doch lieber ein grünes«, denn nicht Leidenschaft ist angesagt, sondern Hoffnung.

Lili dankt mir unter Tränen. Sie ist unfrisiert, ungeschminkt, ungepflegt. Das sei ihr von jetzt an scheißegal.

»Wem soll ich denn gefallen?«

»Mir, zum Teufel!«

»Hast recht, meine Schöne, werden wir lesbisch …«

So hatte ich es nicht gemeint: Ich lächle ihr zu und schaue sie an, wie sie gierig ihre Schokolade verschlingt und mit ihren schwarzen Zähnen immer mehr der Thénardier aus Victor Hugos *Die Elenden* ähnelt.

Will man einer Freundin im Liebeskummer beistehen, hilft nur eines: zuhören.

Also höre ich Lili in grenzenloser Zuneigung zu, halte ihre Hand, wie sie es so oft bei mir getan hat, und bin überzeugt, dass sie das alles schnell überwinden und jemanden finden wird, der ihrer würdig ist, sofern es ihr gelingen wird, einen Mann zu lieben, der ihr guttut. Aber ich sage nichts. Ratschläge sind manchmal nutzlos, vor allem in überhitzter Atmosphäre.

Nach ein paar Stunden geduldigen Zuhörens muss ich abbrechen, weil ich einen Termin bei meiner Therapeutin habe. Ich umarme Lili, biete ihr an, sich bei mir zu Hause auszuruhen, aber sie will lieber heimgehen. »Du hast mir gutgetan, meine Schöne«, sagt sie zum Abschied.

Bei meiner Therapeutin

»Nuuun, Charlotte …«

»Ich habe den Eindruck, als hätten wir uns ewig nicht gesehen.«

»Vor genau drei Wochen.«

»Meine Indienreise war unglaublich …«

Ich schildere Claire meine irritierenden Déjà-vu-Empfindungen, diesen mir doch unbekannten Fluss hinter dem Tadsch Mahal, der vom Eingang her gar nicht zu sehen war, die Hand eines Mannes in der meinen, meine Tränen vor dem See in Udaipur …

»Sie sind ein Dickschädel, das bestätigt sich wieder einmal … Aber was glauben Sie denn? Dass Sie die Erinnerungen Ihres Spenders nacherleben? Eine romantische Zellgedächtnis-Erfahrung? Welche verliebte Frau hätte angesichts des Tadsch Mahal nicht den Eindruck eines Déjà-vu?«

»Aber ich habe diesen Fluss dahinter beschrieben, bevor ich ihn überhaupt sehen konnte, und er war nirgendwo erwähnt worden, ich habe diesen Ort selbst entdeckt!«

»Ich glaube Ihnen ja. Das alles muss aufwühlend gewesen sein … Aber was soll ich Ihnen sagen … Das Déjà-vu-Erlebnis ist ein geläufiges Phänomen, das jeder mindestens ein Mal in seinem Leben verspürt. Es tritt zumeist in einem stark von Emotionen geprägten Kontext auf oder wenn ein lange schon ersehntes beziehungsweise gefürchtetes Ereignis eintritt. Dass Sie den Fluss beschreiben konnten, ohne ihn vorher zu sehen, kann das Wiederauftauchen einer verdrängten Erinnerung oder eines vergessenen Bildes bedeuten. Das unbewusste Erinnern gleicht der Spitze eines Eisbergs. Ich aber glaube nicht an Hellseherei und auch nicht ans Zellgedächtnis oder all diese Esoterik, an die Sie sich zu klammern scheinen. Wenn es das ist, was Sie tatsächlich interessiert, dann müssen Sie verstehen, dass ich nicht dafür zuständig bin, Ihnen hierauf zu antworten …«

»Aber mit wem soll ich denn dann darüber reden?«

»Bevor Sie etwas als ›unerklärlich‹ bezeichnen, müssen Sie sich vergewissern, dass es das tatsächlich ist. Denken Sie nach, woher hätten Sie von diesem Fluss sonst noch wissen können? Suchen Sie: vielleicht durch einen Reiseführer, ein Foto, ein Buch … es kann auch schon lange zurückliegen. Glauben Sie mir: Wenn es uns gelingt, alles in unserem Tun und Lassen zu verstehen und zu erklären, dann verbleibt nur ein winziger Rest an Unerklärlichem und Irrationalem … Unterschätzen wir nicht die immensen Kapazitäten unseres Gehirns, die unglaublichen Verbindungen, die wir herzustellen vermögen. Ein markantes Foto, vor etlichen Jahren gesehen, kann urplötzlich vor unserem inneren Auge auftauchen, obgleich wir es vergessen glaubten. Bevor Sie sich mit den Geheimnissen des Zellgedächtnisses befassen, sollten Sie die Geheimnisse Ihres eigenen Erinnerungsvermögens auszuloten suchen … Wann haben Sie zum ersten Mal eine Abbildung des Tadsch Mahal gesehen? Sie sind doch von Natur aus eine Liebende, daher dürfte Sie dieses Symbol der Liebe schon vor langer Zeit tief beeindruckt haben. Wann war das?«

»Schwer zu sagen …«

»Vergessen Sie das Zellgedächtnis, sondieren Sie ein wenig Ihr eigenes Gedächtnis … Grübeln Sie, entsinnen Sie sich …«

»Ans erste Foto vom Tadsch Mahal habe ich keine Erinnerung …«

Ich unterbreche mich kurz und lasse mein Gedächtnis arbeiten. Angespornt von Claire, habe ich jetzt doch ein präzises Bild vor Augen.

»Es war bestimmt nicht das erste Bild, das ich gesehen habe, aber in der Reha nach meiner Herzoperation verleitete mich ein Poster im Gang immer zum Träumen – es war der Tadsch Mahal …«

»Da haben wir's ja, vielleicht war darauf auch dieser Fluss abgebildet … Und Sie werden sicher noch andere Bilder finden. Was unser Gedächtnis alles speichern kann, ist verblüffend. Vergessen gibt es nicht, unsere Erinnerungen verharren nur im Ruhezustand, Hypnose und Psychoanalyse beweisen es immer wieder. Versuchen Sie erst alles Erklärbare zu verstehen, bevor Sie sich für das Unerklärliche begeistern. Die Flucht ins Irrationale stellt häufig eine Flucht vor der eigenen Wirklichkeit dar.«

Beim Aufwachen finde ich gleich mehrere Nachrichten auf der Mailbox. Mein Agent fragt mich nach meiner Meinung zum Theaterstück *La Mémoire de l'eau*, das ich zwar erhalten, aber immer noch nicht gelesen habe. Marianne von der Gesellschaft »Lebensspende« nennt mir das Datum der nächsten Veranstaltung: Im Jardin du Luxembourg will man im Rahmen einer feierlichen Zeremonie im Beisein der Gesundheitsministerin Roselyne Bachelot Luftballons aufsteigen lassen.

Henriette bittet um einen Rückruf im Krankenhaus, es habe mit Steven zu tun. Und Nathalie, die Verlagsassistentin, hat einen an mich adressierten Einschreibebrief bekommen. Um Zeit zu sparen und da es »dringlich aussieht«, schlägt sie mir vor, ihn persönlich abzuholen, da ich es ja nicht weit hätte bis zur Rue du Cherche-Midi.

Urplötzlich gerate ich in Erregung. Wen soll ich zuerst zurückrufen? Henriette oder Nathalie?

Henriette antwortet gleich beim ersten Klingelton und fängt sofort an zu flüstern, als sie meine Stimme erkennt.

»Können Sie später noch mal anrufen? Oder besser: Ich werde Sie zurückrufen. Sobald ich kann …«

Noch bevor ich antworte, hat sie schon wieder eingehängt. Was hat sie mir mitzuteilen, das man nicht laut sagen kann? Wer stand neben ihr?

Nathalie hat den Anrufbeantworter eingeschaltet. Ich ziehe mich schleunigst an und haste zum Verlag. Eine knappe Viertelstunde, und ich bin da.

Eine lächelnde Praktikantin teilt mir mit, Nathalie sei in einer Besprechung, aber von dem Brief, der heute Morgen gekommen sei, habe sie schon gehört. Irgendwo in dem Papierstapel, auf den sie resigniert zeigt, müsse er liegen.

»Schön, Sie mal in natura zu sehen, und so gut in Form …«,

sagt sie schüchtern, während sie auf Nathalies Schreibtisch herumwühlt, ohne etwas zu finden. »Ich sehe mal nach, ob ich sie kurz stören kann. Sie dürfte den Ordner mitgenommen haben.«

Mein Handy klingelt, es ist Henriette. Ich setze mich auf einen der Wartestühlchen in die Ecke, vor mir massenweise Bücherstapel.

Henriette spricht hastig: »Ich kann nicht lange reden, Kleines, aber ich hatte Ihnen ja versprochen, mal nachzuforschen. Also: Dr. Leroux war an Ihrer Transplantation nicht beteiligt …«

Ich unterbreche sie, da Nathalie mit dem Brief in der Hand auf mich zukommt, und verspreche ihr, sie gleich wieder zurückzurufen. Schon von Weitem erkenne ich den Umschlag.

»Bonjour, Charlotte, wie geht's? Hier ist das Einschreiben, bestimmt ein Fan, der sichergehen will, dass Sie seinen Brief auch erhalten. Muss was Wichtiges sein! Aber schauen Sie nur, der Absender kommt mir irgendwie merkwürdig vor. Wenn Sie für Ihre Antworten noch Fotos brauchen, hätten wir noch welche auf Lager.«

»Der Absender?!«

»Ja, bei einem Einschreiben muss er ja seine Adresse angeben, aber lesen Sie selbst.«

Ich ergreife den Umschlag und lese: »*Jean Marais, 4 rue de la Paix, 75011 Paris*. Ein Witzbold, die Rue de la Paix ist doch gar nicht im XI. Arrondissement!«

»Das mag ein Trick sein«, sagt die Praktikantin und hebt den Kopf. »Aber es hat bestimmt etwas zu bedeuten. Ohne Grund erfindet man so etwas ja nicht …« Sie steht auf, tritt nahe an mich heran und schaut mir über die Schulter.

»Jean Marais?«, überlege ich laut. »Ein gut aussehender Schauspieler, abgesehen davon … fällt mir nichts ein. Rue de la Paix? Monopoly, Zazies Chanson, teurer Schmuck, keinerlei Verbindung mit mir … XI. Arrondissement? Dort habe ich vor langer Zeit einmal gewohnt …«

»Wenn die Rue de la Paix wirklich nicht im XI. liegt – ich komme aus Orléans und kenne Paris nicht so gut –, dann könnte die Zahl etwas bedeuten.«

»Elf … das heißt November, was anderes sehe ich nicht. Der beste Monat des Jahres, da habe ich nämlich Geburtstag!«

Nathalie amüsiert sich über unsere Deutungen, entschuldigt sich dann aber, weil sie in die Sitzung zurückmuss. Vom Spielfieber gepackt, denke ich weiter nach. Hinter mir steht immer noch die Praktikantin, meine neue Miss Marple.

»Der Tag passt nicht, Geburtstag habe ich am Neunundzwanzigsten. Der vierte November? Ha, jetzt hab ich's! Aber das ist nicht mehr Guillaume Musso, sondern schon der *Da Vinci Code*! Das ist das Datum meiner Herztransplantation!«

»Und wo liegt der Zusammenhang mit diesem Brief?«

»Das zu erklären würde zu lang dauern … Danke für Ihre Hilfe, Sie sind sehr scharfsinnig. Machen Sie's gut, und ein schönes Praktikum wünsche ich Ihnen noch!«

»Ich liebe Krimis, deswegen habe ich mich hier beworben. Es gibt keine Zufälle!«

»Das stimmt, aber hier geht es nicht um einen Krimi, sondern um mein Leben. Wie heißen Sie?«

»Anne-Marie.«

»Wie meine Mutter.«

»Ich habe Ihr Buch gelesen. Ihr Leben hat etwas von einem Krimi«, sagt Anne-Marie jetzt betont sanft, während sie plötzlich wieder auf die vor ihr liegenden Papiere schaut.

Ich verlasse das Büro und rufe sofort wieder Henriette an, die auffallend schnell spricht.

»Ja, Kleines, wie ich schon sagte, war Dr. Leroux nicht beteiligt. Aber dafür – und das sage ich nur Ihnen, und Sie müssen mir versprechen, dass es unter uns bleibt! – hat er den Operationsbericht einer Herzentnahme am Morgen des vierten November, genau um 05.19 Uhr, also kurz vor Ihrer Transplantation, unterschrieben.«

»Mein Transplantat?«

»Nein, *ein* Transplantat. Transplantate bleiben ja völlig anonym, und ich kann auch keinerlei Namen nennen, aber ich dachte mir, diese Information könnte Sie interessieren.«

»Ja, natürlich ... Sehen Sie Steven noch ab und zu?«

»Ja, ich begegne ihm von Zeit zu Zeit. Aber zu vermelden gibt's leider nichts. Er scheint die Trennung und den Abteilungswechsel verdaut zu haben.«

»Die Trennung gewiss, aber was gab es denn beim Abteilungswechsel zu verdauen?«

»Na ja, soweit ich weiß, war das nicht so ganz seine freie Entscheidung ... Und wie geht es Ihnen, Kleines, wann kommen Sie mich besuchen?«

»Bald, liebe Henriette, meine nächste Biopsie ist in einem Monat.«

Ich verabschiede mich von ihr und vergesse für ein paar Sekunden den schönen weißen Velinumschlag, den ich in der Hand halte. Steven hat also an einer Herzentnahme wenige Stunden vor meiner Transplantation teilgenommen ... Warum hatte er es mir verschwiegen? Er kannte das Datum meiner Operation doch ganz genau, es steht ja in meiner Akte. Außerdem habe ich es im Anschluss an meine Albträume mehrfach erwähnt.

Ich streiche über die feinporige Textur meines Briefumschlags. Stafford, entstellt vom gelben Klebstoff des Einschreibe-Etiketts. Ich werde mich in den gemütlichen Teesalon gegenüber setzen, wo ich schon so manches Mal einen berühmten Kopf gesehen habe.

Keine Stars heute, keine Menschenseele, nur ich und die unterbeschäftigte Kellnerin. Wie üblich bestelle ich eine Tasse weißen Tees, ein Stück Zitronentorte und ausnahmsweise noch einen winzigen, mit altem Rum getränkten Gugelhupf, um mir selbst ein bisschen Mut zu machen. Dann öffne ich den Brief:

Liebe Charlotte,
Ihre Geste hat mich erschüttert und zutiefst gerührt. Darin erkannte ich Sie wieder, Ihr rührendes Wesen, voller Inspiration. Ihre Botschaft richtete sich einzig und allein an mich, und in diesem geheimen Moment spürte ich ganz deutlich Ihre Kraft und Ihren Willen. Wie schön Ihre Augen sind. Was für eine schöne Frau Sie sind. Würde ich eines Tages der Intensität Ihres Blickes standhalten und Ihnen gegenübertreten können? Ich glaube nicht. Sie werden meine Entscheidung verstehen, da bin ich mir ganz sicher.
Mit Bedauern, aber in der Überzeugung, dass es besser für uns ist, werde ich nun aufhören, Ihnen zu schreiben. Ich will keine Verwirrung der Gefühle. Dafür sind Sie mir von nun an zu wertvoll. Sie verdienen es wie kaum jemand anders, dass man sich ausschliesslich Ihnen widmet. Mir wäre es indes unmöglich, Ihnen gegenüberzutreten, ohne an den Menschen zu denken, den ich geliebt habe. Und das wäre unredlich Ihnen beiden gegenüber. So schwer es mir fällt, ich muss diese Korrespondenz abbrechen. Ich werde in Kürze für mehrere Jahre ins Ausland gehen. ich habe lange auf diese Möglichkeit gewartet, ein anderes Leben zu beginnen und mir selbst eine zweite Chance zu geben, falls das überhaupt möglich ist. Bevor ich mich verabschiede, möchte ich mich nochmals für diese notwendige Anonymität und diese symbolische Adresse entschuldigen, Ihnen aber vor allem nochmals sagen, wie sehr ich mich über dieses neue Leben in Ihnen freue. Ich bin mir sicher, dass Sie auch weiterhin anderen Hoffnung vermitteln werden. Das ist vielleicht Ihre Mission.

Ich freue mich, ein wenig dazu beigetragen zu haben. Ich sage niemals Adieu, dieses Wort benutze ich nicht, daher umarme ich Sie ganz schlicht.
X

Ich falte das Schreiben zusammen und unterdrücke das aufkommende Gefühl, dessen Eigenart ich nur allzu gut kenne. In meinem lächelnden Panzer gibt es nämlich einen unsichtbaren Riss, der mit jedem Mann, der mich verließ, schmerzhafter und unerträglicher wurde: das Gefühl der Verlassenheit. Verlassen, vergessen, allein mit dieser Leere, die in meinem hohlen Körper widerhallt, allein mit meinem klaffenden, unnützen Herzen. Auch heute fühle ich mich wieder verlassen, obwohl mir doch bewusst ist, dass es diesmal ein unbegründetes, unrealistisches, unsinniges Gefühl ist.

Mir wird klar, dass ich in meinem Innersten auf das Entstehen einer wie auch immer gearteten Beziehung mit diesem Unbekannten gehofft hatte, dass ich, ohne es zuzugeben, auf seinen Brief gewartet, in meiner Einsamkeit auf ihn gelauert und meine Kette berührt hatte, damit er kommt. Lili hatte recht, von Anfang an, aber ich verweigerte mich meinem Wunsch, diesen Mann zu treffen. Ich liebte seine Briefe, weil sie mit der Realität nichts zu tun hatten, weil sie so schön geschrieben, so romantisch und so wohltuend waren.

Ich beschließe, niemandem von diesem letzten Schreiben zu erzählen. Es nicht noch einmal zu lesen. Es für immer zu verschließen und mir wie ein Mantra unendlich oft vorzusagen: »Er hat recht, er hat recht.« Dann gehe ich heim.

Am Abend, bevor ich mich neben meine Tochter ins Bett lege, ertappe ich mich dabei, wie ich beim Abspann von *Prison Break* an Steven denke. Inzwischen bin ich nämlich in jener Phase angelangt, in der ein fast schmerzfreies Erinnern möglich wird. Ich denke zurück an unsere erste Begegnung in seinem Büro und höre ihn mit dieser verhaltenen Begeisterung zu mir reden, halb

Fan, halb Arzt. Was waren noch seine Worte gewesen, die mich jetzt wach halten?

»Die Herztransplantation fand aber hier statt. Die Entnahme ja übrigens auch …« Kurz vor dem Einschlafen fällt mir dieser Satz wieder ein. Das hatte nicht in meiner Akte gestanden, aber Steven konnte es wissen, weil er ja an der Entnahme beteiligt gewesen war. Und wenn er zwischen den beiden Operationen eine Verbindung hergestellt hatte, dann musste er ja gewusst haben, dass das entnommene Transplantat für mich bestimmt gewesen war. Und das wiederum würde bedeuten, dass er den Namen meiner Organspenderin kannte.

Marianne hat mich gebeten, direkt zum Jardin du Luxembourg zu kommen, wo für die »Lebensspende« rosa Luftballons in den Himmel steigen sollen. Die Ministerin, die Presse und etliche »Transplantierte« würden auch da sein.

Ich komme wie immer pünktlich. Pünktlichkeit war ein wichtiger Teil meiner Erziehung. Marianne empfängt mich herzlich, wirkt aber auch ein wenig angespannt, weil die Ministerin noch nicht da ist. Nach dem Protokoll sollte sie als Letzte eintreffen, damit sie nicht zu warten hat. Der Bürgermeister des Arrondissements ist bereits da, und ein paar Polizisten in Zivil mischen sich unter die eher spärliche Menge. Ich wundere mich über die noch geringe Zahl von Teilnehmern und gehe auf eine junge Frau zu, die mir spontan sympathisch ist. Aufrecht steht sie neben einem ungeduldigen kleinen Jungen, der sich darum bemüht, alle Fäden seiner Ballons ums Handgelenk zu wickeln. Das Helium hebt seinen Arm leicht an. Stolz erzählt sie mir, ihr Sohn sei acht Jahre alt und habe seit einem Jahr ein neues Herz. Ich sage nichts dazu und male mir aus, was dieses Kind schon hat durchmachen müssen. Er habe sich schnell erholt, sagt die Mutter, und nicht sehr gelitten. Das einzige Problem seien die Medikamente, die die Abstoßung hemmen sollen und ernsthafte Nierenprobleme auslösen, was in unbestimmbarer Zeit zu Nierenversagen führen könnte. Ich lächle dem kleinen Kerl zu und mache mir plötzlich bewusst, dass ich Organtransplantationen bisher nur mit Erwachsenen in Verbindung gebracht hatte. Dabei hatte Marianne mir doch schon von Missbildungen bei Kinderherzen erzählt, ich hatte es nur völlig verdrängt. Ich hocke mich neben den Kleinen und bin ganz angetan von seinem offenherzigen Lächeln. Es macht ihn glücklich, hier in der milden Luft des beginnenden Sommers zu stehen und seine Hand vom Helium tragen zu lassen, während sich die andere an die Mutter klammert.

»Ich heiße Charlotte, und wie heißt du?«

»Matthieu.«

»Die sind superschön, deine Ballons, willst du noch welche?«

»Ja, aber dann musst du mich festhalten, damit ich nicht davonfliege.«

»Versprochen.«

Dann öffne ich einen Knopf an meiner Bluse und zeige Matthieu, was wir gemeinsam haben: meine verblassende Narbe, meinen Herzreißverschluss. Ich frage ihn: »Weißt du, was das ist?«

»Die gleiche Narbe wie bei mir.«

»Ja. Das ist das Erkennungszeichen der Kämpfer.«

»Wann lassen wir die Ballons los?«

»Wir warten noch auf eine wichtige Dame, die die Kämpfer begrüßen kommt, eine Dame von der Regierung!«

Ich küsse den Kleinen auf die Stirn, schließe die Augen und lasse meine Lippen noch einen Moment lang auf ihm ruhen. Ich möchte ihm Glück bringen. Dann springe ich auf, um ihm noch weitere Ballons zu holen. Ich will auch welche, ganz viele, einen ganzen Strauß rosa Ballons. Sie sollen mich vom Boden heben, damit Matthieu und ich wie Mary Poppins im strahlend hellen Himmel einen Rundflug über Paris machen können.

»Charlotte?«

Marianne ruft nach mir.

Ein paar wenige Journalisten, die alle nicht gerade motiviert wirken, scharen sich zusammen: Die Gesundheitsministerin Roselyne Bachelot ist angekommen. In meinen Augen entspricht sie genau dem Bild, das ich von ihr habe: ein genießerisches breites Lächeln, ein fröhliches Gemüt und ein entschlossener Charakter. Marianne stellt mich als Schirmherrin der Veranstaltung und als Trägerin eines neuen Herzens vor. Die Ministerin unterbricht sie und wendet sich mir zu.

»Ich freue mich, Ihre Bekanntschaft zu machen, Mademoiselle, ich kenne Ihre Geschichte gut … Ein neues Herz, Ihr Kampf gegen das HI-Virus … Was für ein Mut! Ihr Einsatz ist bemerkenswert. Und es scheint Ihnen gut zu gehen.«

Marianne macht die mitfühlende Ministerin darauf aufmerksam, dass ich in Frankreich die Einzige bin, die als HIV-Infizierte eine Herztransplantation überlebt hat. Es stimmt. Vor ein paar Jahren waren wir noch drei, dann kamen eine Abstoßung und ein Suizid. Da ich nicht zur Sensation werden möchte, wende ich mich schnell wieder Roselyne Bachelot zu.

»Ja, es geht mir gut, danke, und Ihnen?«

Die Ministerin lächelt und schaut mich mit zugleich fröhlichen und ernsten Augen an. Sie ist mir wirklich sympathisch.

»Irgendwie geht's immer, nicht wahr? Muss ja! Was ist denn nun mit diesen Ballons, chère Madame?«, ruft sie aus und wendet sich wieder Marianne zu.

Im Anschluss an eine sachkundige und berührende Rede der Ministerin muss ich, die ich doch an einen derartigen Auftritt gar nicht gewöhnt bin, auch noch ein paar Worte sagen.

»Dies ist die Geschichte einer jungen Frau, die derartig ins Leben verliebt war, dass sie ein neues Herz benötigte. Vor etwa drei Jahren zeigte sich, dass mein Herz infolge zweier unzulänglich behandelter Infarkte nur noch zehn Prozent seiner Leistung erbrachte. Mein Bauch füllte sich mit Wasser, das mein Herz nicht mehr abzupumpen vermochte. Es war erschöpft, wie abgestorben. Ich war 34 Jahre alt. Nach der Transplantation ergab ein Test, dass mein krankes Herz nur noch einen Monat hätte überleben können. Meinem Spender sei gedankt! Ich lege meine Hand aufs Herz und danke allen Hoffnungs- und Lebensspendern und ihren Angehörigen.«

Jetzt werden die Ballons losgelassen, und ich hole Matthieu, der sehr stolz darauf ist, die Dame von der Regierung begrüßen zu dürfen. Dann blicke ich den dicken rosa Kugeln nach, wie sie in die Lüfte, in die Himmel aufsteigen, wo die Spender sich verborgen halten, und da mich plötzlich eine unerwartete Melancholie befällt, verdränge ich sie mit der albernen Frage: Wie können Heliumballons steigen?

Während sie, getrieben von dem Wind, der mir dauernd durch die Haare fegt, schnell entschwinden, strecken alle Anwesenden übereinstimmend eine Hand gen Himmel: ein Dank an alle Spender! Und ein Dank auch an die Angehörigen für ihre Menschlichkeit, ihren Mut und ihre Klugheit, zur Spende eingewilligt zu haben!

Ich würde die Ministerin noch gerne fragen, warum man nicht wissen darf, wem man sein Leben verdankt. Warum muss der Spender ein anonymes, quasi virtuelles Wesen bleiben, während man doch ständig an ihn denkt?

Ich möchte es verstehen, möchte den Angehörigen persönlich danken, deren Einwilligung mir mein Leben verlängert hat. Auf eine andere Weise als mit einem Ballon, der schon bald in der Atmosphäre zerplatzen wird. Warum darf man es nicht erfahren, sich nicht bedanken, nicht mit diesen solidarischen, großherzigen Menschen wunderbare Freundschaftsbande knüpfen, warum sich nicht zu einer Patchworkfamilie zusammenschließen, anstatt in Unwissenheit, Frust und Einsamkeit verharren zu müssen?

Aber Roselyne Bachelot hat einen exakt bemessenen Minister-Terminkalender und muss jetzt weg. Zwei Männer und eine Frau mit an Geheimagenten erinnernden Ohrstöpseln, die freie Hände garantieren, kommen sie eiligen Schrittes abholen, während eine Motorradeskorte bereits die Sirenen einschaltet. Doch bevor sie verschwindet, gibt mir diese sympathische Person noch einen schmatzenden Kuss auf die Wange. Ich blicke ihr nach, wie sie in die Höhle einer dunklen Limousine schlüpft, auf deren Dach bereits das Blaulicht rotiert. In meinem nächsten Leben werde ich auch Ministerin.

Juli 2006, Paris

Wie ich es vorhergesehen hatte, erholte sich Lili recht schnell. Der Sänger versuchte sie zwar noch ein paarmal zu bedrängen, tauchte eines Abends sogar mit einem Blumenstrauß vor ihrem Haus auf, aber da sie sich von seinen Tränen nicht erweichen ließ, beschimpfte und bedrohte er sie, bis ein Polizeiwagen hielt und die Schlussklappe fiel.

Während wir auf der sonnenbeschienenen Terrasse eines Cafés eine neue Sorte grünen Tee mit speziell oxidationshemmenden Wirkstoffen probieren, reißt mich Lili, die Spezialistin für überfallartige Fragen, aus meiner wohligen Trägheit: »Glaubst du an Bisexualität?« Sie wirkt nachdenklich.

»Keine Ahnung. Wieso?«

»Ich hab's dir noch nicht gesagt, aber ich habe Adam wiedergesehen.«

»Wen?«

»Das männliche Model aus dem Flieger nach Indien.«

»Das gibt's doch nicht! Und?«

»Nach einem längeren Gespräch haben wir die Nacht zusammen verbracht. Er sagt, er sei bisexuell, fühle sich stark zu mir hingezogen, sei aber nicht in mich verliebt. Er habe mich einfach wiedersehen wollen. Er sei gerne mit mir zusammen.«

»Dann wäre das ja geklärt ... Bisexuell ... Die wenigen Bisexuellen, die mir über den Weg gelaufen sind, wirkten auf mich immer eher homosexuell. Ein Bisexueller ist vielleicht nichts weiter als ein neugieriger Homosexueller oder einer, der nicht einfach so eingeordnet werden möchte.«

»Er sagt, er fühle sich sowohl zu Frauen als auch zu Männern hingezogen und könne weder auf die einen noch auf die anderen verzichten. Laut Freud sind wir ja wohl alle bisexuell veranlagt und schwanken, je nach Enttäuschung, zwischen dem einen oder dem anderen …«

»Ach so? Na, dann bin ich ja wohl noch nicht genügend enttäuscht worden von den Männern … Ich fühle mich nämlich überhaupt nicht bisexuell. Aber dein Adam mit seiner Mann-Frau-Tendenz, hält er das fifty-fifty?«

»Was für eine Frage! Soll ich ihn vielleicht nach dem Prozentsatz fragen wie bei einer Wollmischung…? Das ist bestimmt viel komplexer.«

»Genau danach solltest du ihn fragen. Das könnte ihm dabei helfen auszusprechen, was er wirklich ist. Ich hatte viele schwule Kollegen, die mit ihrer Sexualität kein Problem hatten, aber keiner war bisexuell wie dein Adam.«

»Und du, hast du niemals …«

»Nein, niemals. Was ist mit dir, kleine Lili, bereitest du dein Coming-out vor?«

»Du spinnst ja …! Oder ich spinne. Ich erkenne mich selbst nicht mehr, bin zutiefst enttäuscht von den Männern …«

Jetzt wirkt sie tatsächlich tieftraurig, meine Lili. Ihr Gesichtsausdruck hat sich verändert, sie scheint völlig orientierungslos, als habe sie plötzlich alle Energie verloren … Ich habe den Drang, ihr zu helfen, aber da reckt sie auch schon wieder den Kopf, wirft sich in die Brust, als ob sie sich diesen schönen hellen Sommertag nicht verderben lassen wolle, schaut in den gleichbleibend blauen Himmel, lacht ein paar Sekunden lang laut auf und blickt mich mit einem eigenartigen Glanz in den Augen an.

»Hat es dich noch nie gereizt, eine Frau zu küssen? Noch kein einziges Mal? Einfach so, um es mal auszuprobieren?«

»Nein. Dich?«

»Nein … Aber vielleicht könnte ich dich jetzt einfach mal küssen, um auszuprobieren, wie das ist, bisexuell zu sein?«

»Hier? Jetzt? Vor aller Augen? Du bist wohl nicht bei Trost, kleine Lili«, sage ich sanft.

»Ja, jetzt sofort …«

Jetzt muss auch ich schallend lachen, aber es ist ein nervöses Lachen, das ich sofort abbreche, als ich sehe, wie Lili mir langsam auf den Leib rückt. Sie spitzt ihre vollen Lippen, schließt die Augen und küsst mich. Ich lasse es widerstandslos geschehen, ein paar Sekunden lang, ebenfalls mit geschlossenen Augen. Ich genieße das schon vergessene Gefühl eines Kusses, dieser innigsten Berührung, und verspüre keinen wesentlichen Unterschied. Freundschaft und Liebe verschmelzen, die Lippen sind dieselben. Ein paar vorbeigehende Fußgänger flüstern sich etwas zu, doch mir ist das egal. Dieser Augenblick ist einmalig, eine zärtliche Vereinigung zweier einsamer Seelen. Die süße Übertretung eines Verbots, das nicht mehr gilt, aufgehoben für eine winzige Zeitspanne, eine Ewigkeit.

Nach diesem einmaligen Moment, der sich bis heute nie wiederholt hat, nehmen wir unser Gespräch hastig wieder auf.

In Bezug auf Adam rate ich Lili, ihrem Instinkt und ihren eigenen Wünschen zu folgen, sich aber auch zu schützen, indem sie sich nicht innerlich bindet. In heiterer Gelassenheit wird sie ihn noch ein paarmal wiedersehen, bevor er ohne viel Aufhebens aus ihrem Leben verschwinden und zu einer schemenhaften Erinnerung an ein paar flüchtige, aber intensive Momente der Lust werden wird.

Es ist der erste Hochsommertag in Paris. Die Hitze entblößt die Körper und lässt sie feucht werden. Ich muss wieder an Korsika und Steven denken. Das wundert mich, denn ich denke immer seltener an ihn. Ein Kuss, und schon sind die Erinnerungen wieder da. Fast ein Jahr ist es jetzt her.

»Ein Jahr, was feiert man da? Baumwollhochzeit?«, frage ich Lili.

»Ein Jahr? Weiß ich nicht … Latexhochzeit! Hast du eigentlich immer noch nichts von deinem Unbekannten gehört?«

»Nein, nichts«, antworte ich schnell.

»Merkwürdig … Ich war mir sicher, dass er deine Botschaft verstehen würde …«

Eine Horde junger Amerikaner, die ein paar Reihen hinter uns sitzen und immer lauter werden, schwenken Fähnchen in ihren Landesfarben und heben der Reihe nach ihre Biergläser. Sie fordern uns auf, sich zu ihnen zu setzen. Haben sie unseren Kuss gesehen? Warum wirken sie so aufgeregt?

Sie erklären uns, es sei ihr Nationalfeiertag, immer zehn Tage vor dem französischen. Wir bedanken uns höflich für ihre Einladung, lehnen aber ab, obwohl Lili sie niedlich findet, aber mir sind sie zu betrunken. Wir gehen zu Fuß nach Hause und singen schon mal im Voraus die *Marseillaise*.

Das war am 4. Juli. Ein Datum, an das ich mich nicht mehr gerne erinnere.

Der Motorenlärm, der sich mit dem Wüten des Gewitters vermischt, ist ohrenbetäubend. Meine zu enge Halskette schneidet mir ins Fleisch. Mein Bauch schmerzt, ich halte ihn mit einer Hand, die ich plötzlich zwischen die Schenkel schiebe. Ich blute stark, und meine blutrote Hand, die nun viel größer wirkt, entsetzt mich. Mein schnelles Atmen klingt wie das Hecheln eines Hundes. Der Mann, der sich neben mich setzt, hat kein Gesicht. Er legt mir die Hand auf die Schulter, und ich spüre es nicht. Nur ganz vage höre ich seine verstellte Stimme, die in dem geschlossenen Gehäuse widerhallt: »Komm mit mir.«

Ich verliere die Kontrolle über den Wagen. Zwei riesige Scheinwerfer blinken mich an. Eine Hupe heult auf, wie wenn große Schiffe einen Hafen verlassen. Ein weißes Licht umfängt meine Nacht, ich stürze hinein und zerschelle im Nichts.

Schlagartig wache ich auf, bin allein und voller Entsetzen. Ich presse meinen Bauch an die hochgezogenen Beine, die ich mit beiden Armen umklammere. Das Kinn auf der Brust und mit rundem Buckel rolle ich mich ein, wie um die geschlossenen Augen zu schützen. Um glauben zu können, dass ich wach bin, spreche ich laut mit mir selbst, bevor ich in die Stille der Nacht hinein murmele: »Ich halt's nicht mehr aus, ich kann nicht mehr.«

Am nächsten Morgen denke ich an den Traum zurück. Nichts wird aufhören, wenn ich mich nicht auf die Suche begebe. Weder die Albträume noch die Angst oder die starken Eindrücke eines Déjà-vu. Ich muss zu meiner Unbeschwertheit zurückfinden, um besser leben, arbeiten und an Leib und Seele gesunden zu können.

Ich muss der Sache auf den Grund gehen, das Geheimnis aufbrechen, das mich gefangen hält, und all die Widersprüche ans

Licht zerren. Die Angst und die Bilder einer anderen müssen verschwinden. Ich weiß jetzt, dass ich es mir nicht einfach einbilde und dass es keine normalen Träume sind. Soviel ich auch nachdenke, ich kann in diesen Träumen keinerlei Symbolik erkennen, da ist nichts, was zu mir gehört. Diese Bilder sind mir fremd, wesensfremd. Ich muss meiner Intuition folgen.

Am heutigen Tag beschließe ich in aller Ruhe, der Identität meines Spenders auf eigene Faust nachzuspüren und nicht lockerzulassen, bis ich meine Antworten finde.

Ich rufe Henriette an, damit sie mir sagt, wie ich den Klinikleiter erreichen kann, der für die kardiologische Abteilung verantwortlich ist, in der meine Transplantation durchgeführt wurde.

»Wieso, geht es Ihnen nicht gut?«

»Das erkläre ich Ihnen später.«

Ich bekomme einen Termin: In zehn Tagen habe ich Audienz im Saint-Paul-Krankenhaus, bei Seiner Eminenz persönlich.

Dann rufe ich den Hellseher Pierre an, der sich noch sehr gut an mich erinnert und den ich um eine zweite Sitzung bitte. Als Beweis für seine Redlichkeit, die mein Vertrauen bestärkt, sagt er, es sei noch zu früh und ich solle mindestens das Jahresende abwarten, bevor ich wieder zu ihm käme. Ich lasse ihn wissen, wie es um mich steht und dass sich seine Prophezeiungen bewahrheitet haben. Er zeigt sich befriedigt und fragt, wie ich mich fühle. Ich sage ihm, körperlich gut, aber innerlich aufgewühlt. Dabei fällt mir ein, dass er ja von einer vorübergehenden Verschlechterung meines Zustands gesprochen hatte, aber auch von einer Heilung. Wann wird die eintreten?

»Die zeitliche Einordnung, liebe Charlotte, setzt einem Seher Grenzen. Der chronologische Ablauf lässt sich eben nur schwer voraussagen, je wichtiger das Geschehen, desto leichter kann es in die Zeit eingreifen. Nur das Kurzfristige und Wesentliche ist gut erkennbar. Aber keine Sorge, alles wird sich beruhigen, und die Liebe wird Ihnen mit so mancherlei Überraschung begegnen … Rufen Sie mich nächstes Jahr wieder an, ich würde mich freuen, Sie wiederzusehen.«

»Eine letzte Frage habe ich noch: Was antworten Sie den Skeptikern, die an Ihre Vorhersagen nicht glauben wollen?«

»Dass sie recht daran tun, denn man muss seinen eigenen Glauben respektieren. Ich verlange auch gar nicht, dass man mir glaubt, sondern dass man mich bestätigt. Ein echter Hellseher ist ein Medium, das die Menschen wieder mit dem Mysterium, mit der Magie des Lebens, die sie noch nicht begriffen haben, verbindet. Die Menschen haben einfach ein anderes Zeitverständnis, sie greifen voraus und schauen zurück. Das Mysterium des Lebens aber hat seine eigenen Botschaften. Doch die Menschen verwerfen, was sie nicht verstehen …«

Ich habe die Rolle in *La Mémoire de l'eau* von Shelagh Stephenson unter der Regie Bernard Murats angenommen. Das Stück ist voller Komik, gleichzeitig aber auch tragisch.

Der Regisseur ist ein großes Talent und ideal für diese verstörende Geschichte: Drei Schwestern mit unterschiedlichen Lebensläufen verlieren sich aus den Augen und treffen beim Begräbnis ihrer Mutter wieder zusammen. Im Elternhaus, wo der Geist der Toten noch herumirrt und die Schwestern die Überreste ihres Lebens durchwühlen, tauchen verdrängte Erinnerungen wieder auf, die wie die Kindheit mit all ihren kleinen Dramen, aber auch ihrem Gelächter, aus der Vergangenheit hervorgeholt werden. Der Titel des Stücks, sein Thema und die Ähnlichkeit mit meinem eigenen Leben verwirren mich. Ich unterdrücke dieses Gefühl und konzentriere mich schon jetzt ausschließlich auf meine Rolle. Die Proben beginnen in ein paar Monaten, und Anfang 2007 soll es auf die Bühne.

Ich freue mich schon darauf. Ich werde wieder Publikum haben, Applaus hören und menschliche Wärme verspüren, diese Art von liebevoller Zuneigung, für die ich so empfänglich, ja nach der ich geradezu süchtig bin. Wir werden im Rampenlicht stehen, das uns ein wenig blendet und die Bühne in ein irreales Licht taucht.

Mein Gesicht und mein Körper haben nicht mehr viel von dem jungen Mädchen, das ich vor nicht allzu langer Zeit noch war. Die Herztransplantation und die Auswirkungen der Tritherapie haben mein Äußeres verändert. Da hat sich an den falschen Stellen Fett angesammelt, ich habe Hamsterbacken bekommen, was mein Gesicht breiter macht, dicke Tränensäcke hängen als Last an meinem Blick, und mein Bauch ist rund und prall wie der einer Schwangeren. Nur meine Beine und meine Arme sind gerade, schlank und kräftig. Ich bin ein Frosch, mit plattem Gesicht, kleinen blauen Augen und breitem Lächeln. Nur hinter meinem dichten, ungefärbten und glänzenden Haar könnte ich mich notfalls verstecken. Meine Anmut ist weg, so will ich nicht auf die Bühne zurück.

Ich vereinbare einen Termin mit den zwei Schönheitschirurgen, die mein Agent mir empfohlen hat.

Der Erste mit Händen voller Altersflecken und dem Kopf meines Neffen hinterlässt bei mir sofort einen zwielichtigen Eindruck. Mich zu operieren lehnt er schlichtweg ab. »Es würde nichts bringen, der Erfolg ist nicht garantiert, und außerdem kommt es wieder«, sagt er knallhart. Das Fett um meinen Bauch könne man nicht absaugen, da es innen sitzt und nicht an der Oberfläche. Dieser Arzt mit dem Puppengesicht erweist sich als höchst unangenehm. Er ist in Eile, will seine Zeit nicht mit einer Risikopatientin vergeuden, und in Anbetracht meines Gesundheitszustands meint er, ich solle mich doch glücklich schätzen, so fit zu sein, und meinem äußeren Erscheinungsbild nicht so viel Wert beimessen. »Als Schauspielerin wissen Sie doch, wie man anderen etwas vormacht, also machen Sie so weiter!«

Ich weise den alterslosen Chirurgen noch darauf hin, dass seine Weltsicht Mängel aufweise und seine Hände nicht zu seinem Kopf passten, aber dass man dies nicht überbewerten müsse. Dann knalle ich die Tür seines Designerbüros heftig zu, in der Hoffnung, die schönen Lithografien moderner Kunst, die ich während seiner unerträglichen Predigt betrachtet hatte, von der Wand fliegen zu lassen. Als ich wieder draußen bin, bin ich mir nicht sicher, ob ich lieber mich oder ihn umbringen möchte.

Der zweite Chirurg ist der richtige. Er bestätigt zwar die Diagnose des Ersten bezüglich meines Bauchs, ist aber bereit, die Fettpölsterchen in meinem Gesicht zu beseitigen, auch wenn sie höchstwahrscheinlich wiederkommen werden. In Anbetracht meines Alters und der Bedeutung, die mein Aussehen für mich und meinen Beruf habe, würde sich der Versuch aber lohnen. Die Operation soll sehr bald stattfinden.

Wenige Wochen später habe ich wieder ein menschliches Aussehen, meinen Blick von früher und harmonische Gesichtskonturen. Ein nicht übel aussehender Frauenkopf auf dem bekannten Froschleib, den meine Tochter so lustig findet – eine neue Hindu-Gottheit, sozusagen.

August 2006

In wenigen Tagen werde ich Tara in die Bretagne bringen, damit sie am Strand von Val-André mit ihren Cousins und Cousinen spielen kann. Doch heute habe ich erst noch Audienz im Krankenhaus Saint-Paul. Ich gehe etwas früher hin, um Henriette zu begrüßen und das Ergebnis meiner letzten Biopsie von vor zwei Wochen abzuholen. Der Bericht ist bereits seit einigen Tagen fertig, aber ich bin nie scharf darauf, mir mein Befinden aus medizinischer Sicht erläutern zu lassen, egal, ob es positiv oder negativ ausfällt.

»Bonjour, liebste Henriette! Ich habe eine strategische Frage an Sie.«

»Schießen Sie los …«

»Was lieben Sie außer Ruhestand und Häkeln sonst noch am Leben?«

»Nette Menschen und Schokolade. Aber was haben Sie denn da für Punkte im Gesicht?«

»Ich habe mich operieren lassen, um schöner zu sein. Bin ich ein ›netter Mensch‹?«

»Ja.«

»Okay … Und wenn ich Sie mit der besten Schokolade überschütten würde, zartbitter?«

»Oh, ja, am liebsten zartbitter, mit Krokantsplittern. Zur Verabschiedung in den Ruhestand? Das wäre nett. In 303 Tagen …«

»Wenn ich Sie also mit dieser köstlichen Krokantsplitterschokolade überschütten würde … wären Sie dann bereit, mir den Inhalt all meiner Krankenakten auszuhändigen?«, sage ich etwas leiser.

»Aber Kleines, wo bleibt denn Ihr gesunder Menschenverstand? Wollen Sie wirklich, dass man mich dreihundertdrei Tage vor der Rente noch entlässt? Das unterliegt doch der ärztlichen Schweigepflicht, und die wird in Frankreich sehr ernst genommen. Niemand würde einwilligen, Ihnen Geheiminformationen dieser Art auszuhändigen … Aber wieso ist das eigentlich so wichtig für Sie?«

»Ich kann Ihnen nicht alles erklären, ich will ja nur wissen, wer mein Spender war. Ich weiß, dass das Transplantat kurz vor meiner Operation hier im Hause entnommen wurde. Steven war, wie Sie ja wissen, bei der Entnahme dabei, ich möchte die Identität dieser Frau erfahren. Bitte …«

Henriette atmet tief durch, senkt den Kopf und befasst sich mit dem Papierkram auf ihrem Schreibtisch.

»Sie sind unmöglich … Hier, nehmen Sie die Ergebnisse Ihrer Biopsie, Kleines. Alles ist in Ordnung, Ihr Herz sitzt fest, ist das nicht das Wichtigste?«

»Sie können mir also nicht helfen, wirklich nicht? Aber vielleicht, wenn Sie in Rente gehen, ich kann warten …«

»Nein, Kleines. Bringen Sie mich nicht in Verlegenheit. Außerdem gab es meines Wissens 2003 schon den Strichcode, sodass man, selbst wenn man wollte, nichts in Erfahrung bringen könnte.«

»Den Strichcode?«

»Ja, 2003 oder 2004 …«

Henriette versucht sich zu erinnern.

»Seit ein paar Jahren sind die Transplantate mit einem Strichcode gekennzeichnet und somit völlig anonymisiert. Das müsste ich nachprüfen in Ihrem Fall … Aber was rede ich da? Ich werde nichts nachprüfen, Kleines, absolut gar nichts!«

»Nehmen wir einmal an, das entnommene Transplantat sei nicht das meine, was hindert Sie dann, mir die Identität dieser Frau zu verraten?«

»Aber woher wollen Sie wissen, dass es eine Frau war? Verstehen Sie doch, ich habe Ihnen einen Gefallen tun wollen … Ich darf Ihnen aber nichts sagen, nichts. Bitte, sprechen wir über etwas anderes!«

»Okay, Pardon, ich muss sowieso los, ich habe einen Termin beim Klinikleiter. Wo ist sein Sprechzimmer?«

Der einstige Kardiologieprofessor ist ein charmanter alter Herr, sehr distinguiert, und dass er auch ein scharfsinniger Kopf ist, verraten seine blitzenden Augen. Er ähnelt meinem Großvater, der als Apotheker im Herzen der Bretagne arbeitet. Auf seinem tadellos weißen Kittel kann man in Brusthöhe seinen Namen und seinen Titel lesen. »Was kann ich für Sie tun, chère Mademoiselle?« Ohne innezuhalten, rede ich eine geschlagene halbe Stunde auf ihn ein, biete sämtliche Kräfte auf, rufe sämtliche Emotionen zu Hilfe, ein echtes Plädoyer. Sollte ich meine Auskunft nicht bekommen, hätte ich mir zumindest einen kleinen César verdient. Allmählich finde ich selbst Gefallen an meinem Spiel. Ich lache, weine, und es sind echte Tränen, weil mich das Reden so müde macht. Ich erzähle ihm mein Leben, vom HIV-Test an, spreche über den Tod meiner Mutter, die Infarkte, die Transplantation, bis hin zu meinem Zellgedächtnis, diesem immer wiederkehrenden Albtraum, der mich noch gestern aus dem Schlaf gerissen hat, sage, dass ich mich bedanken möchte, den Namen der Angehörigen erfahren muss, um ihren Schmerz zu lindern und ihnen zu zeigen, dass ich ihnen mein neues Leben verdanke, und dass sie darauf stolz sein können, inzwischen vielleicht sogar glücklich …

»Dann hat sich ja alles schön gefügt, chère Mademoiselle. Sie sind sehr tapfer. Ich verstehe sehr gut, was Sie mir geschildert haben. Die Aidsdiagnose, die ja damals Tausenden zum Verhängnis wurde, die Herztransplantation … Alles ein bisschen viel für einen einzigen Menschen. Aber schauen Sie sich an: Was wollen Sie mehr, als so lebendig zu sein, wie Sie es sind? Alles andere wird mit der Zeit vergehen. Die Anonymität bei Organverpflanzungen ist eine absolut notwendige und unüberwindbare Barriere. Die Dinge sind schon kompliziert genug, da kann man nicht auch noch emotionale, menschliche, subjektive Erwägungen mit einbeziehen, denn das würde den ganzen Ablauf von Trauer, Spende und Einwilligung zur Spende sowie deren Bewältigung noch viel komplizierter machen. Ich verstehe Ihre Forderung, ich habe sie schon oft gehört. Aber wir können keine Ausnahme machen. Es ist ein Gesetz, und für dessen Einhaltung bin ich verantwortlich.«

Der Professor nimmt meine Hände in die seinen und wärmt sie ein wenig. Sein Schweigen enthält so viel Wohlwollen, dass es mich rührt. Zum Schluss sagt er mit heiterer Miene und der Stimme eines Weisen: »Glauben Sie mir … Alles wird gut werden.«

Tränenüberströmt verlasse ich sein Büro. Ich habe mein Herz ausgeschüttet, wie ich es seit ewigen Zeiten nicht mehr getan habe. Um ein bisschen Trost zu finden, laufe ich wieder zu Henriette. Als sie mich kommen sieht, steht sie auf und schließt mich in die Arme.

»Na, na, Kleines … Was ist denn das …?«

Meine Tränen rinnen in den Strickkragen ihrer Weste, der aus dem Kittel hervorschaut. Dann entschuldige ich mich für die Flecken, die die Wimperntusche hinterlassen hat. Ich hebe den Kopf von ihrer Schulter, ringe um Fassung, reibe mir die Augen und suche nach einem Taschentuch.

»Warten Sie, ich gebe Ihnen ein Taschentuch.«

Während Henriette in ihren Schubladen wühlt, mache ich ein paar Schritte vor der Tür zu ihrem Büro, und da sehe ich ihn, in nur ein paar Metern Entfernung steht der stoische Steven mit vom Neonlicht gebleichten Gesicht, Akten in der Hand. Er fixiert mich ein paar Sekunden lang und macht dann auf dem Absatz kehrt. Henriette hat ihn auch gesehen, sie lächelt mir zu und hält mir ein Taschentuch hin. Ich weine nicht mehr, küsse Henriette auf die Wange, spüre ihre Mütterlichkeit, entschuldige mich, danke ihr und jage davon.

Im Taxi hinterlasse ich Steven eine Nachricht: »Bonjour … das zumindest hättest du zu mir sagen können.« Nachdem stundenlang keine Antwort kommt, hinterlasse ich eine zweite und letzte Nachricht: »Warum hast du mir verschwiegen, dass du bei der Entnahme des Transplantats dabei warst?«

Die Ferien in Val-André verlaufen friedlich, die einzige Einschränkung besteht in der ständigen Überflutung des Kellers, die meinen Vater in Rage versetzt.

Während das Wasser beharrlich ins Untergeschoss eindringt und die verstaubten Erinnerungsstücke etlicher Leben durchweicht, lerne ich meine Rolle für *La Mémoire de l'eau* und amüsiere mich über die Parallelen.

Eines Morgens, als ich im Garten unter der Meeressonne meinen Text übe, sehe ich meinen Vater aus dem Haus kommen, am ausgestreckten Arm ein Heft, das er aus dem Wasser gefischt hat und mir zeigen möchte. Es stammt aus meiner Pariser Grundschule und enthält meine Zeugnisse.

»Sehr gute Schülerin, sehr begabt, fleißig, nur etwas verträumt!«

Das feuchte Papier trocknet schnell an der lauen Luft, und so kann ich in einem Stück Vergangenheit blättern, obwohl ich das sonst gar nicht besonders gerne tue, denn die Gegenwart ist mir lieber. Die Vergangenheit erscheint mir wie ein bodenlos tiefer und gefährlicher Brunnen, in dem ich ganz leicht versinken könnte, wenn ich nur den Kopf neigte, um mein Spiegelbild zu sehen. Doch hier, im salzhaltigen Wind, der vom Ozean her weht, und eingelullt vom Gelächter der Kinder, die unten im Garten herumtollen, fühle ich mich wieder so fröhlich und neugierig wie früher. Ich betrachte die schöne Schrift der lobenden Worte: *»… sehr begabt … nur etwas verträumt …«*

Ich betrachte das Zeugnisheft noch ein letztes Mal und schließe es dann. Seine Blätter sind von der Feuchtigkeit gewellt und scheinen nicht mehr ganz aufeinanderzupassen. Eine neue Form von Unordnung, die ich schön finde. Ich lege mich auf den

Boden, ins erdig duftende Gras, und schließe die Augen. Ein paar Linien, wie mit dem Lineal gezogen, und schon sehe ich meine Lehrerin wieder vor mir.

Claire hat recht, unsere Erinnerungen verharren nur im Ruhezustand, sie verschwinden nicht.

Eine selten verspürte Nostalgie zieht in mich ein.

Unsere Lehrerin, Mademoiselle Perrimond, war eine begeisterte Mathematikerin gewesen, die für ihre Schüler alles getan hätte. Sie trug ihr rabenschwarzes, zur Tafel passendes Haar immer eng zusammengebunden, sodass es ihr regelrecht am Kopf klebte. Manchmal stellte ich mir vor, ihr Leben müsse genauso glatt und eintönig sein wie ihr Haar. Ich war ein wissbegieriges, fleißiges Kind und, zugegeben, ein wenig verträumt. Aber wie sollte man angesichts der schwarzen Tafel nicht träumen? Dauernd mussten wir uns anhören: »Daran lässt sich nicht rütteln!« Als wäre das Leben ausschließlich von mathematischer Logik bestimmt. Der Schreibunterricht war mir zu mechanisch und langweilte mich, während andere Fächer mich begeisterten. Aber nichts von dem, was man uns erzählte oder an die Tafel schrieb, ähnelte auch nur im Entferntesten dem Leben, von dem ich träumte. Die schwarze Tafel missfiel mir ebenso wie die zusammengebundenen Haare von Mademoiselle Perrimond. Stets wies ihr Finger so automatisch auf die Tafel, als lieferte diese für alles einen Beweis, selbst wenn sie leer war. Ich mochte diese Tafel nicht, sie hatte keine Farben und eine starre Form.

Den Ellbogen auf die Kante des Fensterbretts vor den hohen Scheiben abgestützt, kratzte ich ungeduldig am rissigen Holzlack meines Pults. Mit immer leicht schrägem Oberkörper und verträumten Augen suchte mein Blick den Pariser Himmel zu ergründen, mit den ständig wechselnden Schattierungen und allem, was sich darin bewegte. Ich träumte. Mein Blick folgte den sich immer wieder neu formierenden Wolken, den Vögeln in Freiheit, den herbstlichen Blättern, und schon war ich woanders, dem geschlossenen Klassenzimmer entflohen. Von Zeit zu Zeit kehrte ich in die Realität zurück, schenkte Mademoiselle ein engelhaftes Lächeln und schaute schnell wieder nach draußen, in den Himmel, aber auch in den Hof, wo ich in Kürze wieder spielen und lachen dürfte.

Was ich als Tafel nutzte, war nicht schwarz, nicht rechteckig, nicht hart, nicht weiß geriffelt. Er war riesig und in allen Ferien zur Stelle: der weite, endlose Strand von Val-André, immer feucht, feinporig, hell, magisch. Er war mir alles zugleich, Spielplatz, Schreibtafel, mein Reich. Ich träumte von Freiheit, von Spiel, von einem abenteuerlichen Leben mit vollgeschriebenen Seiten in Phantasieschrift. Ich träumte von den Ferien, während ich in den Pariser Himmel schaute, der sich in weiter Ferne, jenseits der Dächer, mit dem Strand und seinem magischen Sand vereinte. Ich hatte mir noch nie erklären können, woher der Sand kam. Und was die Erwachsenen sagten, machte mich noch ratloser: »Der Sand kommt von den Felsen und den Muschelschalen, die das Meer, die Wellen und die Gezeiten in Pulver verwandelt haben!« Ach so? Ja, wenn das Meerwasser, das in meinen Händen schäumte, sogar Felsen zermalmen konnte, dann war ja alles möglich.

Ich liebte den Sand. Bei Ebbe war er fest genug, dass man laufen konnte, bis man außer Atem war, gleichzeitig war er aber auch mitfühlend, anschmiegsam und weich genug, um meine regelmäßigen Stürze abzufangen. Meine Cousins und Spielkameraden bauten mit Eifer Sandburgen, die ich bei untergehender Sonne lustvoll zertrampelte, wenn all diese eifrigen Baumeister ihr Werk sich selbst überließen, weil man sie gerufen hatte. Ich blieb und schaute ihnen zu, wenn sie resigniert wie Schäfchen den Strand entlangtrotteten und jenen gestikulierenden Hirten gehorchten, die man dort oben auf dem Deich erkennen konnte und die aufgrund der Entfernung keine Macht über mich besaßen. »Kommt, Kinder! Schluss jetzt, wir gehen heim! Es wird kühl, es wird dunkel …« Ich hörte das wiederholte Rufen, stellte mich aber taub und machte mich fröhlich ans Werk. Mein Fuß zerstörte Türme und Zugbrücken, meine Hände ebneten Burgen ohne Burgfräulein ein, und dazu lachte ich schallend, planierte den aufgewühlten Sand und gab so dem Strand sein glattes, ursprüngliches Aussehen zurück.

Als Zeichen, dass auch ich bald gehorchen würde, hob ich beide Hände und nutzte die letzten Sekunden, um dem Sand mit meinem Rechen eine gigantische Botschaft anzuvertrauen: einen Vornamen, den eines Jungen, eines Spielkameraden mit sanftem Lächeln, eines kleinen Verehrers. Und rings um den Namen meines Erwählten des Tages zeichnete ich in die flache, weiche und riesige Weite des Strands von Val-André ein Herz, ein Herz aus Sand. Ich zeichnete es so groß wie möglich, damit man es auch aus der Ferne erkennen könne, vom Deich her, vom großelterlichen Haus her, wo ich wohnte. Heimlich betrachtete ich es aus meinem Zimmer, bevor es in der Dunkelheit verschwand, und am Morgen stürzte ich gleich nach dem Aufwachen ans runde Fenster, um die Wirkung der Flut zu testen, die alles und somit auch meine magische Schreibtafel gesäubert hatte.

Eines Tages, ich wagte meinen Augen kaum zu trauen, sah ich mein Herz noch intakt. Es leuchtete, in den Sandrillen glitzerte ein Wasserstreif, und es schimmerte wie ein Juwel aus Silber. Ohne Frühstück rannte ich los, um nachzusehen, ob auch noch der Name sichtbar war. Für mich wäre das schon ein Zeichen gewesen, ein irdischer Liebesbeweis. Aber der Name war unleserlich, aufgeweicht. Nur die hohlen Ränder meines anonymen Sandherzens waren stehen geblieben …

Tara und ihre Cousins wecken mich rücksichtslos, indem sie mich mit einem Ball bewerfen. Sie wollen jetzt auch an den Strand, wo ich in meinen Träumen die ganze Zeit schon war …

In der Bretagne lebt auch meine fünf Jahre jüngere Schwester Aude. Sie führt dort ein ruhiges Provinzlerleben. Sie sieht mir ziemlich ähnlich, meine kleine Schwester. Häufig habe ich die Befürchtung, sie könnte unter der auf mich konzentrierten Aufmerksamkeit gelitten haben, was ich niemals gewollt hätte. Ich sehe sie selten, sie schirmt ihr Leben ab, manchmal auch gegen mich. Aber ich weiß, dass sie für mich da ist.

Ich freue mich jedes Mal, wenn ich im Sommer nach Val-André komme, meine Freunde und Verwandten wiederzusehen, all diejenigen, die der Magie der Bretagne verfallen sind. Alle befinden, ich sähe sehr gut aus, trotz der kleinen Hämatome, die noch immer meine Wangen färben. Meine Schwester, die sich im Allgemeinen für derlei Dinge nicht interessiert, fragt mich regelrecht aus.

»Stimmt, du hast ein neues Gesicht, du siehst jetzt jünger aus als ich. Wie hast du das gemacht?«

»Eine Wangentransplantation!«, antworte ich lachend.

Tara nimmt Tennisstunden. Ich bringe sie jeden Tag hin, warte am Rande des Platzes und schaue mir ihre Leistungen an. Der Tennislehrer ist ein netter Kerl, er lächelt mich permanent an. Obwohl er über den ganzen Platz brüllt, man müsse den Ball anschauen, um ihn richtig zu treffen, tut er genau das Gegenteil. Er ist groß und schlank und kräftig gebaut, und sein Körper hat die Kupferfarbe sonnengebräunter Haut. Um seinen Bizeps schlängelt sich ein an eine Efeuranke erinnerndes feines Tattoo. An ihm ist kein Prozent Fett, er braucht keine Proteindiät, nur acht Stunden Tennis pro Tag, und das seit Jahren. Selbstsicher setzt er sich neben mich und schlägt vor, man könne doch auf dem Deich zu dritt ein Gläschen trinken. Da er Tara für besonders begabt hält, willige ich ein und nehme einen Tee in praller Sonne.

»Das ist Lorbeer«, sagt er, auf sein Tattoo weisend. »Der Lohn der Sieger!« Und auf meine Frage nach seinem Privatleben antwortet er: »Kompliziert …« Er sei verheiratet, habe ein Kind und lebe getrennt. Er würde mich gerne wiedersehen. Ich ihn nicht. Kompliziertes habe ich selbst genug, und aus dem Alter der Ferienflirts bin ich heraus. Ein attraktiver Körper hat mir ohnehin nie genügt.

Morgen fahre ich nach Paris zurück. Ein feiner Nieselregen hat den Strand geleert. Der Himmel hat sich verdunkelt, die Luft ist kühler geworden, der Sommer geht dem Ende zu, und von den Arkaden des Kasinos aus schaue ich in den weiten Horizont. Die Nachrichten aus Paris sind spärlich. Das Theaterstück ist auf März verschoben worden. Was werde ich bis dahin tun? Seit meiner Transplantation habe ich nicht das geringste Angebot bekommen, weder vom Film noch vom Fernsehen. Es ist hart, davon abhängig zu sein, ob andere einen sehen wollen oder nicht. Ich muss an Annie Girardot denken, die mich zum Weinen gebracht hat, als sie bei der César-Verleihung ihren Schmerz hinausschrie: »Vielleicht, und ich sage ganz bewusst *vielleicht*, bin ich ja noch nicht restlos tot …« Ich verscheuche das Bild der erschütternden Schauspielerin mit dem zerstörten Gesicht aus meinem Kopf und verfolge das fröhliche Treiben der vielen Möwen, die unter dem schweren Himmel ganz nah an der Wasseroberfläche fliegen. Für die Seeleute ist das ein Zeichen, dass der Regen andauern wird. Es wird Zeit abzureisen.

Paris, September 2006

Meine fremden Träume kommen immer wieder, und obwohl ich doch schon an sie gewöhnt sein sollte, fühle ich mich durch ihre Eindringlichkeit beim Aufwachen oft wie gelähmt. Hinzu kommt, dass ich jedes Mal das Gefühl habe, diesen Traum mit den schrecklichen Bildern zum ersten Mal zu erleben. Ich lasse mir einen Termin beim geschäftsführenden Direktor des Saint-Paul-Krankenhauses geben, um meine Recherche fortzusetzen. Ich will endlich Klarheit bekommen.

Heute Abend werde ich ausgehen. Pierre hat mir ja vorhergesagt, dass ich die Liebe wiederfinden würde, also mache ich mich auf die Suche. Das ist wohl diese hellseherische Beeinflussung, vor der Claire mich gewarnt hat.

Ich werde mich mal wieder zeigen, und zwar auf einer Society-Soiree an Bord eines dieser Seine-Frachter, die in Paris für Events dienen und wo so eine Nobelmarke ein neues Handtaschenmodell promotet. Es ist eine hübsche Tasche, sehr elegant. Ich bekomme eine geschenkt. Eine nette Geste. Unter den Gästen sind viele Promis und viele Promifotografen, vor allem aber die typische Promifauna: gut aussehende Männer und Frauen, topmodisch gekleidet, von denen man nicht weiß, wer sie sind oder was sie hier machen. Sie lachen laut und küssen jeden ungehemmt auf die Wange, als würde man sich schon ewig kennen. Im Zweifelsfall lasse ich mich einfach küssen. Ein unglaublich gut aussehender Typ, nur ein wenig überdreht, drückt mir einen lauten Schmatzer auf die Wange und bleibt stehen, um ein Gespräch zu beginnen. Ich nuckele an meinem Champagner herum und antworte höflich. Er sei Schauspieler, lässt er mich wissen. Sein Gesicht sagt mir nichts. Schwitzend rennt ein Fotograf auf uns zu und schreit: »Charlotte, bitte ein Foto von Ihnen beiden!«, und bevor ich noch einwilligen kann, schießt er auch schon eins nach dem anderen. Wir nehmen unser Gespräch wieder auf.

»Worin hast du gespielt?«, frage ich.

»Ehrlich gesagt, ich bin zwar Schauspieler, aber mit den richtigen Filmen fange ich eigentlich erst an …«

»Mit den richtigen Filmen …? Und bisher?«

»Zehn Jahre Pornos. Stört dich das?«

»Nein, aber das ist nicht mein Ding.«

Ich entschuldige mich höflich und drehe weiter meine Runden. Das Schlimmste für mich bei solchen Veranstaltungen ist die Frage: »Na, wie geht's dir, neue Pläne?« Ich unterhalte mich mit einer quirligen Schauspielerin, die ich zwar persönlich nicht kenne, die mir aber nach ein paar Gläschen zuflüstert, dass auch sie HIV-positiv sei, wenn auch erst seit ein paar Jahren. »So was spricht sich in unserem Metier sofort herum …«, sagt sie. Jetzt habe auch sie nicht mehr viel zu tun, habe auch keine Angebote, man höre nur noch ihre Stimme in Werbespots oder in Synchronaufnahmen … Wieso bin ich eigentlich die Einzige, die öffentlich über HIV redet? Ihre Geschichte stimmt mich traurig, aber heute Abend will ich mich amüsieren. Wir tauschen unsere Handynummern aus. Als mir der Fotograf wieder über den Weg läuft, sage ich scherzhaft rügend, er möge nicht allzu viel Rummel machen um mein Foto mit dem Pornodarsteller. Dann schlängele ich mich bis zur Tanzfläche durch.

Durch die während der Bretagneferien gespeicherte Energie kann ich lange durchhalten. Außerdem ist die Musik gut. Ich wirbele herum, hebe die Arme und hüpfe auf der Stelle. Da bemerke ich einen charmanten Typen, der mich schon ein Weilchen verfolgt, jetzt näher kommt und eine Erfrischung vorschlägt. Wir verbringen den Rest des Abends zusammen. Er ist Chefredakteur bei einer angesehenen Zeitschrift und beeindruckt mich durch seine Kenntnisse in Bezug auf alle Themen, die ich anschneide: Indien, das Zellgedächtnis, an das er auch glaubt, meine Lieblingsmaler Rothko und Rembrandt. Geistreich ist er auch, wirklich witzig. Am Ende der Veranstaltung bietet er mir an, mich nach Hause zu fahren. In seinem Luxuswagen streckt er mir elegant die Hand hin, die ich auch ergreife. Ich neige die Rückenlehne meines elektrisch gesteuerten Sitzes, der mich an einen Zahnarztstuhl erinnert, und lasse mich davontragen. Kurz vor meiner Haustür parkt er den Wagen in einer nahe gelegenen Sackgasse. Dort beugt er sich über mich, schließt die Augen und küsst mich sanft, aber nicht auf den Mund. Seine Hände umklammern mich mit einem unerwarteten Elan, er streichelt meine Brüste, meine Schenkel, und auch ich streichele ihn, gehe auf sein Begehren ein. Er sei so scharf auf mich, wiederholt er mehrmals wie in Rage, richtig scharf und geil, sein Mund sucht nach mir, überall, am Hals, an den Schultern, im Nacken, unter den Achseln. Sein Streicheln und Küssen hört gar nicht mehr auf, wir umschlingen einander, dann plötzlich hält er inne und gibt ein lang gezogenes, mir nicht unbekanntes Röcheln von sich. Das Spiel meiner Finger hatte genügt. Er entschuldigt sich, küsst mich von Neuem, zärtlicher diesmal, denn der Sturm ist vorbei. Er bittet um meine Telefonnummer und verspricht, mich morgen anzurufen. Es sei ein wundervoller Abend gewesen.

Vor dem Einschlafen führe ich mir nochmals den jugendlichen Überschwang des komischen Journalisten vor Augen. Warum hat er mich nicht auf den Mund geküsst?

Wie versprochen, ruft er am nächsten Morgen an. Ich freue mich, als ich den bereits eingespeicherten Namen auf dem Display sehe. Heute klingt seine Stimme bedächtiger, er scheint verstimmt und kommt gleich zur Sache.

»Hör mal, Charlotte, das gestern Abend … mit dir … du verstehst … du bist doch HIV-positiv, das ist doch wohl keine Gefahr für mich, oder?«

Ich lege auf, ohne ein Wort zu sagen. Da fragt mich ein brillanter Journalist, der mich nur gestreichelt und den ich nur gestreift habe, im 21. Jahrhundert, ob ich ihm damit nicht das Virus verpasst hätte ... Ich bin sprachlos, lege mich aufs Sofa und presse meinen Kater an mich. Wir HIV-Positiven sind immer noch »die Unberührbaren«, die Angst sitzt tief. Wie lange noch? Ich erwartete einen Kuss und fühle mich geohrfeigt.

Heute Abend lasse ich den Wetterbericht nicht aus den Augen. Ich habe jetzt nämlich die Sonderkommission »Wahrheit« gegründet und werde allein losziehen, da Lili ihre Ferien in Savoyen bis Mitte September verlängert hat. Heute Nacht besteht hohes Gewitterrisiko in Paris. Mir ist das nur recht. Ich setze mich ans Fenster, und Caviar hockt sich neben mich. Vom fünften Stock aus habe ich freie Sicht auf den gesamten Himmel. Das Grau des Tages sinkt, und im Süden, weit hinter Montparnasse, sehe ich eine düstere Masse heraufziehen, das vielversprechende Gewitter.

Es ist fast zweiundzwanzig Uhr und schon völlig dunkel. Ich höre die ersten Tropfen auf dem Zinkblech. Zeit zu gehen.

Ich habe ein Taxi bestellt, das schon unten stehen dürfte.

»Bonsoir, Monsieur, Place de la Nation, bitte.«

»Und wo genau? Der Platz ist groß.«

»Auf der Höhe der Säulen.«

»Also bei der Avenue du Trône?«

»Genau weiß ich es nicht, ich muss erst die Säulen sehen. Bitte fahren Sie. Es wird mir schon einfallen, wenn wir erst dort sind.«

Place de la Nation, das ist auf der anderen Seite der Seine, im östlichen Teil von Paris, wo ich seit Jahren nicht mehr war. Das Taxi startet, und das Prasseln des Regens auf dem Dach verursacht mir bereits Gänsehaut.

»Wie es schüttet ... Eine Sintflut, die uns da erwartet ...«

Der Fahrer brummt nur, und je stärker der Regen wird, desto häufiger bremst er. Der Boulevard Saint-Germain ist wie leer gefegt, die Gare d'Austerlitz scheint in Schwarz getaucht, dann geht es die triefenden Quais entlang und dann vorsichtig über die Seine, deren Oberfläche zu knistern und zu knattern scheint. In wenigen Minuten sind die Straßen überschwemmt, aus tiefen Pfützen spritzt es gegen Räder und Unterblech. Ich zucke zusammen. Die Scheibenwischer haben Mühe, die Wassermassen zu bewältigen, und quietschen bei jedem Hin und Her. Jetzt ist das Unwetter da. Der Lärm im Auto ist ohrenbetäubend. Ich muss raus hier! An der roten Ampel fasse ich instinktiv nach dem Türöffner.

»Was machen Sie denn da? Sie wollen doch wohl nicht aussteigen?«

»Ich habe Angst, Angst vor dem Gewitter ...«

»Soll ich Sie an der Gare de Lyon absetzen? Da können Sie sich unterstellen und warten.«

»Nein, nein ... Fahren Sie weiter. Ich habe nur so Angst, weil ich vor ein paar Jahren einen schweren Unfall hatte ... bei einem nächtlichen Gewitter ...«

»Verstehe ... Aber noch langsamer kann ich nicht fahren ... Es wird bestimmt bald aufhören.«

Ich öffne die Fenster einen Spaltbreit, um etwas Luft zu bekommen. Ich halte die Augen offen und lasse mir das Gesicht besprühen. Das Gewitter wird ein wenig schwächer. Bastille ... das Viertel kenne ich gut, dort habe ich mehrere Jahre gewohnt. Rue du Faubourg Saint-Antoine und dann, ganz am Ende, die Place de la Nation. Die Saulen stehen auf der anderen Seite. Meine Kehle schnürt sich zu und hindert mich am Sprechen, mein Herz klopft wie wild.

»Geschafft, wir sind gleich da. Sehen Sie die zwei Säulen dort hinten, das ist die Avenue du Trône. Was soll ich jetzt machen?«

Ich antworte nicht. Ich kenne die Avenue du Trône, meine Eltern wohnten dort in der Nähe.

»Was soll ich tun, Mademoiselle?«

Der Fahrer hält und schaltet die Warnblinkanlage an. Ich bleibe stumm. Ich halte die Augen geschlossen, um die Säulen nicht sehen zu müssen, habe meine Ohren verstopft, um das Geprassel nicht mehr hören zu müssen. Die Stimme des Fahrers und das Klick-Klack des Warnblinkers entziehen sich mir und sind schon kaum mehr vernehmbar. In meiner lautlosen Dunkelheit zieht mein Albtraum auf: die glänzende Straße, die vorbeijagt, die Scheinwerfer, das Neugeborene, das Geheul der Hupe, der große Platz in unmittelbarer Nähe, der Zusammenprall und das schmerzlose Gefühl, dass mein Kopf zerspringt. Ein paar flüchtige Sekunden noch, und ich fühle, wie die Hand des Fahrers an meinen Knien rüttelt.

»Geht's noch nicht besser? Soll ich Sie wieder nach Hause fahren?«, fragt er besorgt.

»Nein … Ich werde aussteigen … Es wird schon gehen …«

»Aber doch nicht hier, es regnet doch noch.«

»Ist ja nicht mehr schlimm, die Luft wird mir guttun, ich gehe zu Fuß weiter …«

Ich strecke ihm einen Schein hin und steige aus. Das Unwetter ist abgeflaut, aber es regnet immer noch. Ich atme tief durch, endlich raus aus dem Wagen, und gehe mit weit geöffneten Augen der Wirklichkeit entgegen. Die Säulen schaue ich lieber nicht mehr an. Am besten gehe ich einmal rund um den Platz, dann werde ich schon einen Winkel finden, in dem ich mich unterstellen kann. Meine Mission ist noch nicht beendet. Den Schirm habe ich daheim vergessen. Ich bin zwar durchnässt, friere aber nicht. Die Septemberluft ist lau, und meine Angst löst sich allmählich. An der Ecke eines Boulevards, der nach rechts abbiegt, sehe ich Licht, ein Lebensmittelgeschäft, das noch offen hat und über eine Markise verfügt, wo ich mich kurz unterstellen und nach dem nächsten Polizeirevier fragen kann. Ein vor seiner Haustür stehender Herr weist mir mit ausgestrecktem Arm die Richtung, sagt aber kaum ein Wort.

Angesichts des blau-weiß-roten Schilds zögere ich kurz, ob ich einfach hineingehen soll. Jetzt oder nie! Nochmals herkommen werde ich bestimmt nicht. Am Empfang sitzt eine liebenswürdige Frau in Uniform, die sich verwundert zeigt, dass ich so nass hier ankomme.

»Bonsoir! Tut mir leid, dass ich Sie störe, aber ich habe eine ganz spezielle Frage.«

»Wollen Sie sich nicht erst einmal abtrocknen, Mademoiselle?«

»Nein, nein, danke, ich friere nicht, bin schließlich aus der Bretagne. Am vierten November 2003 kam es dort drüben auf der Place de la Nation zu einem tödlichen Autounfall. Was kann ich tun, um die Identität des Opfers zu erfahren? Es ist sehr wichtig für mich.«

»2003? Stellen wir uns doch erst mal einander vor: Ich bin Brigadier Lamure. Und Sie heißen?«

»Anne-Charlotte Pascal.«

»Können Sie mir erklären, wieso Sie um elf Uhr abends die Identität eines Unfallopfers von vor drei Jahren erfahren müssen?«

»Das ist schwer zu erklären … Vielleicht war es jemand, den ich kannte … Könnten Sie nur kurz nach dem Namen suchen?«

»Da müssten Sie schon tagsüber wiederkommen und eine Vollmacht mitbringen, ein legales Dokument. So auf die Schnelle kann ich Ihnen gar nichts sagen … Wo soll das denn genau gewesen sein?«

»Gleich bei den Säulen, Avenue du Trône.«

»Aber dafür sind wir gar nicht zuständig, das ist das XII. Arrondissement. Die Place de la Nation gehört halb zum XI. und halb zum XII. Hier sind Sie im XI. Ich würde Ihnen gerne helfen, aber erstens müssten Sie bei der zuständigen Dienststelle vorsprechen und zweitens eine Vollmacht vorlegen können, sonst sagen die Ihnen auch nichts. Waren Sie schon im Hôpital Saint-Paul? Das ist die erste Anlaufstelle hier im Viertel, wenn es Verletzte gibt …«

»Ohne beglaubigtes Dokument geht also gar nichts? Das wollte ich wissen.«

»Tut mir leid, gar nichts.«

Der Regen hat aufgehört. In der lauen Luft hängt noch ein bisschen Sommer. Ich verlasse den Platz in der Überzeugung, dass der Unfall in meinem Traum genau hier passiert sein muss. Für mich ist das eindeutig angesichts der beiden Säulen. Der Unbekannte hat die Wahrheit gesagt.

Egal, was Claire davon hält, das Gedächtnisfragment einer anderen hat sich in mir festgesetzt.

Heute ist mein Termin mit dem geschäftsführenden Direktor des Saint-Paul-Krankenhauses. Er ist kein Arzt, kann daher vielleicht etwas freier sprechen.

Ein sympathischer Mann, der mich zuvorkommend begrüßt und dann aus einer Akte, in die er kurz hineinschaut, ein paar Notizen hervorholt.

»Lassen Sie mich zuerst einmal sagen, wie erfreut ich bin, Sie so in Form zu sehen. Was kann ich für Sie tun, Mademoiselle Pascal?«

»Danke, es geht mir gut. Am vierten November 2003 fand hier im Hause frühmorgens eine Herzentnahme statt. Eine junge Frau hatte einen tödlichen Autounfall. Ist es möglich, ihren Namen zu erfahren?«

»Weil Sie glauben, diese Person sei Ihr Spender? Ich habe mir notiert, dass Sie am vierten November Ihr neues Herz bekamen …«

»Ja.«

»Sie sollten wissen, dass es mir nicht möglich ist, Ihnen eine derartige Auskunft zu geben. Außerdem kann es zwar sein, dass diese Entnahme vor Ihrer Transplantation stattfand, aber das beweist noch lange nicht, dass Sie genau dieses Transplantat auch bekommen haben. Alles hängt von der Kompatibilität ab. Es kann durchaus ganz woanders hingeschickt worden sein. Und Ihr Transplantat kann auch aus einem anderen Krankenhaus stammen … Das Bioethik-Gesetz von 2004 garantiert ausdrücklich die völlige Anonymität der Transplantate, wie auch die der

Empfänger. Die Angehörigen des Spenders können, sofern sie es wünschen, grob über das Ergebnis der Transplantation in Kenntnis gesetzt werden. Das ist aber auch alles. Diese Anonymität soll es Ihnen erleichtern, zu Ihrem neuen Herzen eine gewisse Distanz zu finden, und gleichzeitig die Trauer der Spenderfamilie lindern.«

»Der Ehemann meiner Spenderin hat Kontakt zu mir aufgenommen …«

Der Direktor unterbricht mich sofort.

»Das ist unmöglich!«

»Es stimmt aber, er hat mir verwirrende anonyme Briefe geschrieben, in denen er mir alles erklärte, den Unfall seiner Frau in Paris bis hin zur Organentnahme wenige Stunden vor meiner Operation.«

»Aber woher will er wissen, dass Sie es bekamen?«

»Am vierten November 2003 frühmorgens wurde in Paris nur eine einzige Herztransplantation durchgeführt. Die meine.«

»Das wäre noch nachzuprüfen … Aber nehmen wir einmal an, es sei so gewesen. Das beweist noch gar nichts. Die Transplantate können überallhin verschickt werden, an jeden Ort in Frankreich, sogar ins Ausland … Sie sind eine bekannte Person, das Datum Ihrer Operation stand doch gewiss in der Zeitung, oder etwa nicht? Aus meiner Sicht ist es logisch, dass Menschen, die einen Angehörigen verloren haben, mit Ihnen Kontakt aufnehmen, weil es ihnen ein Bedürfnis ist, zu glauben, dass der Verstorbene nicht endgültig tot sei, sondern weiterlebe, solange Sie sein Herz in sich tragen. Können Sie das nicht verstehen? Eine normale Reaktion. Nichts ist schwerer hinzunehmen als der Tod eines geliebten Menschen.«

»Die Person, die mir geschrieben hat, schien restlos überzeugt. Haben Sie schon vom Zellgedächtnis gehört? Seit November 2005 habe ich diese entsetzlichen Albträume. Ich erlebe immer wieder den Unfall dieser Frau, ich war auch schon an der Unfallstelle, es war kaum zu ertragen … Sogar meine Essgewohnheiten haben sich geändert. All diese Phänomene verwirren mich zutiefst, und ich bin fest davon überzeugt, dass alles aufhören wird, sobald ich weiß, wer mein Spender war.«

»Sie machen mich sprachlos … Ich weiß nicht, was ich Ihnen sagen soll … Wurden Sie nach der Operation psychologisch betreut?«

»Ich gehe zu einer Psychiaterin. Aber wer kann mir denn nun den Namen meines Spenders nennen?«

»Niemand. Das ist Gesetz.«

»Und den Namen dieser Frau?«

»Unmöglich. Und Sie müssen aufhören, es für gewiss zu halten, dass sie Ihr Spender war. Organentnahmen finden sehr häufig bei uns statt, weil wir über spezielle Einrichtungen verfügen, um die kürzeste Minderdurchblutung des Transplantats und den besten Schutz außerhalb des Körpers zu gewährleisten. Aber wir sind nicht das einzige Haus, das auf Organentnahme und Transplantation spezialisiert ist. Im Großraum Paris gibt es fast ein Dutzend solcher Krankenhäuser und in ganz Frankreich rund zwanzig. Außerdem darf jedes Krankenhaus, auch ohne spezielle Einrichtung, Organentnahmen durchführen. Da die Kompatibilität das Entscheidende ist – deren Komplexität Ihnen nicht bewusst zu sein scheint –, werden die Transplantate, wie ich schon sagte, in kürzester Zeit über ganz Frankreich verschickt. Die Chance ist also eher gering, dass das hier entnommene Herz tatsächlich an Sie ging. Dass Entnahme und Verpflanzung mit wenigen Stunden Abstand im selben Haus stattgefunden haben, beweist noch gar nichts. Verstehen Sie jetzt? Fixieren Sie sich nicht auf die Identität dieser Frau. Selbst wenn es Ihnen gelänge, diese herauszubekommen, würde Ihnen das auch nicht weiterhelfen. Ich hoffe, mich klar ausgedrückt zu haben.«

»Ja … Und wenn es für mich lebenswichtig wäre, zu wissen, wer mein Spender war? Was könnte ich dann tun?«

»Dass es notwendig sein solle, zu wissen, wer der Spender war, höre ich zum ersten Mal, und Ihre Beharrlichkeit erstaunt mich … Sie sind berühmt, aber ich fürchte, das wird Ihnen nichts nützen, es sei denn, um leichter Termine zu bekommen …«

»Wo kann ich meine Bitte offiziell vortragen?«

»Sie könnten an die Ärztekammer schreiben, Abteilung ›Deontologie‹, aber allzu viel Hoffnung sollten Sie sich nicht machen. Es tut mir leid, dass ich Ihrem Wunsch nicht nachkommen konnte, aber so ist's nun mal. Ich kann Ihnen nur raten: Vergessen Sie diesen von Ihnen hergestellten Zusammenhang zwischen besagtem Transplantat und Ihrer Transplantation. Haben wir uns verstanden?«

»Ich kenne die Gesundheitsministerin Roselyne Bachelot. Halten Sie es für sinnvoll, wenn ich ihr schreibe?«

»Das wird auch nichts ändern. Sie wird Sie vielleicht vorlassen, aus Höflichkeit, aber Sie müssen verstehen, dass keinerlei Ausnahme gemacht werden kann. Die Anonymität der Spenderfamilie ist gesetzlich geschützt. Können wir es dabei belassen?«

»Ich habe noch eine letzte, wichtige Frage, die ich auch der Ministerin stellen werde: Wieso ist es nicht vorgesehen, die Spenderfamilie zu fragen, ob sie den Empfänger kennenlernen möchte, und umgekehrt? Wenn beide Parteien einverstanden wären … Das könnte doch vieles erleichtern. Man würde den ganzen Frust und die vielen Fragen vermeiden und womöglich sogar beide Seiten glücklich machen.«

Der Herr Geschäftsführer antwortet nicht und schenkt mir angesichts meiner wilden Entschlossenheit nur ein schmallippiges Lächeln. Ich bedanke mich dafür, dass er sich für mich Zeit genommen hat. Als ich sein Büro verlasse, spüre ich, wie meine innere Spannung nachlässt, ich bin niedergeschlagen, fühle mich fiebrig, meine Nerven halten einfach nichts mehr aus. Der Krankenhausgeruch überfällt mich. Es ist nicht mehr der undefinierbare Äthergeruch, an den habe ich mich in all den Jahren längst gewöhnt. Es ist auch kein bestimmter Geruch, und doch würde ich ihn überall wiedererkennen: Totale Sterilität riecht so.

Ich will noch Henriette begrüßen, mache aber einen Bogen um Stevens Abteilung. Hier muss jeder stumm bleiben, das Geheimnis wahren. Mir schnürt es die Luft ab. Nach einem langen Umweg im Schritttempo entdecke ich Henriette, die mir schon entgegenkommt. Ich hatte ihr von meinem Gesprächstermin erzählt. Sie schließt mich in ihre Arme und drückt mich wortlos an sich. Mein Panzer bekommt Risse, ich weine ein paar Tränen und bereue es gleich: Noch nicht, hier nicht, ich weine nie im Krankenhaus, ich halte immer tapfer durch!

Wir Patienten weinen nie im Krankenhaus, dabei ist doch alles zum Weinen. Es ist eine Überlebensfrage. Würde man einmal anfangen, könnte man gar nicht mehr aufhören.

Henriette weiß, warum ich beim Direktor war, und sie weiß auch, dass all meine Recherchen bisher vergeblich waren. Deswegen stellt sie auch keine Fragen.

»Nicht weinen, Kleines … Wo ist denn das schöne Lächeln?«

Sie tröstet mich noch ein Weilchen, schlägt dann aber jenen fröhlichen Ton an, mit dem man Kinder ablenkt, und sagt: »Ich habe gleich Pause, da können wir einen Tee trinken gehen!«

»Du schreibst an Roselyne Bachelot? Und an ...« Lili greift nach den Umschlägen auf meinem Schreibtisch. »Jacques Roland, Präsident der Ärztekammer ...?«

»Ich habe ein paar Fragen an ihn.«

»Wegen deiner Transplantation ...«

»Ja, wegen meiner und der von anderen.«

»Eine geheime Angelegenheit?«

»Ich werd's dir erklären, falls sie mir antworten und falls ich die Briefe überhaupt abschicke, da bin ich mir noch nicht sicher.«

»Vergiss die Briefmarken nicht!«

Endlich ist sie wieder da, meine turbulente Lili. Sie schildert mir ihre Ferien, zuerst Italien, dann Chamonix, nur mit ihrem Sohn, ihrer Mutter und ihrer Schwester, nur Familie, »nur Ruhe«. Über einen Monat lang war sie weg. Sie hat mir gefehlt. Und was war ihr schönstes Erlebnis diesen Sommer?

»Der ›Selbstmörderberg‹. Mir kann niemand mehr erzählen, der und der habe es nicht geschafft, sich umzubringen! Ich kenne jetzt einen ganz unauffälligen Ort, wo man es todsicher hinkriegt, im wahrsten Sinne des Wortes. Genau gegenüber von Chamonix, die Aiguille du Midi, also die ›Mittagsspitze‹, kennst du die? 3300 Meter Höhe, ein prachtvolles Panorama, eine großartige Bergbahn ... Siebzehn Euro kostet die einfache Fahrt, dreißig hin und zurück ... Mitten im Sommer, findest du das nicht komisch? Einfache Fahrt hinauf, wozu? Um 3300 Meter zu Fuß bergab zu stapfen? Oben angekommen, hast du einen phantastischen Rundblick, Eiseskälte, Grabesstille, knallblauen Himmel, tief verschneite Gipfel und direkt unter dir einen kleinen Lattenzaun mit verblasstem roten Warnschild und der Aufschrift

›Gefahr‹ … Schön gesagt! Du springst problemlos über den Zaun, hast noch ein paar Meter flachen Boden unter den Füßen, und dann geht's jäh hinab ins Leere, 3300 Meter im freien Fall, ein Wahnsinnsgestrampel! Suizid für siebzehn Euro! Genauso effizient wie die Schnellbahn und weniger störend für den Verkehr.«

»Hast du Selbstmordgelüste, meine Süße? Dann solltest du dir einen Termin bei Claire geben lassen, sie wird dir erklären, dass wir ›aufs Überleben programmiert‹ sind.«

Paris, Oktober 2006

Eine gute Nachricht in der Nachsommerflaute: Dominique Besnehard, ein begeisterter Leser meiner Biografie, möchte die Rechte für eine Fernsehfassung erwerben. Vielleicht wäre auch eine kleine Rolle für mich dabei. Das junge Ding aus *Rouge Baiser* kann ich natürlich nicht spielen, aber eventuell die heutige Erzählerin als Stimme aus dem Off, was ich ja ohnehin längst bin.

Somit würde eine weitere Prophezeiung von Pierre wahr werden. Der Fernsehfilm *L'Amour dans le sang* ist zwar vorläufig noch ein Projekt, aber Pierre beeindruckt mich mehr und mehr. Fehlt nur noch die Prophezeiung: »Die Liebe wird zu Ihnen zurückkehren.« Rätselhaft.

Anfang des Monats hatte Henriette angerufen und so leise gesprochen wie ein Geheimagent. In zwei Tagen wolle sie mich in der Bar des *Lutetia* treffen, des Luxushotels im Herzen von Saint-Germain-des-Prés. Sie sei noch nie dort gewesen, aber an einem so mondänen Ort würde man sicher niemanden aus dem Krankenhaus treffen. Mehr könne sie mir jetzt nicht sagen, »nicht am Telefon«.

In der Bar des *Lutetia*, in diesem schönen Art-déco-Salon, setze ich mich in einen der breiten, tiefen, purpurroten Sessel. Sie sind so tief, dass ich befürchte, Henriette könnte mich übersehen. Ich bestelle einen weißen Tee und halte Ausschau nach meiner geheimnisvollen und gutherzigen Henriette. Ich muss nicht lange warten. Mit hängenden Schultern schleicht sie an den Wänden entlang, bewegt den Kopf ruckartig hin und her und sucht nach mir. Bevor ich den Arm hebe, schaue ich ihr noch ein Weilchen zu, wie sie sich auf dem ihr unbekannten Terrain gestikulierend vorwärtsbewegt. Sie sorgt im gesamten Salon für allgemeine Heiterkeit. Sie will um jeden Preis vermeiden aufzufallen, aber ihre unverkennbar aus den Siebzigern stammende Sonnenbrille, die an diesem nebelverhangenen Oktobertag vollkommen überflüssig ist, sowie ihr bunter, handgestrickter, üppiger Schal ziehen die Aufmerksamkeit aller auf sich. Als sie in Reichweite kommt, winke ich ihr zu, springe auf und begrüße sie überschwänglich. Meine gute Henriette, die die elegante Welt in den Schatten stellt. Ich darf ihr einen doppelten Whisky bestellen, aber die Brille möchte sie aufbehalten.

»Wie geht's, Kleines? Schön hier, war 'ne gute Idee von mir. Kommen wir gleich zur Sache. Ich habe lange nachgedacht und möchte, dass Sie Ihre Nachforschungen einstellen, weil sie zu nichts führen werden. Ich kann Ihnen behilflich sein, aber nur unter der Bedingung, dass Sie mir versprechen, mit der fraglichen Person keinen Kontakt aufzunehmen … Heute kann ich Ihnen noch nichts sagen, das wäre zu gefährlich für mich, aber wie Sie wissen, gehe ich am fünften Juni 2007 in Rente. An jenem Tag werde ich Ihnen den Namen der Person nennen, der am Morgen Ihrer Operation das Herz entnommen wurde. Aber Vorsicht! Ich weiß ja nicht, was die Chefs Ihnen gesagt haben, Tatsache ist, dass Transplantate auch woandershin verschickt werden und somit kein Beweis vorliegt, dass dies Ihr Herz gewesen ist. Aber wenn das Ihre Qualen beenden kann, werde ich es Ihnen sagen. Schließlich waren Sie ja mit Dr. Leroux liiert, der bei der

Entnahme dabei war, und möglicherweise hat er Ihnen ja auch davon erzählt, selbst wenn er dazu nicht berechtigt war. Ich will Ihnen nur helfen, wieder Ihre innere Ruhe zu finden. Ich habe die Dokumente, die Fotokopien aus der Akte, und auch wenn ich sie Ihnen nicht überlassen darf, werde ich Ihnen sagen können, wie die Person hieß. Ja, es war eine Frau, eine junge, bedauernswerte Frau, ein Autounfall. Ich hab's nachgeprüft, es war vor dem Strichcode-Gesetz von 2004. Ich tue das für Sie, weil ich Sie sehr, sehr mag und Vertrauen zu Ihnen habe.«

Ich bin so gerührt, dass ich Henriette nur stumm umarmen und ihr durch Nicken zu verstehen geben kann, dass ich ihre Bedingungen selbstverständlich respektieren werde. Eine Last scheint von mir abgefallen, schwerelose Ruhe zieht in mich ein. Mein Herz schlägt gemächlich. Das Stimmengewirr hier im Salon höre ich gar nicht mehr. Ich streichle Henriettes Hand, auch sie wirkt erleichtert. Dann greife ich mir den Rest von ihrem Scotch, lasse mich in den Sessel sinken, atme den belebenden Duft des amberfarbenen Getränks ein und nehme einen genießerischen Schluck. Sehr außergewöhnlich für mich. Beim Gedanken an dieses neue Gelüst, das eines Tages vielleicht ebenso verschwinden wird, wie es mich überkommen hat, muss ich lächeln.

Der Winter 2006/07 zieht sich schrecklich in die Länge. Anrufe bekomme ich kaum, ich gehe nur selten aus, und Arbeitsaufträge habe ich gar keine. Vergeblich kurbele ich meine beruflichen Kontakte an, aber es gibt einfach nichts für mich. Auch die Liebe lässt auf sich warten. Ich höre viel Musik und kümmere mich um Tara, indem ich die Distanz, die ich in den ersten Jahren, zwischen Infarkt und Transplantation, unbewusst geschaffen hatte, wieder zu verringern suche. Ich hatte Angst vor einer allzu engen Bindung, die unter Umständen nicht von Dauer sein könnte. Jetzt ist mir klar geworden, dass ich Tara hatte schützen wollen, dass ich versuchte, ihr nicht allzu sehr zu fehlen, falls ich sie hätte verlassen müssen.

Mein anhaltendes Schuldgefühl übertünche ich jetzt, indem ich versuche, mich als vorbildliche Mutter zu erweisen. Das geht so weit, dass ich mich in das waghalsige Abenteuer stürze, in meinem tragbaren Backofen, der gar nicht heiß genug wird, einen Kuchen zu backen. Meine Tochter wünscht sich den Liebeskuchen aus dem Märchen *Allerleirauh*, um mit dem darin eingebackenen Ring einen Verlobten zu finden.

Bei mir wirkt kein Zauber, mein Kuchenteig geht einfach nicht auf. Ganz im Gegenteil, er scheint an Umfang zu verlieren, keine Hefesorte vermag den lauwarmen Ofen zu überlisten. Selbst wenn ich die Backzeit verdoppele, klebt am Boden der Form nur ein viel zu süßer und vertrockneter Pfannkuchen. Meine Mutter war eine Meisterin im Backen, der Apfel fällt eben doch oft weit vom Stamm. Ich schäme mich ein bisschen, kaschiere es aber durch ein Lächeln, als Tara direkt vor dem Schuleingang lachend verkündet: »Meine Maman backt Kuchen, die keine sind«, wobei sie in ihrer rührenden Beschützerrolle sogleich hinzufügt: »Das ist aber nicht schlimm …«

Meine treuen Gefährten sind nach wie vor die unbeschreibliche Lili, mein zum Schmuser gewandelter Kater Caviar und der durch Alkohol unsterblich gewordene Goldfisch Coco.

Coco ist in jeder Hinsicht außergewöhnlich. Niemand kann das Alter eines Goldfisches bestimmen, seine Alterungserscheinungen sind nicht sichtbar. Als ich ihn bekam, hieß es, er würde nur noch ein paar Monate leben. Falsch! Inzwischen sind es mehr als zwei Jahre, dass er hier herumplätschert und sein Maul an die Oberfläche schiebt, wenn er Hunger hat.

Coco übt einen großen Reiz auf Lili aus, die häufig wie hypnotisiert ins Wasser starrt, wo er seine Kreise zieht. »Wie kann man sich bloß ein Leben lang im Kreis drehen?« Miss Marple zieht Erkundigungen ein und erklärt mir dann eines Tages triumphierend: »Goldfische haben keinerlei Erinnerungsvermögen. Nach einer Runde haben sie alles vergessen. Daher drehen sie Runde um Runde und haben stets den Eindruck, etwas Neues zu entdecken. Verstehst du? Das ist wie Alzheimer, und das macht ihr Leben erträglich.«

Mein Erinnerungsvermögen wiederum funktioniert noch sehr gut, trotz der notwendigen Medikamentenexzesse. Wenn ich im Wohnzimmer eine Runde drehe, habe ich nie das Gefühl, etwas Neues zu entdecken. Ich verspüre nur Monotonie und Einsamkeit. Lediglich Lili und Tara erstaunen mich immer wieder aufs Neue.

Meine Tochter heranwachsen zu sehen ist eine nie versiegende Quelle der Freude. Ein echter Backfisch, fast geht's zu schnell, jeden Tag ein neues Wort, eine neue Frage, eine weitere Blüte ihrer Persönlichkeit. Auch ihr Körper verändert sich. An ihr kann ich die vergehende Zeit ablesen.

Ich engagiere mich immer noch für die Initiative »Lebensspende« und warte geduldig auf das Ende des Winters, auf meine Theaterrolle.

Der Titel des Stücks *La Mémoire de l'eau* spielt auf ein wissenschaftliches Prinzip an, das seit einiger Zeit die Gelehrten beschäftigt, insbesondere Professor Luc Montagnier, der durch die Entdeckung des Aidsvirus berühmt wurde. Wenn Wasser mit einer anderen Substanz in Berührung komme, könne es auch dann noch deren Eigenschaften bewahren, wenn keinerlei Spur mehr nachweisbar sei. Folglich hätten Wassermoleküle ein Gedächtnis.

Seit meinem Gespräch mit Henriette sind meine Träume merkwürdiger- oder vielleicht logischerweise ruhiger geworden, bedrängen mich nicht mehr so und kommen auch nicht mehr so häufig vor. Mein Gedächtnis scheint Frieden gefunden zu haben. Ich habe sogar eine traumhafte Nacht erlebt, mit Bildern vom Tadsch Mahal und dem *Lake Palace* in Udaipur, die wieder von diesem Ring aus goldenem Licht umspielt waren, aber was ich diesmal dabei empfand, war im höchsten Grade und uneingeschränkt angenehm. Allein schlenderte ich dort in feuchtwarmer Luft vor mich hin, sah meine Beine, meine Schritte in mir unbekannten weißen Ballettschuhen, die mich zu den magischen Stätten hintrugen, während weißer Marmor langsam an mir vorüberzog. In Udaipur ging ich sogar übers Wasser, mit einem unbekannten Gefühl von Glückseligkeit. Ich war unbesiegbar und leicht wie eine Fee. Als ich mein Spiegelbild an der Wasseroberfläche zu erkennen versuchte, war da nur die rote Erde von Rajasthan. Im Rücken spürte ich die süße Wärme eines Mannes, der mich liebte. Dieser Traum hielt mich den ganzen Tag über gefangen, ich war glücklich, lebte wie in einer Luftblase. Der Traum vermischte meine Erinnerungen, meine Realität, meine Sehnsüchte, und gleichzeitig war er mir doch auch fremd, machte mich zur Zuschauerin einer unbeschreiblichen Liebe.

Ich bekam Lust auf Weiß, das Weiß indischen Marmors, die Farbe der Reinheit, der Wiedergeburt. Ich strich meine Wohnung weiß an, kaufte einen prachtvollen Fotoband über Indien und entdeckte mit Erstaunen ein einzigartiges Schwarz-Weiß-Foto vom Tadsch Mahal, eine Luftaufnahme, wie gezeichnet, und ringsum, wie eine schwarze Umrandung, diesen Fluss. Und der See von Udaipur wirkte ausgetrocknet, als hätte es Ebbe gegeben, der Boden war rissig. Auf dem hätte ich tatsächlich laufen können, wie in meinem Traum.

Was könnte ich tun, wenn man mich als Schauspielerin nicht mehr wollte? Mein ausgedünnter Terminkalender bringt mich zum Nachdenken. Wovon könnte ich leben?

Wie jeder Mensch möchte ich mich nützlich machen und meinen Lebensunterhalt selbst verdienen. Mein Buch hat mir zwar Geld gebracht, aber das ist schon ein Jahr her. Wie lange wird es noch reichen? Was kann ich eigentlich außer der Schauspielerei und Moderation? Ich habe keinerlei Diplom, habe alles abgebrochen, um zum Film zu gehen, und kann nichts anderes. Verkäuferin? Altenbetreuerin?

Mein in Cannes lebender Cousin rät mir, es doch mal mit seinem Beruf zu versuchen, nicht wie er als Coach für Manager, sondern als *life coach*, als eine Art Lebensberater. Meine Lebenserfahrung ließe sich doch auch anderen vermitteln, ich könnte andere auf ihrem Weg begleiten, ihnen vielleicht helfen. Nach einem Jahr Ausbildung bekäme man bereits ein Diplom. Ich erkundige mich, im September 2007 beginnt ein neuer Kurs, und wenn das Theaterstück nicht verlängert werden sollte, hätte ich Zeit für eine Ausbildung.

Mein Cousin ermutigt mich darin, neue Projekte anzustoßen und mit dem Warten aufzuhören. Wieder greift er auf eine Fabel zurück, diesmal eine von Äsop, dem griechischen Vorbild La Fontaines: An den beiden Fröschen solle ich mir ein Beispiel nehmen! Okay.

Zwei Frösche hüpfen in einen tiefen Milchtopf mit hohem Rand, und als sie ihren Durst gestillt haben, wollen sie wieder ins Freie, rutschen aber an der glatten Wand immer wieder ab. Der eine gibt auf und ertrinkt, doch der andere kämpft und strampelt so lange, bis er den ersten festen Butterbrocken unter seinen Füßen verspürt, sich abstützen und ins Freie hüpfen kann.

»Und was ist die Moral von der Geschicht?«, fragt mein Cousin.

»Dass man niemals in einen Milchtopf fallen darf!«

»Das Glück liegt im Tun, Charlotte! Bewege dich, strampele dich frei!«, sagt er lachend.

Ich habe mich bewegt, habe wieder mein Telefon ergriffen und meine Flatrate bis zum Letzten ausgenutzt. Ich ergatterte ein paar Termine bei Filmproduzenten, aber einige davon wurden wieder abgesagt. Man empfing mich liebenswürdig, neugierig, aber das war's auch schon. Ich kämpfe, habe ja mein ganzes Leben lang nichts anderes getan. Ich bewege mich, strampele nach Kräften, aber es genügt nicht. Seit Jahren lastet eine Bleidecke auf mir, die all meine Anstrengungen zunichtemacht. Der Medienrummel um mein Buch ist einer großen Leere gewichen.

»Das Leben verläuft in Zyklen«, belehrt mich mein Cousin, dem immer etwas einfällt und der diesmal auf den amerikanischen Psychologen Frederic Hudson zurückgreift.

Jeder habe permanent Zyklen zu durchlaufen, und manchmal müsse man einen Schritt zurückgehen, um besser vorwärtszukommen. Das Leben sei eine Abfolge von Erfahrungen und Zuständen, die niemals andauerten, aus denen man aber immer gestärkt hervorgehen könne.

Der Erfolg dauere nicht an, aber das Unglück auch nicht, das sei normal. Im Lebenszyklus gebe es den Frühling, die Zeit der Vorbereitung und Reifung eines Plans, dann komme der Sommer, wo der Erfolg sich einstelle, dann der Herbst mit dem Abflauen des Erfolgs, dann der Winter, die Zeit der Besinnung, der inneren Einkehr, und dann beginne auch schon der nächste Jahreszyklus. Diese Zyklen sollen nach einem Lebensmechanismus ablaufen, der von naturgegebenen und äußeren Kräften bestimmt werde, die von unserem Willen unabhängig seien. Doch liege es an uns, nicht allzu lange in der Winterstarre zu verharren. Manchen gelänge es sogar, den Sommer zu verlängern oder direkt vom Herbst in den Frühling zu springen.

Ich durchlebe meinen trübsinnigen Winter, die träge Phase meiner Lebenszyklen, und warte ungeduldig auf den Frühling.

Paris, März 2007

»Die Zukunft ist niemals eine lineare und unveränderte Fortführung der Gegenwart.« Die Weisheit meiner Therapeutin hat mir abermals über den Winter hinweggeholfen. Claire sieht die Dinge klar. Für den Frühling 2007 verhieß sie mir ein absolut außergewöhnliches Erlebnis, eines von denen, die man anderen nur wünschen könne.

Die *Große Liebe* existiert wirklich. Die einen spotten darüber, die anderen sehen darin nichts als Chemie. Ich habe sie schon mit siebzehn erlebt, in jener Phase meines Lebens, in der das Glück auf meiner Seite war. Wie vom Blitz getroffen, verliebte ich mich damals in einen Rocker. Das war in einem anderen Leben, bevor die Ernüchterung kam. Seitdem habe ich jede Art blinden und spontanen Verliebtseins wie etwas Gefährliches aus meinem Leben verbannt. Ebenso radikal habe ich die Leidenschaft und den Liebesüberschwang ausgemerzt.

Seit zwanzig Jahren also keine *Große Liebe* mehr. Nur im Kino, wo sie mich wie jede andere Frau zu Tränen rührt. Ein paar meiner Freundinnen glaubten ab und zu, sie zu erleben, doch kaum war der Sturm vorbei, haben sie es widerrufen.

Meine *Große Liebe* als Erwachsene war ein Wiedererkennen der früheren, das Ende eines lebensnotwendigen, permanenten Wartens, ein sanfter Erkenntnisvorgang. Kein Blitz, nein, aber etwas Ähnliches, ein lichtdurchlässiges, riesiges Seidentuch, das mich umhüllte.

Bald wird der Frühling kommen, das ersehnte Ende meines Winterschlafs. Die Proben zu *La Mémoire de l'eau* haben begonnen. Ich jubiliere, bin voll bei der Sache und beherrsche meinen

Text. Eine einmalige Rolle, berauschend und irritierend zugleich. Ich erlebe sie anders als meine Partner. Ich fühle mich wie besessen. Ich liebe den Lärm auf der Bühne, die Schritte, die auf diesem hohlen Boden widerhallen, aus dem jederzeit jede Art Kulisse auftauchen kann. Mit leichtem Bauchkribbeln betrachte ich immer mal wieder die leeren Sitze im Zuschauerraum. Wird er kommen? So lange schon sehne ich mich wieder nach Publikum.

Diese Rolle der jungen Frau, die um ihre Mutter trauert, berührt mich zwangsläufig.

»Trauerarbeit« nennt man das. Ich mag diesen Ausdruck nicht. Ich habe meine Mutter zwar betrauert, aber sie lebt doch in mir weiter. Ihr Lächeln, ihr Schweigen, ihr Klavierspiel, ihre verhaltene Zärtlichkeit, aber auch ihre Angst. Meine Mutter hatte Angst um mich. Auf dieser Bühne spüre ich wieder ihre Gegenwart, manchmal drehe ich mich um, weil ein Geräusch, ein Knacken oder ein aufflammender Scheinwerfer mich überrascht. Das *Petit Théâtre de Paris* ist ein altes Haus, ein geheimnisvoller, mit Geschichten und Emotionen aufgeladener Ort. Ein erstaunlich lebendiger Ort.

Eines Abends, es war noch während der Probenphase, beschließe ich, nach dem Abgang der anderen allein auf der leeren Bühne zurückzubleiben, um an meiner Diktion zu arbeiten. Im Theater hat man ja kein Mikrofon und muss jedes Wort genau artikulieren. Ich bitte den Beleuchter, nur für einen kurzen Moment noch keinen der Scheinwerfer abzuschalten.

Da stehe ich nun allein vor dem leeren Saal und beginne meinen Text zu sprechen. In der Passage, wo ich meine fiktive Mutter anrufe, genau in der Sekunde, da ich das Wort »Maman« ausspreche, zerspringen direkt über mir gleichzeitig zwei Scheinwerfer. Ich fahre zusammen, weiche, ohne mich umzudrehen, ein paar Schritte zurück, um wieder im Licht zu stehen und mich von der Dunkelheit des Saals zu entfernen. Dabei stolpere ich über eine hölzerne Kiste, liege plötzlich mitten auf der Bühne im Totenbett meiner fiktiven Mutter und verspüre in diesem scheinbar geschlossenen Bühnenraum einen so starken Luftzug, als wehte aus den Kulissen lebhafter Wind. Der Vorhang des vorgetäuschten Fensters zu meiner Linken beginnt sich zu wellen, ich richte mich vorsichtig auf und lasse ihn nicht aus den Augen. Der unerwartete Druck einer Hand auf meiner Schulter lässt mich aufschreien, mein Herz scheint stillstehen zu wollen. Aber es war nur der Beleuchter, der ganz beschämt ist, weil er doch absichtlich so leise gekommen war, um meinen Monolog nicht zu unterbrechen.

»Verzeih mir, Charlotte, wenn ich dir Angst gemacht habe …«

»Angst? Ich wäre beinahe gestorben!«

Nach ein paar Sekunden des Schweigens beruhige ich mich wieder, zeige auf die zwei schwarzen Glühbirnen und sage leise: »Da oben sind zwei Scheinwerfer zersprungen.«

»Ich weiß, deswegen bin ich ja gekommen.«

Ich bitte diesen netten jungen Mann, mich bis zu meiner Garderobe zurückzubegleiten.

Je näher die Premiere heranrückt, desto größer wird mein Lampenfieber.

Ich hatte niemals Schauspielunterricht, ich wollte ursprünglich ja auch nicht Schauspielerin werden, sondern wurde eines Tages bei einem Casting dazu auserkoren und bin also jemand, der spontan, instinktiv und ohne theoretisches Wissen zur Darstellerin wurde. Die fehlende Ausbildung und der frühe Erfolg haben dazu geführt, dass ich mich bis heute wie eine Art Hochstaplerin fühle. Nach wie vor ist mir die Meinung anderer wichtig, nach wie vor bemühe ich mich, mein Bestes zu geben, und hoffe, dass es Gefallen findet. Mir liegt daran, zu beweisen, was ich kann. Das Lob, das ich manchmal bekomme, harmoniert nicht immer mit jener inneren Stimme, die mir einflüstert, dass ich es noch besser hätte machen können.

Dieses Stück ist wichtig für mich. Seit fünf Jahren habe ich meinen Beruf nicht mehr ausgeübt. Manche glauben mich schon im Grab, deshalb muss ich meine Vitalität unter Beweis stellen, und, wenn möglich, auch mein Talent. Lampenfieber hatte ich schon immer, aber nicht so stark wie bei diesem Comeback.

Um mich abzulenken, erzählt mir Jeanne, die reizende Garderobiere, was die große Schauspielerin Sarah Bernhardt einer Anfängerin geantwortet hatte, als diese sagte: »Ich, Madame, kenne kein Lampenfieber!«

Darauf Sarah Bernhardt: »Das wird noch kommen, mit dem Talent.«

Wenn Lampenfieber der Maßstab für Talent ist, dann bin ich eine große Schauspielerin.

Nur ein paar Tage noch bis zur Premiere. Ich winde mich in Qualen, muss mich übergeben vor lauter Angst und habe zum ersten Mal in meinem Leben über Wochen hinweg Migräneanfälle, die mit dem Ende der Vorstellungen verschwunden sein werden.

Meine Mutter litt unter Migräne. Sie schloss sich, um Dunkelheit und Stille um sich zu haben, immer in ihrem Zimmer ein, kam nach ein paar Stunden ohne ein Wort der Klage wieder heraus und bedauerte nur, uns allein gelassen zu haben. Dabei war ihr Gesicht noch aschfahl, als habe der Schmerz sie ausgelaugt. Diese ungeheuer starken Migräneattacken waren die ersten Symptome des Karzinoms am Auge.

Und was macht mich jetzt krank? Der Stress, die ungewohnte Anstrengung, die mir abverlangte Gedächtnisleistung oder die Erinnerung an meine Mutter?

Die Premiere wird ein Erfolg. Ich bekomme schöne Blumen, Komplimente und Garderobenbesuche von begeisterten und erstaunten Kollegen. Doch nichts vermag mein Lampenfieber einzudämmen. Eines Abends, ein paar Minuten vor meinem Auftritt, kann ich überhaupt nicht mehr aufhören, mich zu übergeben. Die anderen Schauspieler sehen es mit Besorgnis und sind schon bereit, die Vorstellung abzusagen. Ich darf jetzt nicht krank sein! Ich weiß, dass es vergehen wird. Ich lehne das Angebot ab und bitte nur um ein paar Minuten Aufschub, bevor die drei Schläge den Beginn ankündigen. Ich bete und flehe meine Mutter um Hilfe an. Und dann spielen wir, als sei nichts gewesen.

Das Stück wird ein Kritikererfolg, und das Publikum kommt zahlreich, zumindest in den ersten zwei Monaten. Immer wieder höre ich: »Sie haben uns gefehlt«, und das freut mich. Der Applaus elektrisiert mich, jagt mir Schauer über den Rücken, und die Bravorufe, die mir manchmal entgegenhallen, hauen mich fast um. Die wiedergewonnene Zuneigung des Publikums macht mir erst so wirklich bewusst, wie schwer ich als Künstlerin an meiner Isolation gelitten hatte.

»Schau nur, wie hübsch sie sind! Es sind meine Lieblingsblumen. Hinreißend, dieser süßliche Duft …«

Die Garderobiere hält mir ein Veilchensträußchen hin, dick wie eine Faust, mit Bast umwickelt, aber ohne Absender.

»Ein Herr hat sie mir für dich mitgegeben. Gesagt hat er fast nichts. Und er wollte sich auch nicht dazu überreden lassen, dich persönlich zu begrüßen. Schüchtern, dabei gut aussehend, ja, ein extrem gut aussehender Mann …«

»Wie sah er aus?«, frage ich Jeanne, während ich an den violettblauen Blüten mit den gelben Herzen schnuppere.

»Dunkler Typ, langes Haar, schönes Lächeln, seine Augenfarbe konnte ich nicht mehr erkennen, denn er war gleich wieder weg.«

»Ich liebe Veilchen. Wusstest du, dass sie ihren Duft nur ein einziges Mal freigeben? Ein paar Minuten lang reinigen sie unseren Geruchssinn, und dann riechen sie selbst nach nichts mehr …«

»In der Blumensprache stehen sie für ›heimliche Liebe‹«, sagt Jeanne. »Das Blau ist die Farbe des Geheimnisses.«

»Ich würde ›offenkundige Liebe‹ vorziehen.«

Am nächsten Abend ruft mir Florence, eine Schauspielkollegin, mit der ich die Garderobe teile, beim Abschminken zu: »Charlotte, in der zweiten Reihe rechts saß ein Mann, der dich mit Blicken verschlang. Hast du ihn gesehen? Ein gut aussehender Typ …«

Nein, ich sehe nichts, wenn ich spiele. Ich bin anderswo, entrückt. Selbst beim Applaus vermag ich die Gesichter nicht zu unterscheiden. Mein Blick fegt über die Köpfe hinweg, und ich überlasse mich der vielfachen, anonymen, mir entgegenschwingenden Liebe des Publikums. Ich kann niemanden anschauen, das würde mir meine Konzentration rauben. Als wir vor Jahren Sartres Stück *Die schmutzigen Hände* im *Théâtre Antoine* spielten, besuchte ein Mann meinetwegen jeden Abend die Vorstellung. Das hat mich so unglaublich gestört, dass ich einen Aussetzer hatte. Für mich muss das Publikum eine undefinierbare, wohlwollende Menge bleiben, sonst kann ich nicht spielen.

»Madame hat wieder Veilchen bekommen!«, verkündet Jeanne fröhlich.

»Schon wieder? Vom selben Mann?«

»Ja. Der gleiche Beau, scheu und wortkarg.«

Ein andermal gibt mir Florence auf der Bühne diskret ein Zeichen, indem sie den Kopf leicht nach rechts unten neigt. Das ist direkt vor mir. Obwohl ich verstehe, weigere ich mich, hinzuschauen. Ich will ganz und gar auf meine Rolle konzentriert bleiben.

»Keine Veilchen heute, Jeanne?«

»Nein, heute nicht.«

»Er war wieder da, dein Verehrer, hast du ihn nicht bemerkt?«

»Nein … Es ist also nicht der mit den Veilchen.«

Am nächsten Abend sagt Florence, sie habe ihn nicht gesehen. Jeden Abend kann er ja nun auch nicht kommen.

Inzwischen stehen sechs kleine Veilchensträuße in meiner Garderobe, von denen zwei bereits restlos verwelkt sind. Ich lege sie zum Trocknen auf ein Regal. Gestern habe ich mich ein paar Minuten lang im Flur aufgehalten, genau an der Stelle, wo dieser scheue Mensch Jeanne die Veilchen zu übergeben pflegt. Umsonst.

Der siebte Strauß bringt den Auslöser: Am Ende der Bastschnur hängt ein Zettelchen. Darauf steht: »Sie sind brillant.«

Das nächste Mal bemühe ich mich, die ersten Reihen abzusuchen, obwohl es schwierig ist, nach unten zu schauen. Ich pflege mir meine Inspiration von oben zu holen. Ich sehe nichts unten rechts, suche aber weiter. Keine Blumen an diesem Abend und kein auffallend scheuer Mann im Zuschauerraum.

Drei Tage später versichert Florence, er sei wieder da gewesen und auch fast an der gleichen Stelle, nur noch weiter rechts, zweite oder dritte Reihe.

Und dann begegnete ich schließlich seinem Blick. Es war, als leuchtete er aus dem Dunkel zu mir herauf. Unsere Augen fanden sich nur ein einziges Mal, doch ich war betört wie vom Duft der Veilchen, während ich mechanisch weiterspielte. Er war der Mann mit den blauen Blumen, der »scheue Typ«, wie Jeanne ihn nannte, daran bestand für mich kein Zweifel mehr. Er würde auf mich zukommen, das war eindeutig. Und wenn er nicht käme, würde ich ihn suchen gehen.

Doch dann blieb er plötzlich weg. Mehrere Abende suchte ich erfolglos die ersten Reihen ab. Keine Spur des Namenlosen und auch keine Blumen mehr von ihm.

Ich bekam andere Sträuße, erinnere mich an prachtvolle rote Rosen, hinter deren ausladenden Blüten Jeannes Gesicht verschwand. Ich bekam auch eine Dose Karamellbonbons, die nach salziger Butter schmeckten und die Jeanne in ein paar Stunden aufgegessen hatte. Aber Veilchen kamen keine mehr.

Jeanne tat mir leid, sie macht sich Vorwürfe, dass es ihr nicht gelungen war, den Mann dazu zu überreden, in meine Garderobe zu kommen.

Ich musste noch oft an seinen Blick denken. Doch eines Abends, bei der Betrachtung meiner Veilchenreste, wurde mir plötzlich bewusst, dass diese Erinnerung wie ein flüchtiger Traum verschwunden war. Ich presste die Veilchen zu Trockenblumen und beruhigte damit mein brodelndes Herz. Ich hatte es ja schon öfter erlebt, dass Bewunderer einen zunächst belagerten und dann von heute auf morgen verschwanden.

Eines Tages fängt Maïwenn mich in den Kulissen ab. Sie ist Schauspielerin und Regisseurin, doch vor allem hat sie viele neue Ideen und viel Feingefühl. Sie kommt, um mir zu sagen, wie sehr ihr mein Auftritt gefallen habe und dass sie mir in ihrem neuen Film *Le Bal des actrices* gerne eine Rolle geben würde. Ich bin selig, insgeheim hatte ich gehofft, dass dieses Theaterstück mir neue Rollen einbringen würde. In der Garderobe höre ich ja, wie meine beiden Partnerinnen über Rollenangebote reden, mit denen man sie zu überschütten scheint. Sie sind vierzig Jahre alt, und ihre Karrieren führen steil nach oben. Ich höre und verstehe ihre Begeisterung und freue mich für sie. Ab und zu, wenn sie mein Schweigen bemerken, unterbrechen sie sich und wechseln das Thema.

An diesem Abend will es nicht so recht klappen. Schon am Nachmittag hatte ich während einer improvisierten Siesta wieder diesen Albtraum vom Autounfall, obwohl er mich wochenlang verschont hatte. Dann kam die Migräne, dann das Erbrechen. Aber gespielt habe ich trotzdem. Noch nie im Leben habe ich auch nur eine einzige Vorstellung abgesagt. Ich habe mit vierzig Grad Fieber gespielt und mich heimlich zwischen den Szenen erbrochen, als ich mit den riesigen AZT-Tabletten beginnen musste. Ich habe auch mit roten Flecken im Gesicht gespielt und trotz gebrochenen Herzens, aber durchgehalten habe ich immer. Wie es um Leib und Seele bestellt ist, war mir nie so wichtig wie die Schauspielerei und die Sehnsucht nach gewissenhafter Arbeit.

Der Publikumserfolg des Theaterstücks flaut allmählich ab. Der Kontext stimmt nicht mehr, Paris heizt sich auf, es ist Frühsommer, und die Präsidentschaftswahlen stehen an. Alle Theater bekommen es zu spüren. Auch in meiner Garderobe herrscht trübe Stimmung. Um das Schweigen zu brechen, beginne ich zu singen, als ich plötzlich Jeannes Schritte und Stimme höre: »Doch, doch, kommen Sie mit! Ich weiß, dass sie sich freuen wird.«

Ich begreife sofort. Hastig fahre ich mir mit den Fingern durchs Haar, stehe auf und schaue zur Tür. Ich mag es nicht, jemandem den Rücken zuzukehren, und noch weniger, Besucher im erleuchteten Schminkspiegel zu betrachten. Und so sehe ich ihn, wie er noch im Halbdunkel des Flurs steht und nicht einzutreten wagt. Jeanne geht ihm voraus und streckt mir einen Veilchenstrauß entgegen.

»Endlich habe ich ihn zu packen gekriegt, den scheuen Kerl! Kommen Sie, treten Sie ein!«

Ich gehe auf die Tür zu, nehme die Veilchen in Empfang, atme ihren süßen Duft ein und wende mich dem Mann zu, der immer noch reglos dasteht und mich anlächelt.

»Ich liebe Veilchen über alles. Sehen Sie, ich habe sie alle aufbewahrt … Bonsoir!«

»Sehr erfreut …«

Der Mann kommt einen Schritt auf mich zu und streckt mir seine Hand hin. Ich ergreife sie und halte sie etwas länger als üblich in der meinen. Ich spüre, dass sie feucht ist. Ein Fan rempelt uns an und stürzt an uns vorbei, er müsse unbedingt meine Kolleginnen begrüßen, deren neugierige Blicke auf mich und den Veilchenmann gerichtet sind.

Ich nutze die Unterbrechung, um ihn zu bitten, mit mir zu kommen, anderswohin.

»Möchten Sie etwas trinken? Ich würde Ihnen gerne für die Blumen danken. Kennen Sie die Symbolik der Veilchen?«

»Nein … Sie sind großartig in diesem Stück …«

»›Brillant‹, haben Sie mir geschrieben. Sehr liebenswürdig.«

»Ja, brillant …«

Er geht hinter mir her, und ich schlage den Weg zur Bar am anderen Ende des Theaters ein. Wir gehen seitlich um den Zuschauerraum herum bis zum großen Salon. Ohne jemanden wahrzunehmen, gehe ich durchs Foyer, höre nur ab und zu jemanden wispern oder aus der Ferne sagen: »Willst du mich nicht begrüßen …?« Doch, doch später … Immer wieder drehe ich mich um, um sicherzugehen, dass er mir folgt. Und zum ersten Mal bemerke ich die dunkelblauen Blumen auf dem abgetretenen Teppichboden, über den ich doch schon seit Wochen laufe. Ich spüre, wie sich ein Dauerlächeln auf mein Gesicht legt. Ich habe das Gefühl zu schweben, und um meiner Glückseligkeit Einhalt zu gebieten, fange ich an, meinem Besucher Fragen zu stellen.

»Wie heißen Sie mit Vornamen?«

»Yann.«

»Das ist Jean auf Bretonisch. Sind Sie Bretone?«

»Nein.«

»Sie reden nicht gern.«

»Ich bin bewegt.«

Endlich haben wir die Bar erreicht, wo wir ein langes und für mich wunderbares Gespräch beginnen und ich meine Kollegen, die mir von irgendwoher in diesem riesigen Salon eine Kusshand zuwerfen, nur noch verschwommen wahrnehme. Niemand wagt, heranzukommen und unsere Zweisamkeit zu stören. Yann ist tatsächlich ein Fan von mir, aber noch nicht seit Langem. Als er mich zum ersten Mal in der Sendung *Sept à huit*, wo mein Buch vorgestellt wurde, gesehen hatte, sei er vor Rührung schier »dahingeschmolzen«, sagt er. Und seitdem habe er sich informiert. Er habe alle meine Kinofilme gesehen, so viele sind's ja gar nicht, und besonders gut gefallen habe ihm *Les Fous de Bassan*, den wir in Kanada gedreht hatten und den kein Mensch mehr kennt. In der Selbstmordszene musste ich mich damals ins kalte Meer fallen lassen, und speziell diese Szene habe ihn fasziniert, wofür er sich jetzt entschuldigt. Mich verwirrt die Erwähnung dieses Films. Ich erinnere mich wieder: Wir drehten am Ende der Welt auf einer öden, grauen Insel, gepeitscht von einem nie abflauenden Wind, der mich wahnsinnig machte. Diese Szene war nicht gespielt, sie war Wirklichkeit. Ich war siebzehn Jahre alt und wollte tatsächlich sterben, da ich gerade erst am Telefon erfahren hatte, dass meine große Liebe, mein Rocker, so mir nichts, dir nichts, ohne Grund, Schluss machen wollte. Er war weit weg, in Frankreich, und der Anruf hatte nur Sekunden gedauert. Ein kräftiger Kanadier hatte mich aus dem Wasser gefischt, obwohl ich zappelte wie ein gestrandeter Hummer. Ich wollte ertrinken, dem Leiden ein Ende setzen.

Yann erzählt mir, dass er tatsächlich an mehreren Abenden gekommen sei, um mich zu sehen, dann aber aus beruflichen Gründen ins Ausland gemusst habe und daher erst jetzt wieder Veilchen hatte bringen können. Er ist Architekt, baut Hotels und Showrooms in der ganzen Welt.

»Und wieso gerade Veilchen?«

»Intuition. Ich mag sie einfach. Eine wild wachsende, kleine, empfindliche Blume, die nach Bonbons duftet …«

Mein Herz klopft heftig. Eine völlig unpassende Frage kommt mir über die Lippen: »Sie sind nicht zufällig Witwer?«

»Witwer? Oh Gott, nein! Was für eine Idee, meine Liebe …« Irgendetwas muss ihn aber getroffen haben, denn er senkt den Blick und sagt: »Ich stecke mitten in der Scheidung …«

»Kinder?«

»Nein.«

Während ich mit ihm spreche, betrachte ich ihn genauer. Mein Blick fährt seine fein gezogenen Lippenkonturen entlang und folgt deren langsamen Bewegungen, dann um den Hals herum und hinab bis unter den Adamsapfel, wo die Haut in den Höhlungen spannt. Dann kommen seine Hände dran, ein bisschen klobig, die Innenflächen verhornt, aber die Finger, die da vor meinen Augen tanzen, sind lang und gebräunt. Ich höre ihm schon gar nicht mehr zu, höre nur noch, wie mein Herz galoppiert und mein tiefes Atmen in mir widerhallt. Plötzlich fühle ich mich erschöpft, das war zu viel an Emotion, ich unterbreche Yann und halte nach einer Sitzgelegenheit Ausschau.

»Fühlen Sie sich nicht gut?«

»Doch, doch, es geht schon. Bin nur etwas überanstrengt. Diese Rolle strapaziert mich, und außerdem bin ich *bewegt*, wie Sie es ausdrücken würden.«

Lucien, der Beleuchter, teilt mir mit, das Theater schließe bald und die ganze Truppe sei zum Essen gegangen, gleich nebenan, Rue Blanche.

»Ich werde lieber heimgehen und schlafen. Kommen Sie morgen wieder?«

»Ja.«

»Dann treffe ich Sie wieder hier.«

Neben Tara schlafe ich schnell ein. In Zeitlupe lasse ich Yann vor mir auftauchen und lese von seinen Lippen ab: »Schlafe, schlafe jetzt …«

Am nächsten Tag

Yann sitzt in der ersten Reihe. Er hebt leicht die Hand, als unsere Blicke sich kreuzen. Seltsamerweise fühle ich mich nicht gestört durch seine Anwesenheit, ganz im Gegenteil, ich fühle mich getragen. Beim Applaus steht er auf, und sein Bravo hallt noch lange nach.

In Rekordzeit schminke ich mich ab, begrüße herzlich und so knapp wie möglich meinen begeisterten Agenten, der doch noch gekommen ist, um mich zu sehen, entschuldige mich aber im gleichen Satz: »Bonsoir, entschuldige, aber ich habe eine sehr wichtige Verabredung. Ich rufe dich morgen an. Hat's dir also wirklich gefallen?«

»Großartig, du warst großartig, ihr wart alle super!«

Ich laufe über den geblümten Teppichboden, dann quer durch den Salon, doch das Kanapee, wo wir uns tags zuvor verabschiedet hatten, ist leer.

Ein Veilchenstrauß liegt zwar dort, aber er ist nicht da. Ich setze mich und halte Ausschau. Ein paar endlose Sekunden vergehen, bis ich ihn sehe, er hält ein Glas Champagner in der Hand. Er reicht es mir, ich nehme es und schaue ihn an. Er ist wirklich ein extrem gut aussehender Mann, er könnte Italiener sein, wenn seine Augen nicht so blau wären.

»Bonsoir, Charlotte …«

Er setzt sich neben mich, wir heben die Gläser, stoßen an, und ich lächle.

»Worauf trinken wir?«, fragt er.

»Auf den Frühling.«

Meine Begegnung mit Yann befördert mich direkt vom Winter in den Sommer, vom Winterschlaf in die Euphorie.

Wir küssen uns zum ersten Mal am oberen Ende des Parc des Buttes-Chaumont im XIX. Arrondissement, unter einer kleinen Kuppel aus Marmorstein, von wo aus man den ganzen Ostteil der Stadt überblickt. Eines Abends hatte er mich gefragt, wo ich gerne hingehen würde, und ich hatte geantwortet, an einen unbekannten Ort, unter freiem Himmel und ohne Menschen. Wir ließen alles, was an Monumenten, Plätzen und hübschen Flecken in der Nähe lag, Revue passieren, bis Yann entschied, mit mir zu diesem romantischen, eigentlich kitschigen runden Tempelchen zu fahren, das ich tatsächlich nicht kannte.

Heute, da dichter Nebel sich über Paris ausgebreitet hat, will ich hoch hinauf bis zur dritten Aussichtsplattform des Eiffelturms. Yann ist dagegen, genau dort habe er seiner Frau den Heiratsantrag gemacht. Ich antworte, dann eben nicht, wir können auch anderswohin gehen, nur, wenn man alle Orte meiden wolle, an denen man mit anderen Geliebten schon war, dann müsse man wohl umziehen, und zwar ganz weit weg. Außerdem sei dies ein besonderer Abend.

»Wieso?«, fragt er mich.

»Weil es ein magisches Erlebnis ist, wenn sogar die dritte Etage des Eiffelturms im Nebel versinkt …«

Wir gehen hin.

Vom Aufzug aus, der schräg durch die verschlungenen metallischen Eingeweide des Turms nach oben fährt, sieht man das erleuchtete Paris bald schon entschwinden. Auf der zweiten Plattform steigen alle aus. Niemand fährt heute Abend bis nach oben, die Touristen wollen Paris sehen und nicht den Nebel. Wir bleiben allein in dieser großen Kabine. Die dritte Etage ist in Einheitsgrau getaucht. Der Nebel ist zum Anfassen dick und kalt, er macht die Luft schwer und feucht. Ein Paar, das uns begegnet, möchte so schnell wie möglich von hier weg, findet aber die Tür nicht mehr. Wir zeigen sie ihnen. Dann entdecken wir einen vergitterten Schlupfwinkel und sind in einer anderen Welt. Von hier aus gesehen sind die Lichter der Stadt nur noch etwas hellere Punkte im dunstigen Grau, aber wirklich erkennen kann man nichts. Yann scheint tief bewegt zu sein. Wir lassen uns auf dem Metallboden nieder, als bettelten wir um ein Stück vom Himmel, und küssen uns lange und innig. Doch dann spüre ich salzige Tränen auf meinen Lippen.

»Ist was?«

»Nein … bloß … morgen ist mein Scheidungstermin …«

Schon früh muss er am Gericht von Nanterre sein. Damit wären zehn Jahre gemeinsamen Lebens vorbei. Er hatte gar nicht erst heiraten wollen, um keine Scheidung erleben zu müssen. Er hasse Trennungen. Erst später sollte ich den wahren Grund für die Scheidung erfahren. Yann ist zeugungsunfähig. »Meine Spermatozoiden sind zu faul.« Aber seine Frau wünsche sich nichts sehnlicher als ein Kind. Sie ist 35 wie er und gerät in Panik beim Tick-Tack der biologischen Uhr. Etliche Male haben sie es in vitro versucht, aber ohne Ergebnis. Dann hatte sie eine Fehlgeburt, über die sie nicht hinweggekommen ist. Die Ehe zerbrach. Ihn bedrückt seine Zeugungsunfähigkeit, die er wie eine Behinderung empfindet, er fühlt sich zutiefst unnütz. Er hatte schon gar keine rechte Lust mehr zu leben, bevor er, wie er weinend sagte, meine Fernsehsendung sah.

Im Moment arbeitet er in Berlin. Sein Pariser Büro ist am Erweiterungsbau eines Luxushotels beteiligt. Gut die Hälfte des Jahres ist er im Ausland unterwegs. Auch das konnte seine Frau nicht mehr ertragen. Dabei ist Berlin ja nicht weit weg. Ich habe es in bester Erinnerung, da ich dort 1986 für meine Rolle in *Rouge Baiser* mit einem Bären ausgezeichnet wurde.

»Wenn du mich einlädst, komme ich dich besuchen«, sage ich scherzhaft, um ihm ein Lächeln zu entlocken.

Sein Gesicht beginnt zu strahlen. Italien wäre ihm lieber für ein erstes gemeinsames Wochenende. Nicht Venedig mit seiner geradezu belastenden klischeehaften Schönheit, auch nicht Florenz – zu einförmig, klein und überschätzt –, nein, das erhabene Rom soll es sein.

»Und wann?«

»Wann du willst!«

Das Stück bleibt noch zwei Wochen auf dem Spielplan, dann bin ich frei.

Der Termin in Nanterre war unangenehm. Seine Frau habe nur geschluchzt und sich geweigert, mit ihm zu sprechen. Yann ist traurig. Morgen muss er nach Berlin zurück, Samstag kommt er wieder ins Theater, dann nochmals Berlin, dann aber Rom!

Rom, Juni 2007

Das *Boscolo Palace* ist ein majestätisches, geschichtsträchtiges Gebäude am oberen Ende der Via Vittorio Veneto, der gewundenen Achse, die zu den Gärten der ganz Rom beherrschenden Villa Borghese hinaufführt. Das Hotel wurde kürzlich renoviert, und auch Yann war daran beteiligt. Hinter der riesigen Empfangshalle mit den grünen und purpurnen Glasfenstern liegt leicht erhöht und harmonisch eingepasst das ganz in Weiß gehaltene moderne Restaurant, in dem wir zu Mittag essen. Der knarrende helle Parkettboden und die vergoldeten Fresken aus dem 18. Jahrhundert werden durch die spartanische, an Zen gemahnende Innendekoration noch zusätzlich hervorgehoben. Auf elegante Art sind hier die Epochen vermischt. Wir schlendern die schattige Via dei Condotti hinunter, dann die Via del Corso bis zum Pantheon mit der zum Himmel hin geöffneten Kuppel. Yann schildert mir, was das für eine technische und architektonische Leistung war, lange vor Christi Geburt! Yann spricht als leidenschaftlicher Fachmann.

»Kein Mensch würde es heute wagen, eine solche Kuppel zu bauen … Die skulptierten Kassetten, die du dort siehst und die an Kunstwerke von Vasarely erinnern, sind keine Rechtecke, sondern subtil ausgeklügelte Trapeze, und das Material, mit dem sie bis zu diesem Metallring da aneinandergefügt sind, der sie zusammenhält und gleichzeitig die Öffnung zum Himmel hin möglich macht, ist eine Art antiker Beton. Diese Öffnung symbolisiert die Verbindung des Menschen mit dem Göttlichen …«

Ich blicke nach oben und höre ihm aufmerksam zu. Seine Bildung betört mich, und wie er so ganz in seiner Kunst aufgeht und mich daran teilhaben lässt, gefällt mir besonders. Wir bummeln durch die ockerfarbenen Gassen, die von der Piazza Navona ausgehen und sich bis zum Tiber hinunterschlängeln. Yann lässt meine Hand nicht los, und ich folge dem Mann, den die Vorsehung mir gesandt hat.

Dann will ich das Kolosseum sehen! Dieser gespaltene und grandiose Rundbau fasziniert mich. Die Touristen fotografieren sich gegenseitig und lächeln verklemmt, die unwirklich anmutende Ruine des antiken Rom im Rücken. Einige wissen vielleicht gar nicht, dass das Kolosseum, bevor es Postkarten zierte, Schauplatz grausamster Barbarei war, wo Gladiatoren, Verbrecher, Christen und im weitesten Sinne dem Regime unliebsame Figuren vor einem blutrünstigen und jubelnden Publikum unter den Fangzähnen wilder Tiere ihr Leben ließen. Würden die Stimmen all derer, die hier geopfert wurden, im Chor aufheulen, würde jedermann vor Entsetzen die Flucht ergreifen. Auch heute noch finden dort ein paar hübsche Darbietungen statt, aber vor allem kann man es mittlerweile ganz lässig besichtigen und an einem *gelato* lecken. So sind die Zyklen der Menschheit.

»Weißt du, wer die einzigen Frauen waren, die in den Logen Platz nehmen durften?«, fragt Yann.

»Nein.«

»Die Vestalinnen. Das waren Jungfrauen, die schon in früher Kindheit wegen ihrer Schönheit auserwählt wurden, um im

Tempel der Vesta, der Göttin des heimischen Herds, des Feuers und der Treue, Dienst zu tun. Vesta zuliebe mussten sie Jungfrauen bleiben, und so wurden sie zum Symbol der Reinheit. Man verehrte sie wie Göttinnen, aber bei der kleinsten Verfehlung sexueller Art wurden sie lebendig begraben und der Liebhaber den Löwen zum Fraß vorgeworfen! Das ist keine Sage, die menschliche Grausamkeit ist Realität.«

Auch wir fliehen jetzt von diesem Ort und retten uns ins Hotel, wo wir unsere erste gemeinsame Nacht verbringen, genau drei Wochen nach dem achten Veilchenstrauß.

Mich nackt zu zeigen ist mir peinlich. Über meinen Froschleib in den Armen eines Mannes kann ich nicht lachen. Ich habe alle Lichter gelöscht, so werde ich Yanns schönen Körper zwar nicht sehen, aber berühren können, und wenn ich die Augen schließe, werde ich träumen, dass seine Schönheit sich in mich einprägt. Lange streichelt er mich, Brüste, Hals, Oberkörper … Er berührt meinen kuppelförmigen Bauch und sagt zärtlich: »Schön, so ein runder Bauch …«

Es war eine wundervolle Nacht.

Gleich mehrere gute Nachrichten erwarten mich bei der Rückkehr nach Paris: Die Rechte zur Verfilmung meines Buchs *L'Amour dans le sang* wurden erworben, der bekannte Schriftsteller Emmanuel Carrère wird im Herbst das Drehbuch erstellen, und im Frühjahr 2008 kann gedreht werden.

Außerdem liegt da ein Angebot für mich als Synchronsprecherin in einem Zeichentrickfilm von DreamWorks vor.

Und Henriette hat ihren Ruhestand angetreten. Sie erwartet meinen Rückruf, schickt mir einen Kuss und scheint sich über ihr neues Leben zu freuen. Da die Kolleginnen ihr zum Abschied ein Handy geschenkt haben, um sie jederzeit erreichen zu können, diktiert sie mir auch gleich ihre neue Nummer. Allen wird sie fehlen, die gute Henriette, daran besteht kein Zweifel.

Lili kann es nicht länger ertragen, dass ich ihr meinen romantischen Apollo vorenthalte.

»Veilchen, acht Veilchensträuße … Rom, Hand in Hand! Du hast vielleicht ein Glück! Aber sei auf der Hut, mein Engel …«

»Warum?«

»35 Jahre alt, gut aussehend, romantisch, super in Form, Junggeselle mit gutem Einkommen … Ein Traum, dein Typ! Daran könnte etwas faul sein …«

»Nein, daran ist nichts faul. Das reinste Glück …«

»Und warum dann die Scheidung? Die wahre Natur der Männer, meine Süße, offenbart sich nicht bei der Liebe, sondern bei der Scheidung. Man muss immer nach dem wirklichen Grund suchen, muss es machen wie die Headhunter, die forschen nach, warum und wie oft der Kandidat die Stelle gewechselt hat. Seine Erfolge interessieren eher weniger.«

»Ich bin aber kein Headhunter, Miss Marple, ich weiß, warum er geschieden ist, und werde es dir eines Tages erklären.«

Für heute Abend hat Yann mich zum ersten Mal zu sich nach Hause eingeladen. Er wohnt in einem dieser kleinen Häuser in der Nähe des Parc des Buttes-Chaumont im XIX. Arrondissement, wo wir uns zum ersten Mal geküsst hatten. Von der Metrostation Botzaris aus ist es nicht weit. Erst vor Kurzem ist er hier eingezogen, nach sechs Monaten Renovierungsarbeiten. Er hat nur die vier tragenden Wände stehen lassen. Alles ist weiß, nur ab und zu, als Kontrast, gibt es ein wenig Hellgrau oder ein paar Farbtupfer. Sein Schlafzimmer bildet eine Ausnahme in diesem schönen Loft. Es ist der einzige geschlossene Raum, und es ist rundum blau. Ein intensives, tiefes Blau, fast Veilchenblau. Ich bin spontan begeistert von dieser Wohnung, von der radikalen Modernität in diesem alten Haus, wie im *Boscolo Palace* mischen sich auch hier die Epochen, die Welten. Die Möbel sind sparsam verteilt, auch sie sind weiß, aus gebürstetem Aluminium oder verchromt. Blickfang für mich ist ein Sekretär aus hellem Edelholz. Ich erkenne den Stil wieder, es ist ein altes indisches Möbelstück, in dessen Seitenteile und Türchen die Abbilder meiner drei Gottheiten geschnitzt sind: Brahma, Vishnu und Shiva.

»Bist du auch so vernarrt in Indien? Er ist wundervoll, dieser Sekretär.«

»Ich liebe ihn auch … Es ist das einzige Möbelstück, das meine Frau mir überlassen hat, was auch okay ist, ich brauchte ein wenig Veränderung …«

Ich erzähle Yann von meinen Indienerlebnissen mit Lili und bringe ihn damit zum Lachen: das Model im Flugzeug, unsere verrückten Besichtigungen, mein Tanz mit den Unberührbaren … Er öffnet eine Flasche Champagner, und ich erzähle weiter vom Tadsch Mahal, vom *Lake Palace* und meinen Déjà-vu-Eindrücken. Ich erzähle auch von meinen Träumen und meinem Zellgedächtnis, und dabei wird mir plötzlich bewusst, dass sich das alles nach und nach beruhigt hat. Das muss an der Magie der Liebe liegen.

Unentschieden, wie ich bin, habe ich die Briefe an die Ministerin und die Ärztekammer immer noch nicht abgeschickt. Auch Henriette habe ich noch nicht zurückgerufen, weil ich sie nicht in Schwierigkeiten bringen möchte. Ich will mich ganz auf mein neues Leben mit Yann konzentrieren, auf diese innere Verbundenheit, die ich nicht erwartet hatte.

Yann zeigt sich gleichzeitig berührt und verstört durch meine Erinnerungen. Wie Claire, meine Therapeutin, bemüht er sich, sie rational zu erklären. Es handele sich sicherlich um eine psychische Auswirkung der Transplantation. Alles ließe sich erklären, sagt er gelassen. Das einzige Geheimnis, das er dem Leben zugesteht, ist die Alchemie der Begegnungen, die verzehnfachte Energie zweier Wesen, die sich lieben. An Zufall glaubt er nicht. Er ist Künstler, romantisch, aber auch wissenschaftlich veranlagt, seine Argumentation ist logisch.

Ich möchte wieder über uns sprechen.

»Und was ist nach Berlin?«

Diese Frage scheint ihm peinlich zu sein. Er hüstelt, antwortet dann aber mit diesem offenkundigen Willen zur Wahrheit, der mir gefällt: »Nicht sofort, aber im Mai 2008 werde ich nach Australien gehen … für mindestens ein Jahr. Ich habe schon vor einiger Zeit zugesagt. Dort errichten wir einen Freizeitpark der Luxusklasse an einem unvergesslich urwüchsigen Ort ganz im Norden, wo der unberührte australische Busch bis zum Ozean reicht. Australien ist faszinierend …«

»Du gehst nach Australien?«

»Ja …«

Er ergreift meine Hand.

Aha, da haben wir ihn, den Haken … Australien … Ich kippe meinen Champagner hinunter und halte Yann das Glas hin, damit er mir neu einschenkt.

Die Nachricht stimmt mich traurig, er spürt es sofort.

»Es ist nur Australien, nicht der Mars …«

»Für mich ist das dasselbe … Ich werde dich also nicht mehr sehen?«

»Ich werde alle drei Monate in mein Pariser Büro kommen, und du könntest mich ja auch besuchen … Ich konnte nicht ablehnen, du musst dir das so vorstellen, wie wenn man dir ein Jahr Hollywood anbieten würde, um einen Blockbuster zu drehen oder eine Rolle zu übernehmen, mit der du einen Oscar gewinnen könntest …«

»Das steht, ehrlich gesagt, im Moment nicht wirklich zur Debatte … Und das ist auch gut so, mit dem wechselnden Sorgerecht für meine Tochter hier in Paris könnte ich niemals so lange wegbleiben …«

»Wir werden uns doch nicht den Abend wegen eines beruflichen Projekts verderben lassen, das erst in knapp einem Jahr beginnt, meinst du nicht auch?«

»Hast ja recht, bloß nichts verderben …«

Meine schwärmerische, idealistische Veranlagung verleitet mich immer wieder dazu, von einem dauerhaften gemeinsamen Leben zu träumen, doch die Wirklichkeit lehrt mich, den Augenblick zu genießen und nur das zu lieben, »was wahr ist«, wie meine Therapeutin sagen würde, das Hier und Jetzt. Es sei besser, sich gar nicht erst mit Hypothesen zu befassen.

Der Winter 2007/08 erweist sich als eine absolut einmalige Lebensphase, vielleicht die glücklichste überhaupt: keine gesundheitlichen Probleme, der Bauch schwillt ab, die Energie nimmt zu. Die Aussicht auf die Verfilmung meines Buchs fürs Fernsehen freut mich, ich werde wieder vor der Kamera stehen. Tara entwickelt sich problemlos, und Yann sagt mir regelmäßig, dass er mich liebe, noch bevor ich ihn danach frage. Diese Zeit enthält keine einzelne herausragende Erinnerung, kein Best-of. Alles scheint eine harmonische Einheit zu bilden. Sollte ich ein Detail benennen – eine Nacht, ein Diner, ein Lächeln, einen Ausflug, eine Überraschung –, müsste ich sie alle zusammen nennen.

Zum ersten Mal in meinem Leben dauert der glückliche Zustand länger an als nur einen Moment, und das Glück ist auch nicht mehr eine Abfolge fröhlicher Augenblicke, sondern ein in mir ruhendes Gefühl, das mich sogar ertragen lässt, was ich immer als unerträglich empfand: das Warten.

Beruflich muss ich mich noch bis zum Frühjahr gedulden, dann erst beginnen die Dreharbeiten zu *L'Amour dans le sang*. Aber ich hab's nicht eilig, denn mit dem Frühjahr kommt auch Australien. Auf Yann muss ich oft warten, denn jede zweite Woche ist er in Berlin. Die gemeinsame Zeit verbringen wir mal in seinem Haus, mal in meiner Wohnung. Die Wochenenden allerdings eher bei mir, weil man zu Fuß ins Kino gehen kann. Auch die Sorgerechtsregelung für Tara ist inzwischen auf Yanns Aufenthalte in Paris abgestimmt, da ich nach wie vor darauf bedacht bin, Tara von meinem Liebesleben fernzuhalten. Ich möchte eine verlässliche Bezugsperson für sie bleiben, kein Wetterfähnchen. Ich erzähle ihr auch immer wieder, dass ihr Vater und ihre Mutter sich innigst geliebt haben, als sie sie zeugten, und dass sie deswegen das hübscheste aller Babys bekamen, da ein Kind immer aus Liebe entsteht. Mit der Zeit kann sich die Liebe, die zwei Erwachsene verbindet, dann in Freundschaft wandeln, sodass man vielleicht lieber getrennt lebt oder gar einen anderen Menschen liebt. So ändert sich eben das Leben, was aber nicht schlimm ist und was sie eines Tages auch begreifen wird. Das Wichtigste aber, das sich auch niemals ändern wird, ist die tiefe Verbundenheit, die durch nichts zerstört werden kann, weil sie als einzigartige Form von Liebe womöglich jedem Gefühl zugrunde liegt, und das ist die Liebe eines Vaters und einer Mutter für ihr gemeinsames Kind.

Auf Yann zu warten ist wunderbar, denn ich weiß immer, dass er in ein paar Tagen wieder da sein wird. Nur Ungewissheit macht das Warten unerträglich. Yann ist verlässlich, pünktlich, man kann auf ihn bauen und sich trotzdem betören und überraschen lassen. Jedes Versprechen wird eingehalten, nichts wird widerrufen, verschoben, für kompliziert erklärt. Zwischen uns herrscht kein Schweigen, Yann spricht viel, kann aber auch zuhören. Wir lieben einander zutiefst, was für mich Gelassenheit, Kraft, Frieden und Vertrauen bedeutet. Ich bin Yann erst vor ein paar Monaten begegnet und habe jetzt schon wie alle Liebenden das Gefühl, ihn seit Ewigkeiten zu kennen.

Manchmal denke ich an Australien und recherchiere im Internet: Die Flugzeit beträgt mindestens 22 Stunden. Ein Ticket in der Businessclass, um liegen und schlafen zu können, kostet etwa 5000 Euro. Lauter »gute« Nachrichten … Aber Australien ist ja noch weit weg. Bis dahin kann sich noch alles ändern. Das Projekt könnte aufgehoben werden, oder Yann könnte aus Liebe zu mir darauf verzichten, worum ich ihn jedoch nie im Leben bitten würde. Man sollte nichts im Namen der Liebe einzufordern versuchen. Die Liebe ist ja schließlich kein Tauschhandel. Kein Feilschen, keine Sätze, die mit »Wenn du mich liebst …« beginnen. Nein. Ich habe ewig gebraucht, bis ich den Songtext von Police begriffen habe: *If you love somebody, set them free …* Nach so vielen Jahren Psychoanalyse und all den Trennungen verwechsle ich die Bedeutung von »lieben« und »besitzen« nicht mehr.

Wenn er auf Australien zu sprechen kommt, dann bemüht Yann sich immer, aus Rücksicht auf mich, das Hinderliche, wie Entfernung und Flugzeit, herunterzuspielen, die schönen Orte für Zwischenlandungen herauszustreichen und die verborgenen Reize eines noch zu achtzig Prozent »wilden« Australiens zu rühmen.

»Und wie lange würde es per Schiff dauern?«, unterbreche ich ihn. »Ich habe dir nämlich noch nicht gesagt, dass ich Langstreckenflüge nur schwer ertrage. Auf dem Flug nach Indien hatte ich eine echte Panikattacke … Jedes Luftloch verursacht mir Ängste, die ich nicht unterdrücken kann, und Nachtflüge … Wenn die Maschine unbeweglich in der Luft steht und man den Eindruck gewinnt, sie könne sich von einer Sekunde auf die andere vom Himmel lösen … Es gibt zwei Berufe, die ich nie und nimmer hätte ausüben können: Prostitution und Flugbegleitung.«

»Per Schiff dauert es schon ein wenig länger. Aber wenn man liebt …«

»Wartet man brav daheim«, ergänze ich mit zärtlicher Resignation.

Für den Abend meines Geburtstags am 29. November 2007 hat sich Lili mit ein paar Freunden eine Überraschung für mich ausgedacht. Yann wird in Berlin bleiben müssen, was er mir schon lange vorher gesagt hat. Nächstes Jahr werde ich vierzig, aber dieses Jahr kann ich noch ungeniert behaupten, ich sei ein bisschen über dreißig Jahre alt …

Kokett, wie ich bin, verabscheue ich wie jede Frau die Zeichen der Zeit an meinem Körper, wenn die Haut welk, faltig, trocken und fleckig wird. Dabei habe ich doch lernen müssen, die Zeit zu schätzen. Trotz meiner Eitelkeit war ich dem Lebensende schon mehrmals sehr, sehr nahe, ich war mager, bestand nur noch aus Haut und Knochen, wurde aufgeschlitzt, zerlöchert, überall gelb bepinselt, rasiert, wieder zugenäht, ins Leben zurückgeholt … Ich bin eine Kokotte auf Bewährung, die das Altern hasst und dennoch gerne die Zeit verstreichen sieht.

Möge sie verstreichen, mich aber nicht markieren!

Im Kellergewölbe dieses kleinen Thairestaurants im Marais, wo man sich laut Lili »die Finger abschleckt vor lauter Genuss« und »die mit Krabben gefüllten Windbeutel schier unvergesslich sind«, umfängt mich sofort eine liebevolle Atmosphäre. Ich weiß, das wird ein schöner Abend werden, auch wenn Yann nicht dabei ist. Schon beim Aperitif herrscht lautes Lachen, die Gläser klirren, und ich entdecke ein paar alte Freunde, die Lili heimlich zusammengetrommelt hat. Unsere fröhliche Gemeinde gerät außer Rand und Band, und Lili verheißt ständig aufs Neue eine große Überraschung. Sie selbst vernascht bereits einen sehr gut und sehr männlich aussehenden Zwanzigjährigen, der Grieche sein könnte, von dem ich aber weiß, dass er schwul ist. Sie hat wirklich Pech, meine Lili. Als ich es ihr lachend ins Ohr flüstere, fällt sie aus allen Wolken. »Allmählich wird das zu deiner Spezialität, meine Süße.«

Yann hat mir eine überaus zärtliche Nachricht auf die Mailbox meines Handys gesprochen, dessen Klingeln ich in diesem Tohuwabohu gar nicht gehört habe. Er spaziere gerade um diese halb zerstörte Kirche im Herzen Berlins herum, die »Gedächtniskirche«, und denke an mich, an uns. Was für eine Überraschung sich meine Detektivin Lili wohl ausgedacht hat? Bei ihr muss man auf alles gefasst sein, und das macht meine Spurensuche zu einer kniffligen Angelegenheit. Ich fange lieber gar nicht erst an zu rätseln, denn heute möchte ich lustig sein und mir das Gehirn nicht zermartern. Ich bestelle ein paar Häppchen, da mir dieser köstliche Champagner schon zu Kopfe steigt und nichts dazu serviert wurde. »Wart's nur ab, sei nicht so ungeduldig«, mahnt Lili betont geheimnisvoll. Dann gehen plötzlich die Lichter aus, dabei sind wir doch noch gar nicht beim Dessert, und ein vielstimmiges *Happy Birthday* ertönt, was mich zu Tränen rührt. Aus dem Halbdunkel taucht ein Kellner auf, er trägt eine Platte, auf der drei Kerzen brennen, die meinen Blick auf sich ziehen. Ich liebe diese Fröhlichkeit und singe laut mit, und erst als der Refrain verklungen ist, gehe ich auf den Kellner zu, um zu sehen, was auf der Platte angerichtet ist: Es sind die berühmten Krabbenwindbeutel, im Kreis angeordnet wie Apfelscheiben auf einer Torte. Bevor ich die Kerzen ausblase, blicke ich kurz hoch, um dem sympathischen Kellner zu danken, der alle Kraft aufbieten muss, um diese riesige Platte zu halten. Da entdecke ich meine Überraschung: dieses lange Haar, dieser funkelnde, vom Kerzenschein vergoldete Blick und dieses Lächeln! Es ist Yann! Ich hole tief Luft und blase die Kerzen aus, Yann beugt sich zu mir und küsst mich, das Licht geht an, der ganze Saal tobt, und ich weine. Es ist ein bisschen viel für mein kleines Herz, aber ein so schöner Moment. Die Musik setzt wieder ein, Michel Bergers *La groupie du pianiste*, ich wiege mich in den Hüften und halte Yanns Hände fest in den meinen. Um sechs Uhr früh geht seine Maschine nach Berlin. Noch vor dem Dessert schenkt er mir eine zarte Kette aus Weißgold, an der ein schlichtes flaches Plättchen mit einem winzigen Brillanten am unteren Ende hängt. Ob er die Bedeutung des Motivs kenne? Nein, es habe ihm einfach gefallen. Ich finde es hinreißend, es sieht aus wie ein winziger Zauberstab. Yann hebt mein Haar an, entblößt meinen Nacken, küsst ihn unter allgemeinem Gejohle und schmückt mich mit seinem Geschenk. Das kleine goldene Herz, meinen Talisman, nimmt er ab, es hat mir ja auch lange genug gedient.

Den Silvesterabend verbringen wir zu zweit. Wir brauchen keine Musik- oder Tanzveranstaltung, um in Stimmung zu kommen, und auch keinen dieser aufgetakelten Nightclubs, wo um Mitternacht alle einander sturzbetrunken in die Arme fallen und sich küssen, als sei Paris soeben befreit worden. Auf Yanns Frage: »Wo würdest du Silvester gerne hingehen?« habe ich Baudelaire zitiert: »Dorthin, wo nur Lust, Reichtum und Ruhe ist.«

Yann erfüllt mir meinen Wunsch und führt mich an einen magischen, »einer Prinzessin würdigen« Ort und ins neu eröffnete Restaurant eines berühmten Kristallherstellers. Ein hübscher rechteckiger Platz, nicht weit von den Champs-Elysées entfernt, den noch nicht jeder kennt. Wir betreten ein altes, ehrwürdiges Stadtpalais mit einer herrschaftlichen Halle im Erdgeschoss und einem majestätischen, steinernen Treppenaufgang. Zwischen den mit dunklem Samt bespannten Wänden und unter den wie Sterne funkelnden, schwarz und silbern schillernden Kristalllüstern schreiten wir dahin wie König und Königin.

Bei Tisch denke ich mir ein Spiel aus. Denn als ich Yann eines Tages die »typisch weibliche« Frage gestellt habe, was aus seiner Sicht Liebe sei, hatte er geantwortet: »Den anderen so gut kennen, dass man sich in ihn hineindenken kann.« Und wie weit wir damit sind, möchte ich jetzt einmal testen.

Das Spiel geht so: Man schaut sich die Speisekarte an, notiert die eigene Wahl, bestellt aber, was der andere jetzt vermutlich am liebsten essen würde. Dafür muss man ihn nicht nur gut kennen, sondern auch erraten, wonach ihm gerade der Sinn steht. Die außergewöhnlich vielfältige Karte macht diese Übung schwieriger. Ich konzentriere mich, denke intensiv nach, denn mit Liebesspielen spaße ich nicht. Dann kritzele ich meine Menüwahl auf einen Zettel und überlege, was Yann jetzt wohl am liebsten hätte. Man muss schnell und instinktiv entscheiden. Dann rollen wir beide mit ernsthafter Miene unsere Zettel zusammen und legen sie in die Mitte des Tischs. Kerzengerade und alterslos kommt ein schwarz-weiß gekleideter Monsieur auf uns zu und schwingt stolz seinen Montblanc-Füller. Da der Anstand es gebietet, dass der Herr für beide bestellt, wendet er sich selbstverständlich an Yann. Wir Frauen, diese göttlichen und geheimnisvollen Kreaturen, können ein so elementares Bedürfnis wie essen zu wollen ja nicht kundtun.

»Madame, Monsieur, bonsoir, haben Sie Ihre Wahl schon getroffen?«, fragt die steife Hemdbrust mit Blick auf Yann.

Gegen jedes Protokoll verstoßend, ergreife ich das Wort und nenne die Speisenfolge, die ich für ihn ausgesucht habe.

Der hartnäckige Kellner, immer noch Yann zugewandt, unterbricht mich höflich.

»Möchte Monsieur nicht zuerst für Madame bestellen?«

»Nein«, sage ich in einem Aufmerksamkeit fordernden Ton. »Heute Abend wechseln wir die Rollen. Also: Monsieur hätte gerne …«

Und unter Betonung jedes einzelnen Worts diktiere ich das für meinen Geliebten ausgewählte Menü. Yann lacht dazu.

»Und was wünscht Madame?«, fragt der Kellner mit einem misstrauischen Blick auf mich.

»Das wird Ihnen jetzt Monsieur sagen. Yann, bitte …«

Um die Spannung zu erhöhen, warten wir bis zum Ende der Mahlzeit mit dem Entrollen der Zettelchen, doch an Yanns Gesichtsausdruck konnte ich schon während des Bestellens ablesen, dass ich ins Schwarze getroffen hatte. Als Dessert serviert man mir ein hauchdünnes Zitronentörtchen mit Baiserhaube. Um die Eleganz zu wahren, nehme ich nur selten Desserts, ich esse Süßes höchstens allein oder mit meiner Komplizin Lili. Diese treffsichere Wahl irritiert mich, wäre sie doch noch vor wenigen Monaten völlig falsch gewesen. Der Appetit auf Zitrone gehört ja zu den radikalen Veränderungen, die sich in mir vollzogen haben. Ich betrachte das kunstvoll gezwirbelte Häubchen mit goldbrauner Spitze und hebe es ab, um nur die Zitronencreme zu essen. Dabei hebe ich kurz den Blick und sehe Yann wie hypnotisiert auf meinen Teller starren.

»Was ist? Hättest du lieber dieses Dessert gehabt?«

Er lächelt und wischt sich flüchtig über die Augen.

»Virginie, meine Exfrau, macht es genauso wie du … Sie bestellt ein Zitronentörtchen, weil sie nichts lieber mag als das, und auch immer mit Baiserhäubchen, weil sie es hübsch findet, aber dann hebt sie es sorgfältig ab.«

»Da hat sie recht, deine Ex … Denkst du noch oft an sie?«

»Ich denke an sie … aber kaum, wenn du bei mir bist. Sie ruft von Zeit zu Zeit an. Entschuldige …«

Kurz vor Mitternacht tauschen wir in leicht fiebriger Erwartung unsere Zettelchen aus. Bevor er sich meine persönliche Menüwahl anschaut, fragt Yann: »Weißt du, was Freud sagte, kurz bevor er starb? ›Was wollen die Frauen nur?!‹« Er lächelt und seufzt zugleich, als teilte er diese Auffassung.

»Das hätte er sich auch früher fragen können!«

Lachend lesen wir unsere Zettelchen. Ich habe gewonnen! Alles stimmt! Ich kann nur über mich selbst staunen und rufe ein siegesgewisses und unüberhörbares »Yes!« in die gedämpfte Atmosphäre dieses eleganten Salons. Es ist das »Yes!« einer Frau, die davon überzeugt ist, dass ihr Geschlecht in Liebesdingen eindeutig das stärkere ist.

Auch Yann ist von der profunden Kenntnis meiner Person nicht weit entfernt. Das verstört mich irgendwie. Die Menüfolge, die er für mich aufgeschrieben hat, stimmt genau, mit Ausnahme des Desserts, da ich mich in letzter Sekunde anstatt für das »Törtchen mit wilden Menton-Zitronen« für den »Minigugelhupf in altem Rum« entschieden habe. Auch dies ist ja eines meiner neuen Gelüste.

Punkt Mitternacht. Eine ganze Reihe Kellner lässt gleichzeitig die Champagnerkorken fliegen, ein wahres Kanonenfeuer. Ich bleibe meiner Tradition treu und formuliere keinen dieser hohlen Wünsche, die sich im neuen Jahr nicht zu erfüllen pflegen. Ich blicke Yann nur lange, lange an, versenke mich in seine Augen. »Ein schönes Jahr …«, murmelt er, bevor er mich küsst.

Paris, April 2008

In zwei Wochen beginnen die Dreharbeiten zu *L'Amour dans le sang*. In einem Monat geht Yann nach Australien. Er hat mich gebeten, nach den Sommerferien zu ihm zu ziehen, und sich sogar schon erkundigt, was zweisprachige Schulen kosten. Aber das geht nicht, ich kann Tara nicht von ihrem Vater trennen. Das seelische Gleichgewicht meiner Tochter ist absolut vorrangig. Wenn Yann nur für ein Jahr wegbleibt, werde ich eben warten. Die ersten Flüge zueinander haben wir schon geplant: Yann kommt im August für einen Monat zurück, aber vorher, gleich im Anschluss an die Dreharbeiten, will er mir meine erste Australienreise schenken. Mein Arzt versichert mir, Flugangst sei nicht gefährlich, und außerdem verfügte ich ja über ein Arsenal an Medikamenten, um sie zu bekämpfen.

In seinem stillen blauen Schlafzimmer, das auf einen steingepflasterten Hinterhof schaut, habe ich mit Yann die Nacht verbracht. Er schläft wenig, steht immer sehr früh auf, macht seinen Computer an und beginnt zu arbeiten. Er braucht keinen Wecker. Wie immer hat er lautlos die Wohnung verlassen und mir vermutlich noch einen Abschiedskuss auf die Stirn gedrückt, der mich aber, weil er so leicht ist, weiterschlafen lässt. Yann ist fürsorglich. Ich brauche immer viel Schlaf, Herz und Leib benötigen Ruhe. Es ist schon nach neun Uhr, als ein beharrliches Klingeln mich dazu bringt, die Augen zu öffnen. Es scheint aus einiger Entfernung zu kommen, aber der schrille Ton wird immer lauter. Brummig, weil ich noch so schlaftrunken bin, stehe ich auf. Der Klingelton verrät mir, dass es Yanns Handy ist. Er dürfte es vergessen haben. Ich tappe suchend im Wohnzimmer herum, und dann wird mir klar, dass das Geräusch aus dem indischen Möbelstück kommt. Das Handy muss da drin sein, aber die schmalen Türchen sind abgeschlossen, und da ist weit und breit kein Schlüssel. Jetzt klingelt mein Handy auf dem Couchtisch direkt hinter mir. Wenn ich schlafen gehe, lege ich es wegen der Strahlungen immer möglichst weit von mir weg, es sei denn, ich brauche es als Wecker. Es ist Yann.

»Habe ich dich geweckt? Entschuldige. Hast du mein Handy gesehen? Im Moment habe ich den Kopf so voll mit anderen Dingen, dass ich es wohl daheim vergessen habe.«

»Ja, es ist in diesem indischen Sekretär, vor dem ich gerade stehe. Sag mir, wo der Schlüssel ist, dann bringe ich es dir nachher ins Büro.«

Nach kurzem Zögern antwortet er: »Nein, das ist ein Umweg für dich, bis zur Metrostation Opéra. Ich werde gegen Mittag heimkommen und es holen. Wartest du auf mich?«

»Nein, ich habe dir gestern Abend schon gesagt, dass ich zum Mittagessen mit Lili verabredet bin, aber du hast mir nicht zugehört. Sehen wir uns heute Abend, Liebster?«

»Okay, mein Herz.«

Bevor ich wieder ins Schlafzimmer gehe, streiche ich wie automatisch über den Aufsatz des indischen Sekretärs, der jetzt still ist. Ganz so, als wollte ich das Möbelstück auf Staub überprüfen. Aber auch dort liegt kein Schlüssel. Mein Herz klopft stärker. Dieser Sekretär hat mich schon immer angezogen, ja, um ehrlich zu sein, er verstört mich. Warum ist er immer verschlossen? Aber irgendwie passt es zu Yann, er liebt Ordnung und Systematik. Er verkörpert eine seltene Mischung aus lebhafter Sinnlichkeit und strenger Methodik, damit die Erstere nicht ausufert, nicht den Rahmen sprengt. Seine Wohnung ist perfekt aufgeräumt, und sein Sekretär ist verschlossen. Auch das passt zu ihm, ist eigentlich typisch für ihn. Ich will versuchen, noch ein wenig zu schlafen.

Aber ich bleibe wach, träume vor mich hin, gönne mir noch ein paar Minuten träges Faulenzen. Der Himmel, den ich vom

Bett aus durch das hohe Fenster sehe, hat nicht die Farbe, die ins Freie lockt. Es ist Ende April und noch kein Frühling. Am liebsten würde ich noch länger faul liegen bleiben, mich auf die andere Betthälfte, seine Seite, rollen, um in der verknitterten Baumwolle seinen Geruch einzuatmen. Ich könnte ja wirklich auf ihn warten und Lili versetzen. Aber ob sie es mir verzeihen würde? Nicht so sicher, denn sie beklagt sich ja schon seit Langem, dass ich sie wegen meines Liebsten dauernd vernachlässige, und biestig, wie sie sein kann, freut sie sich unverhohlen über seine baldige Abreise nach Australien.

Ich stehe also besser auf, ziehe mich an und gehe. Als ich die Haustür ins Schloss fallen lasse, schreie ich auf vor Schreck. Von der Dachrinne springt mir eine Katze direkt vor die Füße. Die breiten Flecken in ihrem schwarz-weißen Fell erinnern mich an bretonische Kühe. Bevor ich sie streicheln kann, ist sie auch schon wieder verschwunden. In dem menschenleeren Gässchen, das in die Rue de Mouzaïa mündet, in diesem Viertel, das zu Recht »das ländliche Paris« genannt wird, will ich mich an diesem Spätvormittag nicht länger aufhalten. Ich gehe schnurstracks zur Metro. Die Taxifahrten zwischen meiner Rive-Gauche-Wohnung und diesem hoch im Osten gelegenen Teil der Stadt schmälern mein Finanzpolster deutlich und werden mich noch in den Ruin treiben. Daher ist Vorsicht geboten. Ich gehe schnellen Schrittes und werfe ab und zu einen prüfenden Blick in diesen unentschlossenen Himmel, der nicht verraten will, ob er zu Regen oder Aufhellung tendiert. An der Station angekommen und noch bevor ich diese altertümliche Drehtür passiere, bleibe ich stehen. Ich habe das Gefühl, irgendetwas bei Yann vergessen zu haben. Aber was? Ich wühle in meinen Taschen, in der Handtasche, aber offenbar habe ich alles Nötige – Handy, Geld, Schlüssel – bei mir, um heimzugehen. Also hinunter. Beim langen Pfeifton, der das Schließen der Gleissperre ankündigt, verspüre ich einen Stich im Herzen, der mich stutzig macht. Dieses Geräusch, das alle Pariser kennen, erinnert mich an ein anderes: den Klingelton von Yanns Handy. Ich lasse mich auf einem Klappsitz nieder, wie es im Theater die Zuspätkommenden tun müssen, doch das heftige Herzklopfen lässt nicht nach. Dieses Herz ist wirklich ein merkwürdiges Ding. Man könnte meinen, es funktioniere wie ein Alarmknopf. Sein wechselnder Rhythmus kann kaum mit physischer Anstrengung zusammenhängen, denn die vermeide ich inzwischen ja tunlichst. Es scheint mich warnen zu wollen. Als die Metro in den Tunnel einfährt, fängt das Licht im Waggon zu flackern an. In diesem wechselnden Hell-Dunkel klopft mein Herz immer noch heftig, und in dem Moment, da ich die Augen schließe, um mich ganz auf mein Atmen zu konzentrieren, blinkt unter meinen Oberlidern unvermittelt ein Licht auf, so gestochen klar und hell wie auf meinem Macintosh: der indische Sekretär, sein bleiweißes Holz mit den Göttern – dem Schöpfer und den beiden Gottheiten der Ordnung und der Zerstörung.

Ich muss zurück zu Yann und diesen Sekretär öffnen. Allein schon beim Gedanken daran bekomme ich Bauchkrämpfe, und meine Kehle ist wie zugeschnürt. Diese Symptome sind mir unheimlich. Ich steige an der nächsten Station aus und halte Ausschau nach der Metro in die Gegenrichtung. Beim Warnton der Gleissperre bekomme ich Gänsehaut. Auf der Straße versuche ich, schneller zu gehen, aber mein Herz macht das nicht mit.

Am Anfang der Gasse zu Yanns Haus begegnet mir wieder die schwarz-weiße Katze. Diesmal sitzt sie wie eine Sphinx auf einem Mäuerchen und verfolgt mich aus den Augenwinkeln. Ich betrete die Wohnung, gehe direkt auf den Sekretär zu, schnappe mir einen Stuhl und klettere hinauf. Aber oben auf der Abdeckplatte befindet sich kein Schlüssel. Wo kann er bloß sein? Es ist fast Mittag, und Yann dürfte bald kommen. Er soll mich doch nicht hier vorfinden, wie ich in seiner Wohnung herumkrame. Ich fühle mich schuldig und will dennoch nicht aufgeben. Wo kann er diesen Schlüssel bloß hingetan haben, ordnungsliebend, wie er ist? Ich versuche, mich in einen Mann hineinzuversetzen, dessen Leben durch Ordnung und Logik bestimmt wird. Eine doppelte Empathie-Anstrengung. Bei mir herrscht ein unbekümmertes, aber behagliches Durcheinander. Noch nie konnte ich mich dazu durchringen, komplett aufzuräumen. Perfekte Ordnung würde mich aus dem Gleichgewicht bringen, denn sie stünde im Widerspruch zu meinem Leben, zu meiner Person.

Meine Intuition sagt mir, dass der Schlüssel nicht weit sein kann. Ich gehe in die Knie und schaue unter den Sekretär. Nichts. Auch nicht hinter den Säulchen auf den Seiten. Bleibt nur noch hinter dem Sekretär, auf der Rückseite. Klar! Ich zwänge meine Finger zwischen Wand und Rückseite. Da ist nichts. Aber auf der anderen Seite werde ich fündig: ein winziger Nagel, an dem ein Schlüssel hängt. Natürlich fällt er herunter, als ich mit zwei Fingern nach ihm angele. Unter Verrenkungen kriege ich ihn schließlich zu fassen. Hab ich ihn! Ich öffne die beiden schmalen Türchen. Yanns Handy liegt vor mir, genau in der Mitte, auf einem Stapel Aktenordner. Ich ergreife es und lege es sichtbar auf den Couchtisch. Dann schaue ich mir den Inhalt des Sekretärs noch etwas genauer an: ein schöner Füllfederhalter, eine alte Uhr und mein Halskettchen mit dem kleinen Herzanhänger. Wie kommt es da hin? Ach ja, Yann hatte es mir bei meiner Geburtstagsfeier abgenommen. Ich nehme dieses Herz, das mir Glück gebracht hat, und betrachte es genauer. Ist es wirklich meins? Ich hatte es nicht so abgegriffen in Erinnerung. Aber habe ich es je so genau angeschaut? Ich bin mir nicht sicher. Unter dem Handy ein Foto von Yann mit seiner, wie ich vermute, geschiedenen Frau. Ihr Gesicht kannte ich bisher nicht, ich habe es ja bewusst vermieden, nach dieser Frau und Yanns Vergangenheit zu fragen. Aber die großartige Landschaft hinter den beiden, die kenne ich, es ist der Tadsch Mahal. Es rührt mich, diesen für mich so besonderen Ort wiederzusehen. Mir wird ein wenig schwindelig.

Das ist also die Frau, von der er sich scheiden ließ. Sie ist hübsch, dunkelhaarig, hat ein schönes breites Lächeln, helle Augen wie Yann und wirkt liebevoll. Auf der Rückseite des Fotos lese ich: *Tadsch Mahal, Frühjahr 1997.* Unter dem Foto ein akkurat geschichteter Packen Terminkalender der letzten Jahre und darunter ein paar blaue Kartonmappen. Die unterste ist nicht blau, sondern rot. Ich bücke mich, um sie in Augenschein zu nehmen. Da höre ich vom Garten her ein Geräusch und erstarre. Mein Herz beginnt zu rasen. Ich versuche, alles so schnell wie möglich wieder ordentlich hinzulegen, aber das ist gar nicht nötig, denn die Eingangstür bleibt zu. Es war wohl der Briefträger oder die streunende Katze. Ich beruhige mich, indem ich mir einrede, dass was ich hier tue, nicht weiter schlimm sei, und selbst wenn Yann mich dabei überraschen würde, wäre er mir bestimmt nicht böse, denn was für ein Geheimnis könnte er schon vor mir verbergen wollen? Ich würde ihm erklären, dass ich ihn doch mit seinem Handy im Büro hatte überraschen wollen. Willkürlich greife ich ein paar der blauen Ordner heraus, aber auch den roten. Ein bisschen schwindelig ist mir immer noch, die Unruhe ist noch nicht ganz weg. Jede Mappe ist beschriftet, und immer geht es um ein Bauprojekt: *Boscolo Palace, Rom 2005, Hotel Kempinski, München 2004* … Auf der roten steht jedoch nur ein Datum: 4. 11. 03. Erstaunt setze ich mich und öffne sie: gleich mehrere farbige Plastikhüllen. In der obersten steckt ein Dokument, dessen Briefkopf mir vertraut ist. Hôpital Saint-Paul. Eine Sterbeurkunde. Ich lese Namen und Vornamen: Briend, Virginie … und kann es nicht fassen! Yanns Ehefrau? Eine Sterbeurkunde vom 4. November 2003 … In einer anderen Hülle ein aufgeklebter Zeitungsartikel: »Unwetter: Tödlicher Unfall, Nation, XII. Arrondissement …« Meine Hände zittern. Ich entfalte die Zeitung und sehe mein Foto auf dem Titelblatt des *Parisien* … Alles verschwimmt vor meinen Augen, ich fühle mich wie zusammengestaucht, ich muss aufhören und kann nicht einmal mehr all diese Dokumente ordentlich an ihren Platz zurücklegen. Yann ist also gar nicht geschieden, er hatte mich von Anfang an belogen, seine Frau ist am 4. November 2003, am Tag meiner Herztransplantation, gestorben. Ich fühle mich wie benebelt, ich versinke. Im Ohr habe ich nur noch ein anhaltendes Dröhnen. Ich werde alles in Unordnung lassen, Yann kann es ja wieder aufräumen. Ich schnappe mir meine Handtasche vom Tisch und gehe wie ein Zombie ein paar Schritte durch den großen Salon, zuerst langsam, dann immer schneller, bis ich losrenne, als müsste ich von hier fliehen.

Ich habe die Tür nicht fest genug zugezogen, den Riegel nicht einrasten hören, egal, ich kehre nicht noch einmal um, sondern renne und fliehe. Mein Blick ist getrübt, ich suche nach dem Weg, und obwohl ich ihn doch auswendig kenne, weiß ich plötzlich nicht mehr, wo ich abbiegen muss, links, rechts? Was habe ich hier überhaupt zu suchen, so weit von meiner Wohnung entfernt? Ich bleibe stehen und drehe mich im Kreis, um meine unmittelbare Umgebung wahrzunehmen. Eine an mir vorbeigehende Dame fragt mich höflich: »Haben Sie sich verlaufen?« Ich antworte nicht, presse die Augen zusammen, wie um mich aufzuwecken, und laufe in Richtung Metrostation.

Ich kann keinen klaren Gedanken fassen. Ich spüre, wie ich schwanke. In meinem Kopf herrscht ein so heilloses Durcheinander. Ich weiß überhaupt nichts mehr. Alles ist so verworren. So dürfte es sich anfühlen, wenn man wahnsinnig wird, kurz vor dem totalen Blackout, der endgültigen Abkoppelung. Das Signal der sich schließenden Zugtüren ist unerträglich. Ich presse meine Hände gegen die Ohren und möchte am liebsten laut schreien. Ein junges Mädchen ruft leise meinen Namen, kommt auf mich zu, sagt etwas und streckt mir eine Zeitung und einen Kugelschreiber hin. Ich begreife nicht, was sie will. »Charlotte Valandrey, ein Autogramm, bitte, Charlotte Valandrey …« Dieser Name klingt wie ein Echo. Aber was ist es für ein Name? Ich heiße doch Anne-Charlotte Pascal. »Ich bin nicht Charlotte Valandrey.« Dieser Name ist ein Irrtum, ein Fluch.

Die kühle Stadtluft holt mich allmählich in die Realität zurück. Ich setze mich auf eine Bank des kleinen Parks neben dem *Bon*

Marché. Warum schreien diese Kinder so? Wo ist meine Tochter? Mein Handy klingelt. Ich nehme es aus der Tasche. Auf dem Display blinkt der Name »Lili«. Ohne zu wissen, ob ich überhaupt sprechen kann, drücke ich auf die grüne Taste, presse das Handy gegen mein Ohr, höre Lilis Stimme und heule auch schon los.

»Charlotte? Charlotte? Hallo? Hallo? Charlotte, ich höre dich nicht. Hallo!«

Nun sage ich deutlich und gleich mehrmals: »Es ist wegen Yann, Yann hat mich belogen, er hat gelogen …« Aus Lilis anschließendem Wortschwall bleibt nur der Schluss in meinem Kopf hängen: »Komm, komm her zu mir …« Ich werde kommen, aber erst später. Zuerst muss ich nach Hause. Hier kenne ich mich wieder aus, das ist meine Metrostation Sèvres-Babylone. Also die Rue de Sèvres hinauf, dann im Automatikmodus durch die Eingangstür und, weil der alte Aufzug mal wieder nicht funktioniert, langsam die Treppen hinauf. Im ersten Stock begegne ich dem wie immer übel riechenden alten Mann, verziehe keine Miene bei seinem Schmutz-, Schweiß-, Tabakgestank, dies ist wirklich das Treppenhaus, das ich kenne, und oben im fünften Stock bin ich daheim. »Bonjour, Charlotte …«, sagt es in mir. Ich muss noch weiter, aber wenn ich erst einmal die Tür geöffnet habe, werde ich bis ans Ende des Flurs und dann in die Küche gehen und aus meinem Medikamentenkorb alles Nötige herausgreifen und schlafen. Beim Aufwachen wird es wieder besser gehen.

Ich schlucke meine Medikamente. Mein Handy klingelt. Das Wort »Yann« blinkt. Yann! Ich unterdrücke den Anruf, muss mich ausruhen, aber nicht hier, wo ich keine Ruhe finden würde. Yann hat einen Schlüssel zu meiner Wohnung, er könnte hier aufkreuzen. Mir bleiben nur ein paar Minuten, also wieder hinunter, ein paar Schritte bis zu Lili, bevor die Wirkung der allmächtigen Chemie einsetzt.

Ich öffne die Augen, habe keine Ahnung, wie viel Zeit vergangen ist. Ich liege auf einem Bett, und Lili streicht mir über die

Stirn. Ich weiß noch, dass sie mich unten vor der Haustür in Empfang genommen, mich sofort hingelegt, mir liebevoll zugeredet, mein Herz und meinen Atem abgehorcht, gleich mehrmals ihr Ohr auf meine Brust gepresst hat, und dann bin ich eingeschlafen. Bis jetzt hat sie neben mir Wache gehalten.

»Geht's wieder, meine Süße? Geht's besser?«

»Geht schon …«

Bei diesen Worten, die Lili beruhigen sollen, breche ich schon wieder in Tränen aus. Nein, nichts geht … Ich weiß zwar wieder, wo ich bin, und auch so ungefähr, was vorgefallen ist, aber gut geht es mir nicht. Ich werde ihr alles erklären, aber später. Noch halten die Medikamente mich unter leichter Betäubung. Noch überlasse ich mich lieber Lilis Fürsorge und verharre in dem Nebel, der sich vielleicht wieder lichten wird.

Lili bringt mir schwarzen Tee, den ich schlückchenweise trinke, und nach einigen Stunden zeigen Fürsorge und Aufputschtee dann doch ihre Wirkung, sodass ich aus meinem Nebel auftauchen und aufstehen kann. Während ich schlief, hat Yann unten geklingelt, aber Lili hat ihm nicht aufgemacht.

Allmählich kann ich ihr erzählen, was vorgefallen ist.

Mit entgeisterter Miene hört sie mir zu, doch diesmal ohne die üblichen Kommentare wie: »Wahnsinnig! Irre …« Sie hört nur zu, die Augen geweitet, und kurz denke ich, dass sie mir nicht glaubt. Doch dann sagt sie bedächtig: »Yann ist ein anständiger Kerl. Du musst dich beruhigen, Charlotte, auch wenn das alles stimmen sollte …«

Ich schreie sie an: »Natürlich stimmt das alles, er ist ein Lügner!«

»Beruhige dich, mein Engel, ich glaube dir ja … Sobald der Schock vorüber ist, musst du versuchen, Yann zu verstehen. Er kann dir bestimmt alles erklären.«

Ich bitte Lili, mein Handy einzuschalten und die Mailbox abzuhören: Was sie hört, scheint sie zu erschüttern. Yann hat unzählige Male angerufen. Er macht sich Sorgen, will mich sehen, bevor er morgen nach Berlin zurückmuss. Er wolle mir alles erklären, er liebe mich …

Ich kapiere immer noch nichts. Habe ich alles geträumt, war es ein erneuter Albtraum? Ich bitte Lili, ihm zu sagen, dass ich versuchen werde, ihn morgen anzurufen. Doch heute Abend möchte ich in Gegenwart meiner Freundin meine »Blackout-Therapie« fortsetzen, mithilfe einiger Vergessenspillchen.

Ich blieb die Nacht über bei Lili, im Nebel.

Heute fühle ich mich ruhiger. Mir ist, als käme mir die Wahrheit näher und würde mir bald schon Frieden schenken.

Yann ruft gleich in der Früh an, er habe seinen Flug umgebucht und müsse mich unbedingt sehen. Er leide unsäglich unter meinem Schweigen. Er wolle mit mir reden, auch wenn es nur kurz sei, das müsste ich ihm doch zugestehen können.

Nach etlichen Wiederholungen antworte ich ihm schließlich per SMS: »Okay, heute Abend 20 Uhr *Hôtel Lutetia*.«

Ich habe noch das Telefon in der Hand, als mir plötzlich Henriette einfällt. Ich habe sie niemals zurückgerufen, ihr nur eine Nachricht mit Neujahrswünschen und der Mitteilung hinterlassen, dass ich meine Recherchen vorerst einzustellen gedächte.

Ich wähle ihre Nummer, und sie geht sofort ran, herzlich wie eh und je.

»Wie geht's, Kleines? Haben uns ja lange nicht gesprochen.«

Sie überrascht mich. Sie klingt so unbekümmert, dass ich gar nicht weiß, was ich ihr antworten soll, und sie daher das Gleiche frage, obwohl ich das eigentlich nicht ausstehen kann.

»Und Ihnen, wie geht's Ihnen, liebe Henriette?«

»Gut, sehr gut …«

Begeistert schildert sie mir ihr neues Leben. Sie gehe viel auf Reisen, häkele noch immer so gern … Ich habe Mühe, mich auf ihren Redefluss zu konzentrieren, und unterbreche sie schließlich abrupt: »Sie hieß Virginie, nicht wahr?«

Henriette begreift sofort und antwortet zögernd: »Ja, so was in der Art … Wie haben Sie es erfahren? Haben die Chefs es Ihnen gesagt? Aber das ist unmöglich …«

»Nein, die Chefs nicht … Tut mir leid, Henriette, dass ich Sie nicht früher zurückgerufen habe, die Zeit ist so schnell vergangen. Ich freue mich für Sie. Sie fehlen im Krankenhaus, Sie fehlen mir … Ich werde mich wieder melden. Ich umarme Sie ganz fest.«

Ich rufe meine Therapeutin an, um einen früheren Termin zu bekommen. Es sei dringend, ich müsse sie so bald wie möglich sprechen.

»Wieso ist es so dringend?«

»Weil ich wahnsinnig werde.«

In der Bar des Hôtel Lutetia

Zum ersten Mal komme ich zu spät. Es ist Absicht. Ich hatte nicht einen Augenblick lang auf ihn warten wollen, auf ihn lauern, mich ängstigen, womöglich weinen müssen. Ich betrete den großen Salon und schleiche, wie Henriette ein Jahr zuvor, an den Wänden entlang. Wie sie behalte ich die Sonnenbrille auf, die mir das Gesicht zur Hälfte verdeckt.

Kaum hat er mich erblickt, streckt Yann den Arm hoch und erhebt sich, um mich zu begrüßen. Ruhig wehre ich seine Umarmung ab, setze mich hin und betrachte ihn. Für den Bruchteil einer Sekunde habe ich den Eindruck, nicht mehr zu wissen, was real ist. Ist dies Yann, wer ist er wirklich, wer ist dieser Mann, der mich mit Tränen in den Augen anlächelt? Ich kenne es gut, dieses seltsame und schwindelerregende Gefühl, wenn man seine Orientierungspunkte verliert und das Leben unwirklich erscheint. Als ich entdeckte, dass ich HIV-positiv bin, hatte ich dieses Gefühl von Irrealität, das Gefühl, einen Albtraum zu erleben, aus dem ich wieder aufwachen würde, auch manchmal. Mein unbändiger Wille, bestimmte Tatsachen nicht zu glauben, hat mich so immer mal wieder vom Leben abgekoppelt.

Ein Kellner fragt liebenswürdig nach meinen Wünschen.

»Eine Cola, bitte.« Yann sitzt vor mir, kerzengerade, mit zusammengefalteten Händen. Er wirkt erschüttert und gleichzeitig selbstsicher, verletzt und gleichzeitig entschlossen, alles wiedergutzumachen. Bedächtig, aber unmissverständlich bittet er mich, ihn anzuhören und ihn nicht zu unterbrechen. »Bitte, Charlotte …« Und dann hebt er zu einem langen Monolog an.

»Ich bin froh, dich zu sehen. Froh, dass du jetzt alles weißt. Das Lügen wurde immer unerträglicher. Mir liegt daran, dass du mich verstehst. Meine Frau verstarb am vierten November 2003. Ich war niemals geschieden, und als du mich damals im Theater fragtest, ob ich Witwer sei, da hast du nicht bemerkt, wie ich zitterte. Virginie verstarb nach einem Autounfall in der Nähe der Place de la Nation. Ich befand mich dienstlich in Straßburg, während sie im Koma ins Hôpital Saint-Paul gebracht wurde. Als ich ankam, teilte man mir ihren Hirntod mit. Ich liebte Virginie von ganzem Herzen, mit meinem ganzen Wesen. Sie war mein Ein und Alles. Wir hatten uns 1997 in Indien kennengelernt, wo sie zum Abschluss ihres Studiums ein Praktikum bei einer humanitären Organisation machte, während ich dort im Urlaub war. Ich hatte in meinem Leben nur wenige Frauen gehabt. Hoch oben auf dem Eiffelturm hielt ich um ihre Hand an. Für sie war er das schönste Bauwerk, ein ›Bindeglied zwischen Vergangenheit und Zukunft‹. Geheiratet haben wir im Jahr 2000. Nachdem wir merkten, dass ich zeugungsunfähig war, haben wir mehrere In-vitro-Versuche unternommen. Virginie hatte eine Fehlgeburt und gewiss auch noch eine zweite. Am Abend des Unfalls war sie Hals über Kopf ins Krankenhaus gefahren, weil sie starke Schmerzen hatte und blutete. Ich habe sie ständig angerufen, doch plötzlich antwortete sie nicht mehr. Ich nahm den Wagen und raste so schnell wie noch nie zurück nach Paris. Im Krankenhaus, auf dem Flur, klärte man mich in knappen Worten auf. Während der Fahrt hatte ich mich schon auf das Schlimmste gefasst gemacht. Meine Intuition sagte mir, dass bei einem solchen Unfall ja nur das Schlimmste zu erwarten war. Als ich ihr Zimmer betrat, schlug zwar ihr Herz noch, aber ihr Hirn war tot. Man hielt sie künstlich am Leben. Ihre Hand war noch lauwarm, aber man sagte mir, dass nichts mehr zu machen sei. Ich konnte es einfach nicht glauben. Das war doch nicht möglich! So brutal, so absurd konnte das Leben doch nicht sein. Ich wollte auch sterben. Dann kam eine Psychologin, kniete sich neben mich und drückte mir wortlos die Hand. Nach einer Weile fragte sie mich mit Tränen in den Augen, ob ich mitkommen wolle. Sie sprach von Organverpflanzung. Ich fragte sofort, ob es möglich sei, den Organempfänger kennenzulernen. Dachte man an eine Frau? Sie antwortete, sie wisse es nicht, aber wahrscheinlich sei es eine junge Frau. Ich gab mein Einverständnis. Als ich Ja sagte, und das ist die traurige Wahrheit, dachte ich nicht daran, dass ich damit ein anderes Leben retten würde, ich wollte nur Virginies Leben verlängern. Als ich wieder in ihr Zimmer trat, um von ihr Abschied zu nehmen, waren zwei Ärzte dabei, Tests durchzuführen, um den Hirntod zu bestätigen. Keinerlei Reflexe, keinerlei Netzhautreaktion auf Lichtstimulation, gleichbleibend flache Hirnstromwellen, der Körper leblos, aber das Herz noch am Leben. Ich ergriff ihre Hand, küsste sie, rannte davon und dachte bei mir: ›Auf Wiedersehen. Bald wird dieser Albtraum zu Ende sein, denn ich werde dich ja wiederfinden.‹ Trotz wiederholter Anfragen habe ich niemals in Erfahrung bringen können, wer das Herz meiner Frau bekommen hatte. Bis zu dem Tag, als ich dein Interview in einer Zeitung las. Dann sah ich im Fernsehen deine Energie und dein Lächeln. Virginie war Ärztin. Ich erfuhr von ihren Kollegen, dass die Transplantation im selben Krankenhaus durchgeführt worden war. Das ist alles, was ich wusste. Ich wollte dir schreiben …«

Ich unterbreche ihn: »Die Briefe, das warst also du?«

»Welche Briefe?«

»Die du mir geschrieben hast, das war dieselbe Geschichte …«

»Nein, lass mich zu Ende erzählen, bitte. Ich wollte dich treffen, wusste aber nicht, ob du es auch wolltest. Ich las alles über dich, dein Buch gleich mehrmals, deine Interviews, hörte mir deine Sendungen an, alles. Seit dem Unfall ging ich regelmäßig zu einem Psychiater, und der riet mir, mich endlich damit abzufinden und meine Prioritäten anders zu verteilen: Virginie in Frieden ruhen zu lassen und meine Trauer zu verarbeiten. Daher entschied ich, mich dir als ein normaler, freier Mann zu nähern, wie jemand, der dich lieben könnte, unbeschwert von Problemen wie Transplantation, Erinnerungen an ein anderes Leben in dir, wie jemand, der dich nur um deinetwillen liebt. Und so kam ich ins Theater, lernte dich kennen und log, um uns zu schützen. Oft war ich nahe daran, es nicht durchzuhalten: als du von Indien erzählt hast, von deinem Zellgedächtnis oder als du vom Zitronentörtchen die Haube abhobst … Aber ich habe durchgehalten. Ich wollte es dir sagen, hatte fest vor, es zu tun, hatte nur noch nicht den geeigneten Moment gefunden. Ich hatte Angst, wie ich auch jetzt Angst habe, dich zu verlieren, weil ich dich doch liebe, Charlotte, ich liebe dich so sehr …«

Ich weiß überhaupt nichts mehr, will auch nichts mehr hören. Nur um mich aufzurichten und aufzustehen, reicht meine Kraft gerade noch aus. Ich gehe auf Yann zu, gebe ihm einen Kuss auf die Wange und küsse auch seine geschlossenen Augen. Seine Tränen benetzen meine Lippen. Dann sieht er mich an. Ich lege mir einen Finger auf den Mund, damit er versteht, dass ich jetzt unmöglich reden oder reagieren kann, ich muss einfach weg.

Langsamen Schrittes verlasse ich das Hotel. Auch auf der Straße bleibe ich stumm und setze nur einen Fuß vor den anderen. Ich schaue zum Himmel hinauf, dann auf meine Füße, wieder hinauf und wieder hinab, unaufhörlich hebe und senke ich den Kopf, gefangen zwischen Traum und Wirklichkeit.

Zu Hause bewege ich mich wie eine Schlafwandlerin durch die abgedunkelten Räume meiner Wohnung. Ich zünde ein paar Kerzen an und lösche alle Lichter. Ich bleibe im Wohnzimmer sitzen, halte Wache bei mir selbst, möchte die Stille und dabei mich selbst wiederfinden, mich, das unbeschadete, lebhafte Kind, den Menschen, bevor die Schicksalsschläge kamen, die so brutal in mein Leben eingegriffen haben: Ich möchte herausfinden aus der Qual, möchte wieder Anne-Charlotte sein.

Doch wie gestern schon fühle ich mich auch jetzt wieder wie auf schwankendem Boden. Mir schwindelt, sobald ich aufzustehen versuche. Zeitweise spüre ich nur Leere im Kopf, kann nicht mehr nachdenken, dann wieder weiß ich gar nicht mehr den Grund für meinen Zustand, spüre nur noch Schwindel und Schmerz und die Anziehungskraft des Todes, des Abgrunds, der hier, direkt vor mir liegt.

Yann hat gelogen und lügt weiterhin. Er liebt ein Phantom. Ich, ich liebte *ihn*. Die Liebe ist wie eine fliehende Ratte. Das Leben auch. Ich gehe in die Küche, ergreife im Dunkeln meinen Medikamentenkorb und kippe ungerührt alle meine Pillen auf die Arbeitsplatte. Doch das Geknister der Kunststofffolien ertrage ich nicht. Ich knipse die Neonlampe an, fluche über dieses grelle Licht, hebe die Hand vor die Augen und betrachte den Überlebenscocktail vor meiner Nase. Süße und trügerische Namen haben diese chemischen Waffen, alles reimt sich auf »-am«, »-vir« oder »-yl«. Anti-Abstoßung, Anti-Angst, Anti-HIV, Anti-Hochdruck, Antidepressivum … Ich lese laut und frage mich, was ich nehmen soll.

Epivir, Etravirin, Raltegravir? Intelence, Isentress, Xanax? Fractal, Laroxyl, Cortancyl? Inexium, Neoral? Bromazepam, Tetrazepam? Efient oder Tercian?

Um diese Zeit müssten sie eingenommen werden, genau jetzt. Ich weiß die Dosierung nicht mehr, von was wie viel? Und wenn ich alles wegließe? All diese »Anti-alles«? Und der Natur ihren Lauf ließe? Und wenn ich ein wenig nachhelfen würde? Endgültig einschlafen würde? Endgültige Anästhesie: Tercian! Ein Gedächtnisblitz. Ich erinnere mich daran, wie der Apotheker sagte: »Vorsicht, dies ist ein sehr starkes Mittel. Nehmen Sie es genau nach Vorschrift, nur drei Tropfen im Krisenfall, nicht vier …« Wie viele Tropfen sind in einem vollen Fläschchen? Ich ergreife es und schraube den noch unbeschädigten Plastikverschluss auf. Das knackt ein bisschen. Ich hebe es an die Lippen und schließe die Augen. Wie wär's mit einem kräftigen Schluck Tercian?

Ich lasse das Fläschchen los, es zerspringt auf dem Küchenboden. Mit einer Armbewegung fege ich all meine Arzneien vom Tisch. Ich brülle. Schluss mit allem! Heute Abend gibt's keine Chemie, wie früher. Ich werde zu Bett gehen, ohne etwas einzunehmen. Und werde schlafen wie ein Kind.

Lili kommt mich wecken. Sie hat mich gestern Abend noch um den Ersatzschlüsselbund gebeten. »Für alle Fälle«, wie sie sagte. Ich umarme sie ohne große Worte, wundere mich nur, ihr Gesicht so nahe an meinem zu sehen. Ich habe geschlafen. Kein Traum, nichts, totale Ebbe. Mein Geist hat sich von ganz allein abgekoppelt, wie im Sicherheitsmodus. Heute muss ich Tara abholen. Ich bitte Lili, meinen Ex anzurufen, ich brauche noch ein bisschen Aufschub. Morgen, morgen wird's mir besser gehen, das nehme ich mir fest vor. Lili zwingt mich, meine Medikamente einzunehmen. Sie bleibt den ganzen Tag bei mir. Auf meinem Handy etliche SMS von Yann, ich lese sie nicht. Ich werde die Minuten und die Stunden verstreichen lassen. Wenn der Himmel wieder dunkel wird, werde ich wieder schlafen gehen. Und morgen wird alles besser sein, zwangsläufig.

Lili bleibt die Nacht über bei mir.

»Ich kann dich doch nicht einfach so da liegen lassen!«

Ich erinnere mich, dass ich ihre Hand gehalten habe. Sie ist schon aufgestanden, ich höre sie in der Küche. Wie spät ist es?

Spät. Lili muss heim, sie hat nur gewartet, bis ich aufwache. Sie bringt mir meine Medikamente und einen frisch gepressten Obstsaft. Ich lächle sie an, sie ist meine Rettung. Sie ist der liebevollste Mensch, den ich kenne. Den Rest meines Lebens werde ich dieser Freundschaft widmen, sie lieben und pflegen. Diese Form von Liebe habe ich immer völlig unterschätzt. Ich hatte einen Haufen Freunde, aber wie viele sind mir geblieben? Ich habe nichts dafür getan, um sie zu halten. Meine Freundschaften waren immer Ableger der Liebe, die ich suchte, ich hielt sie für zweitrangig, leicht zu gewinnen. Jetzt mache ich mir Vorwürfe. Was täte ich ohne Lili? Sie muss jetzt heim, ihr Sohn wartet. Ich umarme sie so fest, wie ich kann, als würde sie für Monate ans andere Ende der Welt verschwinden. Sie lacht. Auch ich muss weg, ich habe einen Termin bei meiner Therapeutin.

Auf meinem Handy wieder Nachrichten von Yann. Ich antworte mit einer SMS: »Lass mich bitte in Ruhe.«

»Nuuun, Charlotte, Sie werden wahnsinnig? Was machen Sie denn für ein Gesicht? Was ist los? Erzählen Sie …«

Ich kann Claire nicht sofort antworten. Ich fange an zu weinen, es ist stärker als ich, und es ist mir peinlich, es ist schamlos und ein Beweis von Schwäche, so mag ich mich gar nicht.

Claire bleibt reglos in ihrem Sessel sitzen und lächelt mich an, ohne die geringste Geste in meine Richtung. Keinerlei Empathie, keinerlei Tröstung für das Kind, das ja nur noch haltloser weinen würde. Ich muss aufwachen, darf mich nicht länger meinen Gefühlen überlassen, muss wieder zur Vernunft kommen, denn nur so findet man Lösungen.

»Weinen Sie, so lange Sie wollen, Charlotte, danach können Sie es mir ja erzählen …«

Claire gestattet mir meinen Gefühlsausbruch, sie kann ihn verstehen, will ihn aber nicht mit mir teilen. Das ist ihr Prinzip, ihre Strategie. Sie ist die Hüterin der Vernunft, der Neutralität. Ihr wohlwollender Gleichmut funktioniert, ich höre auf zu weinen. Claire wusste von meiner Liebesgeschichte mit Yann, ich muss ihr also nur noch von meinen jüngsten Entdeckungen berichten. Nichts davon scheint sie zu erstaunen. Wenn man vor ihr sitzt, gibt es nichts Außergewöhnliches oder Erschütterndes mehr, alles wird zur Normalität, wenn nicht gar zu einer Banalität.

»Und was empfinden Sie?«, fragt sie und scheint eher an meinem Zustand als an den Fakten interessiert zu sein.

»Ich bin wie verwüstet, innerlich. Er hat mich belogen, betrogen. Was lässt sich auf einer Lüge aufbauen, auch wenn sie noch so nützlich scheint?«

»Verstehen Sie, warum er Sie belogen hat?«

»Er hat es mir erklärt.«

»Was war seine Absicht? Wollte er Sie betrügen, wie Sie sagen? Wollte er Sie mit der Lüge tatsächlich hinters Licht führen?«

»Ich weiß es nicht. Was wollen Sie da aus mir herauslocken?«

»Zwei Dinge sollten Sie immer bedenken, Charlotte, wenn Sie sich dieser Wahrheit, die Ihnen so wichtig ist, ›Ihrer‹ Wahrheit, nähern wollen. *Die* Wahrheit gibt es nicht, wie Freud schon sagte, Wahrheit ist immer vielfältig und subjektiv. Und da es nur subjektive Wahrheiten gibt, steht hier die Ihre gegen die seine. Bedenken Sie Ihre Gefühle, Ihr Verständnis der Situation, aber auch seine Intention, seine wirkliche Absicht. Zwischen Ihrem Gefühl und seiner Absicht werden Sie dann Ihre Wahrheit finden. Ich frage Sie daher nochmals: War es Yanns Intention, Ihnen zu schaden, Sie hinters Licht zu führen?«

»Nein.«

»Sehr gut. Was dann? Was werfen Sie ihm wirklich vor?«

»Er liebt mich wegen des Herzens, das ich in mir trage. Er behauptet zwar, er liebe mich um meinetwillen, aber ich glaube ihm nicht. Er würde mich nicht lieben, wenn ich nicht dieses Herz in mir hätte.«

»Aber er hat doch keinerlei Beweis für das, was er glaubt, und wird ihn auch nie bekommen. Und auch Sie werden niemals erfahren, ob das entnommene Transplantat wirklich das Herz ist, das in Ihnen schlägt. Ist es nicht so?«

»Er ist davon überzeugt. Und mich wurmt es ja auch.«

»Erinnern Sie sich: Man kann sich von fast allem selbst überzeugen. Und erst recht von allem, was einem lebensnotwendig erscheint. Man will leben, überleben, und dafür ist man zu allem bereit. Für diesen Mann war es zum Überleben notwendig, zu glauben, dass Sie dieses Herz in sich tragen. Er hat seine Trauerarbeit noch nicht geleistet, sie noch nicht abgeschlossen.«

»Er liebt mich nicht um meinetwillen.«

»Um seiner selbst willen geliebt werden zu wollen ist illusorisch. Man wird immer des Bildes wegen geliebt, das man in den

Augen des anderen verkörpert. Liebe kann man nicht diktieren. Man kann nicht sagen: ›Liebe mich aus diesem, aber nicht aus jenem Grund.‹ So funktioniert das nicht. Man ist auch, was man darstellt, man ist eine Einheit, eine Fusion. Man darf sich nicht zerstückeln. Sie sind Anne-Charlotte Pascal *und* Charlotte Valandrey. Sie werden geliebt oder nicht geliebt. Man empfindet Liebe oder nicht. Man kann Liebe nicht erzwingen und auch nicht erklären. Das ist wie mit der Magie. Sie blendet, aber wenn man sie zerlegt, ist sie weg … Ist er also in Sie verliebt?«

»Diese Liebe beruht auf einem Trick, auf einer Anmaßung …«

»Ich höre Ihnen nun schon seit Monaten zu: Es ist eine Liebesgeschichte, kein Missverständnis, keine Einbildung. Empfinden Sie Liebe oder nicht? Lassen Sie sich Zeit, und denken Sie nach. Fakten zählen weit weniger als Gefühl und Intention.«

Als ich Claires Praxis verlasse, schicke ich Yann eine SMS, als habe Claire sie mir diktiert: »Ich brauche Zeit.«

Und er antwortet: »Ich warte schon lange und werde weiterhin auf dich warten.«

Das Drehbuch zu *L'Amour dans le sang* wurde umgeschrieben. Die erste Fassung ist von der Buchvorlage zu weit entfernt gewesen und hatte das eigentliche Thema regelrecht verfälscht. Ich wurde darin als total geschwächt, ständig erbrechend und sterbenselend dargestellt. Diese sehr freie Interpretation, die schon fast einem Phantasiegebilde glich, sollte am Beispiel einer jungen Schauspielerin vor Augen führen, welch schlimme Ausmaße Aids annehmen kann. Dabei hatte ich niemals an einer Infektion gelitten, die mit HIV in Verbindung gebracht werden konnte, und auch in meinem Buch nimmt das Thema HIV nur wenige Seiten ein.

Den Fernsehfilm drehen wir dann an einem Küstenstreifen in Nordfrankreich und in der Altstadt von Lille, obwohl sich die Szenen eigentlich in der Bretagne und in Paris abgespielt hatten. Eine Frage des Budgets: Lille kostet weniger als Val-André oder Paris. Mir fällt es schwer, von einer schwarz-grauen Sanddüne herab auf eine unbestimmte sandige Fläche zu weisen und dabei auszurufen: »Sieh nur, wie schön es hier ist in Val-André, der Strand erstreckt sich bis zum Hafen Piégu dort in der Ferne!« Doch dort in der Ferne liegt nicht Piégu mit seinem weißen und felsigen Hafenbecken, sondern Dünkirchen. Aber am meisten stören mich die ziegelgedeckten Häuser – eine Bretagne ohne Schieferdächer! »Keine Sorge, das merkt kein Mensch.« Stimmt, keiner hat's gemerkt.

Ich spiele mich selbst, und mein lebenslanger Förderer Dominique Besnehard verkörpert ebenfalls sich selbst. Seine durchdringenden blauen Augen erkennen sofort, dass ich nicht besonders in Form bin. Von meinem Kummer und dem, was mir passiert ist, werde ich aber niemandem erzählen. Private Probleme halte ich von meiner Arbeit am Set immer fern. Verstehen könnte mich ohnehin niemand, und alles wäre entstellt. Ich bin hier, um zu vergessen, um zu arbeiten und diese so lange herbeigesehnten Tage zu nutzen. Als ich mir die Bilder ansehe, finde ich mich potthässlich, und das betrübt mich. Habe ich mich denn so stark verändert? Angeblich sieht man sich selbst nicht. Stimmt, das ist eine andere, die ich da sehe. Potthässlich! Es ist aber doch meine Lebensgeschichte, und da möchte ich wenigstens anständig aussehen. Ich bin schlecht ausgeleuchtet, schlecht frisiert, erkenne mich nicht wieder. Das Licht spielt im Kino wie auch im Fernsehen eine magische Rolle. Richtiges Ausleuchten ersetzt jedes Lifting. Das wissen alle Schauspielerinnen. Heute drehen wir eine Szene am Strand bei aufgewühlter See. Ich scherze mit der Maskenbildnerin: »Der passende Rahmen für mich mit meiner Seeteufelsfratze.« Ich beklage mich beim Regisseur über den Beleuchter und all die anderen, in deren Macht es liegt, mich ein wenig attraktiver erscheinen zu lassen. Wie man das macht, weiß ich ja schließlich. Es interessiert bloß niemanden. Genau wie beim Deckblatt für *Paris Match* habe ich auch hier den Eindruck, dass ich unbedingt hässlich aussehen muss, damit man schon allein von meinem Gesicht ablesen kann, was ich durchgemacht habe.

Es ist mein erster Arbeitstag seit Langem. Der Produzent Dominique, nett wie immer, hat mir sogar ein paar Drehtage mehr zugestanden, damit ich mehr verdienen kann. Ich beschließe, mit den Klagen aufzuhören. Das Team soll mich ja schließlich in guter Erinnerung behalten. Hässlich, aber sympathisch.

Die Hauptrolle hat eine junge Verwandte von mir, Aurore Paris. Da waren keinerlei Beziehungen, kein Vitamin B, im Spiel. Sie trägt nicht einmal unseren Familiennamen. Aurore hat die Schauspielschule absolviert, und ich habe ihr lediglich vom Casting erzählt. Sie hat einfach Talent, die kleine Aurore.

Am Abend dann, als alle zu schlafen scheinen, verlasse ich mein Hotelzimmer und schleiche mich heimlich davon. Ich soll mich zwar ausruhen, kann aber nicht schlafen. Ich fühle mich so allein. Ich muss ins Freie, Luft schnappen am Strand, der nur ein paar Hundert Meter entfernt liegt. Und obwohl die Luft noch lau ist, schlüpfe ich in die Windjacke, die ich vorhin einem mit mir flirtenden Typen von der Technik geklaut habe, als es zu stürmen begann. Ich schlage den breiten Kragen hoch, damit man mein Haar nicht erkennt, und marschiere los. Kurz vor den Dünen gehe ich an einer Gruppe junger Kerle vorbei, die neben ihren Mofas auf dem Boden hocken. Es ist mitten in der Nacht. Das einzige Licht kommt von einer trüben Laterne auf einem gähnend leeren Parkplatz. Die Burschen haben Bierdosen in der Hand und pfeifen mir nach. Ich winke ihnen kurz zu und laufe mit gesenktem Kopf weiter in Richtung Meer. Ich habe keine Angst. Im Halbdunkel höre und sehe ich flüchtig ein Liebespärchen, das sich in den Sand eingegraben hat. Wehmütig klingt das Rauschen des Meeres, wenn die Wellen sich am Strand brechen. Der Wind bläst immer noch. In der Dunkelheit zeichnet sich der Schaum als gewellte Linie ab, die mich anlockt, als verheiße sie mir ferne Horizonte. Schwarzer Nebel zerstückelt den großen Mond. Noch ist der Sand nicht nass. Ich lege mich hin und starre in den geheimnisvollen Himmel direkt über mir. Jetzt kann ich den Tränen, die ich schon lange in mir aufkommen spürte, freien Lauf lassen. Tropfen um Tropfen rinnt in den Sand. Ich denke an Yann.

Nach einer Woche ist der Dreh für mich beendet. Wann kommt der nächste?

Ich kehre nach Paris zurück. Keinerlei Nachricht von Yann. In drei Tagen müsste er nach Australien aufbrechen. Gut so.

»Ich muss los. Ich liebe dich.« Diese SMS habe ich nicht gelöscht.

Das Jahr 2008 verstreicht ohne besondere Vorkommnisse. Ich träume nicht mehr, die Albträume sind vorbei. Meine letzte merkwürdige Vision war der von einem goldenen Schein umgebene indische Sekretär. Von alldem bin ich jetzt befreit. Ich bin nur noch *eine* Person.

Ich lebe ein wenig wie eine Einsiedlerin, während ich meine Tochter heranwachsen sehe. Wenn ich sie etwas frage, zum Beispiel nach ihren Plänen für den heutigen Tag, dann antwortet sie mir, sie wisse es noch nicht. Sie will nicht reden, sie will nur spielen. Also spielen wir, ich gebe den Clown und erfreue mich an ihrem Lachen. Wie hübsch sie ist, meine Tochter!

Die Außenwelt erfährt nicht viel von mir, und ich erfahre nicht viel von ihr. Manchmal gehe ich beten. In der Kapelle der Wundertätigen Madonna bete ich für Tara, meine Mutter, meinen Vater, meine Schwester und für ihn, die Liste kenne ich auswendig, und um mein Blickfeld zu erweitern, sende ich jedes Mal auch eine Botschaft an die Menschheit. Mein Traum wäre es, das Leid aus der Welt zu schaffen.

Ich gehe weiterhin zu meiner Therapeutin, treffe Lili und ab und zu auch meinen Vater. Letztens habe ich mit Henriette einen Tee getrunken. Ich telefoniere mit meiner Schwester, meinem Cousin und meinem Agenten, der es kaum erwarten kann, dass der Fernsehfilm, der im November ausgestrahlt werden soll, wie eine Bombe einschlägt.

Die Vorpremiere ist ein Erfolg. Der Saal applaudiert mir so lange, bis ich aufstehe, um unter Tränen zu danken. Ich kann überhaupt nicht mehr aufhören zu weinen, werde mir wohl die Tränendrüsen veröden lassen müssen. Ich sehe den fertigen Film zum ersten Mal. Es ist seltsam, das eigene Leben vor sich ablaufen zu sehen. Alles wirkt glaubwürdig und kommt dem, was ich erlebt habe, recht nahe. Für mich ist es schwer, mit dieser Realität konfrontiert zu werden, wo ich doch schon so oft vor ihr geflohen bin, um weiterleben zu können.

Die bekannte französische Schauspielerin Line Renaud ist gekommen, herzlich wie eh und je, sowie die Politikerin Ségolène Royal, die Dominique Besnehard ins Schlepptau genommen hat. Ihr Lächeln ist schön, sie ist überhaupt eine sehr schöne, würdevolle Frau. Erhobenen Hauptes schreitet sie durch die Menge und bemüht sich, jedem ein freundliches Wort zu sagen, was nicht einfach ist. Die Menschen drängen sich zusammen, um einen Blick auf sie zu werfen. Das erinnert mich an Roselyne Bachelot, an die Limousine, die Motorradeskorte, das Blaulicht, die Leibwächter und Assistenten. Die Politiker sind die echten Stars.

Fast fünf Millionen Zuschauer haben eingeschaltet, um mein unscheinbares Leben zu sehen. France 3 ist befriedigt. Wird sich der Fernsehfilm auch auf meine Karriere auswirken? Eventuell eine Theaterrolle Anfang 2009, eine Komödie … Wunderbar.

Es ist der 29. November 2008, mein 40. Geburtstag. Als ich siebzehn wurde, hatte ich noch eine Lebenserwartung von sechs Monaten … Dominique organisiert eine Party für mich, und ich verbringe einen fröhlichen Abend. Ich erinnere mich aber auch an das vorherige Jahr mit dem aus der Dunkelheit auftauchenden Kellner …

Yann schickt mir eine SMS: »Herzlichen Glückwunsch zum Geburtstag. Ich liebe Dich« und lässt mir einen süß duftenden Veilchenstrauß liefern, den ich nicht ins Wasser stelle. Er trocknet in meiner Handtasche.

Dezember 2008, bei mir daheim, kurz vor Weihnachten

Das ewige Grau des Winters ist mir aufs Gemüt geschlagen. Ich sitze auf einem knarzenden Holzstuhl vor meinem Schreibtisch und beantworte Fanpost, die immer noch in erstaunlichen Mengen eintrifft. Heute Morgen fühlte ich mich schon beim Aufstehen so matt. Das ist ungewöhnlich. Ich hasse dieses Gefühl von Kraftlosigkeit. Ich musste mich zwingen, dieser bleiernen, fast lähmenden Müdigkeit, die mich schon seit gestern gefangen hält, Widerstand zu leisten. Um den Fotos, die ich verschicken will, meinen Namen aufzuprägen, drücke ich die Spitze meines Filzstifts mit aller Kraft aufs Papier und verspüre plötzlich in der linken Brusthälfte einen stechenden Schmerz, der meinen Arm erstarren lässt. Ein eindeutiger, penetranter, sofort identifizierbarer Schmerz für jeden, der ihn schon einmal erlebt hat. Wie ich. Dieser Schmerz ist gewaltig, aber schlimmer noch ist die Erinnerung an das, was danach kommt. Ganz so stark wie in meiner Erinnerung ist er diesmal nicht, aber er lässt nicht nach, sitzt tief und drückt gegen meine Lunge. Es ist das Herz. Ich kann es nicht glauben. Sollte mein zweites Herz etwa auch krank sein? Ich muss mich irren. Es wird vergehen. Ich lasse den Stift los, lege mich hin, warte ab, den Blick zur Decke gerichtet. In diesem entscheidenden Moment denke ich an nichts und konzentriere mich einzig und allein auf mein Herz. Mit geschlossenen Augen versuche ich, die Herzschläge zu erspüren und zu kontrollieren. Ich atme so langsam wie möglich, aber nichts vergeht, weder der bis in den Arm reichende Schmerz noch das Gefühl der Beklemmung. Dumpfe Wut steigt in mir hoch, ich unterdrücke sie, puste sie weg. Keine Hilfe, kein Krankenwagen, Schluss mit diesem ganzen Tamtam! Kein Martinshorn, keine Notaufnahme, keine Untersuchung mehr, keine Koronarangiografie, keine Szintigrafie oder Kernspintomografie … Schluss mit dem Laborrattendasein! Mein Herz ist nicht mehr krank. Ich will daheim bleiben, um vier Uhr Tara von der Schule abholen wie Millionen Mütter auch und das Weihnachtsfest mit ihr vorbereiten. Ich warte ab, biete meine gesamte Willenskraft auf, will gesund sein, bete sogar, gelobe alles, wenn nur dieser Schmerz so schnell, wie er kam, wieder vergeht.

Es ist früher Nachmittag, das Atmen fällt mir schwer, ich habe das Telefon klingeln lassen, ohne abzuheben. Der Schmerz wird allmählich unerträglich, er will nicht vergehen, er zerrt an meinem Mund, an meiner Nase, verkrampft mir den Bauch und befällt schon die Augen. Ich muss mich geschlagen geben, kann gerade noch den Rettungswagen rufen, damit wenige Minuten später die Supermans ins Zimmer stürmen. Gegen meinen Willen muss ich unter Sirenengeheul mein Heim verlassen. Mein Vater und mein Exmann sind bereits verständigt. Die Diagnose kommt schnell: Herzinfarkt. Noch einer …

»Wie lange hat die Angina angehalten?«, fragt der Arzt.

Dieses hübsche Wort hatte ich schon fast vergessen, dabei beschreibt es das Herzeleid.

»Mehrere Stunden … Gestern Abend hat's schon angefangen …«

Ich habe keine Kraft mehr, um weiterzusprechen. Ich höre, dass man mir vorwirft, so lange gezögert zu haben. Bei den ersten Anzeichen hätte ich die kardiologische Intensivstation erstürmen müssen. Meine Hartnäckigkeit könnte gravierende Konsequenzen haben. Mindestens eine Koronararterie ist verstopft … und das Herz hat ja nur drei. Bei all diesem Wirbel erteile ich mir innerlich die Absolution … Zwei Arterien sind ja noch da … Und meine Hartnäckigkeit hat mir schon mehr als ein Mal das Leben gerettet …

Man schiebt mich in einen Operationssaal, ein Teil meines

Herzens ist nicht mehr durchblutet. Eine der Arterien ist verstopft, sie muss geöffnet werden und braucht Stents.

Mein Blutdruck fällt ab, der Puls wird schwächer, er schafft nur noch dreißig Schläge pro Minute.

»Her mit dem Dobutamin! Los, bringt Dobutamin!«

Meine Sinne schwinden, doch bei diesem Wort taucht kurz vor dem Blackout der Todestraum wieder auf.

Als ich am nächsten Morgen erwache, ist mein Vater da. Er wirkt besorgt, sein Mantel ist vom Schnee durchweicht. Lili kommt etwas später, mein Vater fängt sie schon im Flur ab, um mit ihr zu reden. Dann hält sie mir die Hand und beißt sich auf die Lippen. Mein Puls verbessert sich kaum. Die Ärzte sind ratlos. Ein Teil der Arterie werde endgültig verstopft bleiben. Man müsse abwarten und beobachten, wie mein Körper reagiere. Im Augenblick könne man nichts anderes tun als warten. Die Medizin streckt die Waffen, jetzt ist meine Natur gefordert.

Ausnahmsweise, obwohl sie noch zu jung ist, darf Tara kurz zu mir herein. Kein gutes Zeichen, wie ich weiß. Sie will bei mir bleiben, »die ganze Zeit«. Die Oberschwester ist nett, sie gewährt mir eine ganze Stunde mit meiner Tochter. Tara hat ein Memoryspiel entworfen: Auf Papierschnipsel hat sie allerlei Gegenstände gezeichnet und jeweils ein Doppel dazu. Man legt sie umgekehrt hin, mischt sie und muss aus dem Gedächtnis wieder Paare bilden. Ich finde die Kraft, mit ihr zu spielen. Der Tag verstreicht, mein Zustand bleibt gleich. In Höchstform bin ich noch nicht, aber … Um zwanzig Uhr ist die Besuchszeit zu Ende. Mein Vater und Lili umarmen mich und küssen mich bedeutungsvoll auf die Stirn.

»Bis morgen, mein Herz.«

»Bis morgen, meine Tochter.«

Nun bin ich allein mit dem leisen Konzert der Apparate hinter mir und mit meinem Teddy, den mein Vater mir mitgebracht hat. Ich habe ihn unter die Laken gesteckt. Fest drücke ich sein abgewetztes Fell, und schon verlässt mich der Mut. Vor meinem inneren Auge beginnt der Flashback. Alle kommen sie vor: meine Eltern, die mir das Leben geschenkt haben, meine Mutter, mein Herzspender, wer immer er sein mag, Tara, Yann, die Liebe, die mich heute Abend im Stich lässt. Ich bete.

Zum ersten Mal in meinem Leben halte ich es für denkbar, dass ich sterben könnte. Ich habe unbändige Angst, zu sterben. Fühle mich wie in einem Schraubstock. Das ist die Vorahnung, der Vorgeschmack des Todes. Starr, wie leblos liege ich da, eiskalt und geistig völlig klar. Die Nacht kommt, und ich kann nicht schlafen. Mein Körper warnt mich: bloß nicht schlafen, heute nicht! Die Nachtschwester kommt und wundert sich, dass ich noch wach bin. Dann kommt der diensthabende Kardiologe und verfügt, den Schlaf herbeizuführen.

Am nächsten Morgen fühle ich mich etwas besser.

Mein Vater, Lili und ein paar Familienangehörige kommen mich besuchen. Meinen Gesundheitszustand kann ich an ihren Gesichtern ablesen.

Gegen Ende des Tages, als mein müder Vater kurz rausgeht, um einen Kaffee zu trinken, sehe ich mir die Wände meines Zimmers an, eine nach der anderen, ganz genau. Etwas Merkwürdiges geschieht da. Sie schlagen Wellen wie vom Wind geblähte Vorhänge. Das Neonlicht über meinem Kopf flackert, das Licht blendet, es ist silbrig. Im oberen, verglasten Teil der Tür erkenne ich ein Gesicht mit blauen Augen: Ein Mann zögert, hereinzukommen. Ich richte mich auf und rufe laut: »Komm rein, komm bitte herein!«

Langsamen Schrittes kommt mein Vater herein und mit ihm eine Krankenschwester, die mit fester Hand meine Stirn befühlt. Sie muss die Dosierung meiner Medikamente und den Tropf kontrollieren.

»Yann war da, habt ihr ihn gesehen? Die Wände bewegen sich, man muss die Fenster schließen …«

Die Schwester erklärt meinem besorgten Vater, dass ich unter einer zu hohen Dosis Morphin stünde. Sie entschuldigt sich, es sei nichts Ernstes, es würde vergehen, nur eine Halluzination.

Wieder kommt die Nacht. Wieder denke ich an meine Mutter. Ist sie hier irgendwo, um bei mir zu wachen? Ich hoffe es. Wieder habe ich Angst und schlafe nicht. Bloß nicht ganz allein sterben.

Mit dem Rezept in der Hand gibt die Schwester wieder die gleiche Substanz wie gestern in meinen Tropf und wünscht mir »eine gute Nacht«... Ein paar Augenblicke lang bleibt mein Geist noch wach, dann aber verschwimmt alles. Mein Körper kämpft gegen den Schlaf. Alles wird verworren, doch in mir entsteht ein seltsames Wohlbehagen. Ich schließe die Augen, und Taras Gesicht taucht auf. Dann Yann. Und auch heute Abend, trotz des Gefühls, dass mein Leben wankt, kommt die Vergangenheit wieder, läuft der Film rückwärts, und ich spüre, dass ich phantasiere. Da ist er ja wieder, dieser längst vergessene Geliebte, dem ich mein HIV verdanke ... Leise spreche ich mit ihm, während ich mit den Augen die von den vorfahrenden Krankenwagen erzeugten Schatten verfolge ...

»Bist du wirklich tot, oder tanzt du in der Nacht?
Warum bin ich lebendig und du tot?
So lange ist's schon her.
Ich lebe schlecht, aber du siehst, ich lebe noch.
Vielleicht nur bis morgen, vielleicht länger.
Du dort oben dürftest ein Engel sein.
Wenn du also Macht hast, beschütze mich heute Nacht.«

Die Engel haben gewacht. Ich habe geschlafen. Heute Morgen fühle ich mich besser. Medizin und Natur scheinen sich zu vertragen. Ich spreche wieder und bewege mich mehr.

Morgen muss ich wieder zur Kernspintomografie. Ein Albtraum für mich. Ich leide an Platzangst, und wenn man mich in diese riesigen Röhren schiebt, die sich auch noch drehen und schrille Geräusche von sich geben, dann bekomme ich sofort Panik. Eine irrationale Reaktion, aber stärker als ich. Ich deute es schon mal an, und der Arzt redet mir gut zu: »Geben Sie sich ein bisschen Mühe. Wir können Ihnen ein Beruhigungsmittel geben, aber wir brauchen diese Bilder.«

Mein Vater ruft meine Schwester Aude an, die sich bereit erklärt, zu kommen und mir den Kopf zu streicheln. Sie hat magnetische, heilende Hände, die seit Kindertagen beruhigend auf mich wirken. Schon damals hatte ich Albträume, hatte Angst vor der Nacht, und dann schlüpfte dieses kleine Wesen in mein Bett und streichelte mich schweigend. Wenn Aude ihre beruhigenden Finger auf meinem Kopf wie auf einer runden Tastatur spielen lässt, geht es mir auch heute noch gleich besser. Natürlich kann mich meine kleine Schwester nicht ein Leben lang streicheln, aber morgen wird sie da sein.

Das Kernspin verläuft nach Wunsch: Ich lasse Aude nicht aus den Augen. Sie hält den Kopf über mich geneigt und lässt ihre Hände agieren.

Der erste Kardiologe ist pessimistisch. Ich habe ein Atherom am Transplantat. Heute sagt man mir, dies sei das kritische Stadium, fünf bis sieben Jahre nach der Transplantation. Man wisse nicht, warum, aber bei manchen Transplantationen käme es zu völligem und unumkehrbaren Arterienverschluss.

Monoton verkündet mir dieser Kardiologe, die Lebensdauer meines zweiten Herzens könne zwischen drei Monaten und drei Jahren betragen. Genau könne man es nicht sagen. Ich müsse noch unter Beobachtung bleiben. Sobald ich entlassen werde, müsse man über eine »Nachoperation« nachdenken. Eine Nachoperation? Sie müssen sich irren, Herr Doktor, dies ist Zimmer 204. Nachoperation? Undenkbar! Niemals würde ich noch eine Operation durchstehen. Gewisse Ärzte machen sich nicht klar, welche Auswirkungen ihre Worte haben.

Mein Vater erzählt mir, wie sein Herz stillzustehen drohte, als ihm zwei Polizisten rücksichtslos den Tod seiner zweiten Frau mitteilten, die noch ein paar Stunden zuvor zum Einkaufen gefahren war: »Monsieur Pascal? – Ja. – Sie sind der Ehemann von Christiane Pascal? – Ja. – Tut uns leid. Sie ist verstorben. Wenn

Sie im Krankenhaus vorbeischauen könnten, um sie zu identifizieren …«

Mein Vater erklärt mir, es handele sich um ein allgemein bekanntes Phänomen. Es trage den Namen eines japanischen Fisches, dessen Form das Herz annimmt, sobald es unter Schock gerät. Takotsubo, Adrenalin-Überdosis, plötzlicher Herztod, je nach Karma endgültig oder reversibel.

Ich kann jetzt überhaupt nicht mehr schlafen. Mit der aufkommenden Todesangst und den täglichen Gebeten zu sämtlichen Göttern finde ich zu meinem Lebenswillen zurück. Hier werde ich nicht sterben, dieses Mal nicht! Ich werde mich beschweren. Ich verlange nach dem Chefarzt.

Am nächsten Morgen kommt Professor Helft, der, wenn es um Empathie geht, der Chef aller Chefs sein müsste, mit meiner Krankenakte zu mir. Er stellt sich vor, lächelt und beginnt leise zu sprechen. Seine Gelassenheit und das Wohlwollen, das er ausstrahlt, wirken sofort beruhigend auf mich. Ich teile ihm die düstere und brutale Diagnose des Kardiologen mit, dem es beinahe gelungen wäre, aus meinem Transplantat ein Sushi zu machen.

»Wieso ein Sushi?«, fragt er lachend.

»Mein Vater hat mir vom Takotsubo, dem japanischen Fisch, erzählt, dem das Herz stockt …«

»Takotsubo ist kein Fisch, es ist eine Tintenfischfalle … Aber fangen wir von vorn an: Wenn ich mir Ihre Untersuchungsergebnisse ansehe, kann ich den Pessimismus meines Kollegen nicht teilen … Sie haben ohnehin schon Glück …«

»Wie das?«

»Sie gehören zu den drei Prozent, die nach einer Herztransplantation überhaupt noch eine Angina spüren. Das ist schon außergewöhnlich.«

»Ich verstehe nicht recht.«

»Um es kurz zu machen: Bei einer Herztransplantation werden die Nervenenden des Herzens durchtrennt. Dadurch spürt das Transplantat nichts mehr. Das stellt eine echte Gefahr dar, weil der Patient diesen Schmerz, die Angina, das Alarmsignal vor einem Infarkt, nicht mehr wahrnimmt. Und wenn er etwas merkt, ist es häufig zu spät. Ihr Herz dagegen hat wieder Kontakt, empfindet wieder etwas, die Nervenenden haben sich regeneriert, was sehr selten der Fall ist, und daher kann es den Schmerz empfinden …«

»In der Tat … Es hat sogar ein Gedächtnis … In welchem Zustand befindet es sich also tatsächlich?«

»Die RIVA, die wichtigste Arterie, ist durchaus in Ordnung. Ein Ast der RCX, einer anderen Koronararterie, wird verstopft bleiben, aber das ist nicht allzu schlimm, damit kann man leben. Die rechte Koronararterie ist wieder frei und zeigt auch keine Verengung. Regelmäßige Untersuchungen sollten durchgeführt werden, aber ansonsten kann Ihr Zustand durchaus stabil bleiben, und das noch lange.«

»Und wenn er es nicht bleibt?«

»Eine Nachoperation ist durchaus machbar. Die Transplantationstechnik ist mittlerweile sehr ausgefeilt. Für den Patienten ist es natürlich nochmals ein schwerer Eingriff, aber er ist relativ leicht durchzuführen, es handelt sich um Feinmechanik, Haute Couture. Aber seien Sie unbesorgt, noch ist's nicht so weit. Wir behalten Sie bis Ende der Woche hier, und wenn alles gut geht, sind Sie Weihnachten wieder zu Hause. Kein Stress!«

Professor Helft hat mich ein wenig beruhigt, aber die Möglichkeit einer weiteren Operation schwebt wie ein Schreckgespenst über mir. Doch vorerst lebe ich von einem Tag auf den anderen und sehne das Ende der Woche herbei. Ich will wieder nach Hause.

Mein Vater hat mir zwei Bücher gekauft, damit die Zeit schneller vergeht. Eine Biografie und einen Thriller. Die werde ich dann zu Hause lesen, im Moment schaue ich mir lieber auf meinem Mini-DVD-Player Filme mit lebendigen Figuren an.

Mein Agent hat angerufen und gefragt, wann wir uns treffen

könnten, es gehe um ein Theaterstück mit Philippe Lellouche und eine für den Sommer geplante Radiosendung fürs RTL.

»Ich bin momentan nicht in Paris … Ich bin … in der Bretagne. Aber nächste Woche bin ich wieder daheim, und dann können wir uns treffen, wann immer du willst. Okay? Ich umarme dich ganz fest.«

Er hat mir geglaubt. Ich konnte ihm ja schlecht sagen: »Kein Problem, komm mich doch einfach besuchen, aber vor zwanzig Uhr, auf der Intensivstation der Kardiologie …«

Freitagnachmittag, nach weiteren Untersuchungen, freut sich der gute Professor Helft, mir mitteilen zu können: »Ihr Zustand ist zufriedenstellend. Sie dürfen nach Hause. Der Sturm ist vorbei. Auf ein baldiges Wiedersehen … zur Kontrolle.«

Gute Nachricht: Ich habe meinen Entlassungsschein! Meine Tante setzt mich an der weihnachtlich beleuchteten und geschmückten Rue de Sèvres ab. Ich möchte noch ein Stück zu Fuß gehen.

Ich gehe erhobenen Hauptes: Seht nur den schönen Phönix, erst verbrennt er sich, und dann steigt er aus seiner Asche empor. Wer könnte mir angesichts meines Lächelns glauben, dass ich gestern noch beinahe gestorben wäre?

Auf meinem Triumphmarsch durch die Rue de Sèvres, vom *Bon Marché* bis vor meine Haustür, lache ich glückselig vor mich hin. Ich mache einen kleinen Umweg durch die Rue du Bac, werfe der Wundertätigen Madonna in ihrer Kapelle einen Gruß zu, trete aber nicht ein, sondern gehe langsam und leichtfüßig weiter. Unglaublich, wie viele Menschen miesepetrig dreinschauen. So stark ist es mir noch nie aufgefallen. Warum bloß? Ich genieße alles um mich herum in vollen Zügen. Den tief hängenden Himmel, die Auslagen voller Geschenkpäckchen, den Blick, den mir der Meeresfrüchteverkäufer vor dem *Petit Lutetia* zuwirft, der trotz der Kälte treu auf seinem Posten ist, das mit

Kreide auf die Tafel geschriebene Tagesmenu, Wein und Kaffee inklusive, das übliche Hupkonzert und die hysterische Frau in ihrem chromblitzenden Mini, die von einem Lieferwagen aufgehalten wird. Wenn sie wüsste, wie lange sie noch zu leben hat, würde sie ihre Zeit wohl sinnvoller nutzen.

Schließlich, um die Heimkehr des Kriegers würdig zu feiern, gönne ich mir noch kurz vor der Haustür eine kleine süße Orgie: hundert Gramm von dem Berg frischer, feuchter Miniwindbeutel, der Spezialität meiner Bäckerei.

»Man hat Sie ja die ganze Woche lang nicht gesehen. Waren Sie verreist?«

»Ja, in der Bretagne.«

»Und war das Wetter schön?«

»Sehr schön. Ich habe Glück gehabt.«

»Das kann man wohl sagen, denn hier hat es jeden Tag geregnet und sogar geschneit!«

»Nein, so was! Geben Sie mir doch bitte 200 Gramm, meine Tochter kommt nachher.«

Lange und fest drücke ich Tara an mich. »Siehst du, Maman ist wieder da.« Am liebsten würde ich hinzufügen: »Maman kommt immer wieder.« Das wäre wie eine Beruhigungsformel, aber ich will mein Kind ja nicht betrügen, nur mein Hier und Heute auskosten.

Ich werde mein Leben ändern. Es wird einen anderen Rhythmus, einen anderen Sinn bekommen. Ich werde wieder alle Welt anrufen, mich nie mehr der Langeweile überlassen. Ich werde meinen Agenten treffen, wieder arbeiten, sofort besagte Theaterrolle annehmen und den Termin bei RTL wahrnehmen. Ich werde die Nummern und Adressen vernachlässigter Freunde hervorkramen, werde abends ausgehen, sogar tanzen, wenn nötig, den ganzen Tag schlafen, aber mich abends amüsieren. Jeden Tag etwas Neues planen, ins Museum, in eine Ausstellung gehen, Kurse besuchen, ich weiß zwar noch nicht, welche, aber tun werde ich es bestimmt. Ich werde Yann schreiben. Ich werde mich mit wohlwollenden Menschen umgeben und mich um sie kümmern. Ich werde große Diners organisieren: Nur für Frauen, denn ich habe Lust auf Klatsch und Tratsch. Die Frauen müsste ich allerdings erst noch finden … Lili muss ein riesiges Geschenk bekommen, und meinem Vater werde ich sagen, dass ich ihn liebe, was ich noch nie getan habe. Ich werde meine Bauchmuskeln trainieren, sofern ich noch welche habe. Ich werde mich in einer humanitären Hilfsorganisation engagieren. All das habe ich in meinen Gebeten gelobt, falls ich überleben sollte. Und ich werde meine Versprechen halten.

Januar 2009

Das Jahr fängt gut an. Ich unterschreibe zwei Verträge: für eine Theaterrolle im März und eine RTL-Radiosendung als Moderatorin. Auch alte Freundinnen habe ich wieder aufgespürt und mich ab Herbst als Mitarbeiterin bei den *Restos du Cœur* angemeldet, die sich um die Bedürfnisse mittelloser Menschen kümmern. Ich hatte die Wahl, in ihren Büros zu arbeiten oder das Essen auszuteilen. Ich entschied mich für den Kontakt und das Gespräch mit den Menschen.

Zweimal pro Woche gestatte ich es mir, am Abend auszugehen. Den Wein habe ich wieder abgesetzt und trinke nur noch Cola und *Vitaminwater*. Da mir Ruhe verordnet wurde, bleibe ich viel zu Hause, aber niemals untätig und in Gedanken schon immer beim nächsten Termin außer Haus. Auch meine Liebe zur Kultur und Kunst habe ich wiederbelebt, ich höre viel Musik und lese. Über Facebook, wo ich mich angemeldet habe, will ich mir ein Netz von Freunden schaffen, auch wenn sie nur virtuell sein sollten. Ich richte mir eine Homepage ein und reagiere auf Zuschriften.

Heute fiel mir beim Aufstehen das schöne Stafford-Papier in die Hände, das ich in der Boutique *Le Calligraphe* gekauft hatte. Ich halte die Blätter gegen das Licht und erkenne wieder die Grundfarben Rot, Gelb und Blau. Auf eines der Blätter schreibe ich, die wundervolle Sängerin Barbara zitierend: »Dis, quand reviendras-tu? Dis, au moins le sais-tu?« *Sag mir: Wann kommst du zurück? Sag mir wenigstens, ob du selber es weißt.* Ich falte das Blatt zusammen, stecke es in den passenden mit blauem Seidenpapier gefütterten Umschlag, schreibe sorgfältig, um keinen Fehler zu machen, Yanns Adresse darauf und lege den Brief auf meinen Schreibtisch. Nun muss ich nur noch entscheiden, wann ich ihn abschicken werde.

Heute Abend bin ich lange wach, ich kann nicht einschlafen. Das passiert mir noch von Zeit zu Zeit, wenn mir das Wort »Nachoperation« einfällt. Tara schläft neben mir. Ich versuche, mich ganz still zu verhalten. Dann knipse ich die Nachttischlampe an und greife nach dem Buch, das mein Vater mir ins Krankenhaus mitgebracht hatte. Ich beginne die Biografie dieser großartigen Frau zu lesen, in der ich schon immer eine Heldin sah, weil sie mich dazu gebracht hatte, mehr an die Menschen zu glauben als an die Götter. Doch jetzt, an einem kritischen und entscheidenden Punkt meines Lebens, bin ich erneut auf Sinnsuche und möchte an Gott glauben können.

Tara hat mir im Schlaf einen Arm über den Bauch gelegt. Wie leblos liegt er da. Ich umfasse ihn mit einer Hand. Ich betrachte ihre geschlossenen Augen, ihre rosige Haut, nähere mich ihrem Gesicht und sehe, wie die Augenlider leicht flattern und der geöffnete Mund vom tiefen Atmen spröde Stellen aufweist und wie das lange Haar goldblond schimmert. Schon auf den ersten Seiten macht mich ein Satz stutzig. Dort wird in wenigen Worten ein Kindheitstrauma heraufbeschworen. Einen Moment lang schließe ich die Augen, horche auf Taras leises Atmen neben mir, das regelmäßige Rauschen der nun nicht mehr so hektischen Stadt hinter den Fensterscheiben und das aus der Wanne langsam abfließende Wasser im Bad. Ich fange an zu träumen. Bilder, Töne, Gerüche steigen in mir hoch …

Ich bin in Ostende, in Belgien, im Jahr 1914 …

Ich sitze im mächtigen und hohen Automobil meines Vaters und zittere am ganzen Leib. Der teuflische Motor macht einen ohrenbetäubenden Lärm. Ich trage eine maßgeschneiderte Haube, innen mit Leder ausgepolstert, und eine imposante Brille, die der Fahrtwind mir aufs Gesicht presst. Nachdenklich blicke ich meinen Vater an, der so stolz ist, diese moderne Maschine zu steuern. Mein Vater, der so stolz auf mich ist. Er nennt mich »mein Engel«. Wie an jedem Sonntagmorgen seit Anfang Juni fahren wir zu zweit an den Strand. Der scheue Sommer hat die Felder zu trocknen begonnen, die Blumenblüte ist vorbei. Heute geht ein starker Wind, er ist kalt, fast schon scharf. Die Möwen sind ins Inland zurückgekehrt und fliegen tief, unkontrolliert. »Jetzt kommt die Schlechtwetterperiode!«, würde Tante Marie sagen, aber mein Vater, der Optimist, versichert mir, die Sonne werde durchbrechen. Ich heiße Madeleine und trage ein weites Strandkleid, mit Hohlsaum verziert, weiße Baumwolle, in die meine Initialen eingestickt sind. So etwas wird in der Fabrik meines Vaters hergestellt. Ich bin sechs Jahre alt und rundum glücklich. Am menschenleeren Strand tauscht mein Vater seine Kleidung gegen ein Badekostüm. Nichts kann ihn davon abhalten, nicht einmal die hohen Wellen, die den Horizont spalten. Ich setze mich nieder, wickele mich in mein Schultertuch und umschlinge meine Knie mit den Armen. Ich lächle meinem Vater zu, der siegesgewiss den Daumen hochstreckt und dann langsam ins Wasser geht. Jetzt schwimmt er und taucht durch die erste Welle hindurch, deren Schaum den Sand weiß färbt. Er schwimmt weiter und hebt den Arm, ich solle mir keine Sorgen machen: Bis wohin will er? Wann wird er zurückkommen? Die Wellen türmen sich, der Wind wird stärker und bläht das Meer. Ich sehe meinen Vater nicht mehr. Ich stehe auf, bin ja vielleicht nur zu klein. Ich gehe bis zum Rand vor, springe hoch und versuche ihn zu entdecken. Da, ich sehe ihn! Aber warum hebt er die Arme? Beide Arme so hoch? Die Welle ist gewaltig, diesmal. Ich mache ein paar Schritte rückwärts. Jetzt sehe ich aber meinen Vater nicht mehr …

Eine Dame, die ihre Hunde ausführt, findet mich wenig später. In Tränen aufgelöst.

»Was ist denn, Kleines?«

»Mein Vater, ich kann meinen Vater nicht mehr sehen.«

Das kleine Mädchen sollte später Sœur Emmanuelle werden, die kleine Schwester der Armen.

Wie sie in ihrem Buch erzählt, beschloss sie an jenem Tag, sich Gott zu weihen, um wieder mit ihrem toten Vater vereint zu sein.

Aus großbürgerlichem Hause stammend, aus einem Handelskontor für Feinstickerei, begab Sœur Emmanuelle sich mitten ins Elend, in die dreckstarrenden Armenquartiere am Stadtrand von Kairo. Sie pflegte die Aussätzigen, die Parias, lebte mit ihnen und gab Unterricht in diesem Gemeinwesen, dem es oblag, jeglichen Unrat der Stadt zu beseitigen …

Sœur Emmanuelle hat mich den Glauben an das Gute gelehrt. Eines Tages werde ich nach Callian im Var fahren und an ihrem Grab beten.

Gegen Mitternacht schlafe ich ein.

März 2009

Bis Juni stehe ich im *Théâtre du Gymnase* auf der Bühne. *Le siècle sera féminin ou ne sera pas* ist ein modernes, lustiges Singspiel, eine Posse. Mein Partner ist Philippe Lellouche, ein begabter und umgänglicher Charakterdarsteller. Er und die ganze Horde temperamentvoller Schauspieler mit ihren burlesken Rollen werden für mich eine hübsche Erinnerung bleiben, auch wenn ich auf der Bühne beinahe zu Tode gekommen wäre. Eines Abends nahmen ein paar Übeltäter vom Zuschauerraum aus einen der Schauspieler aufs Korn, um ihm eine Abreibung zu verpassen. Niemand wusste, worum es dabei eigentlich ging, aber plötzlich flog ein nicht identifizierbares und sehr schweres Wurfgeschoss auf mich zu und zertrümmerte die Bühnenbretter vor meinen Füßen. Ich schrie auf, und das Publikum lachte, da es meine Reaktion für natürlich hielt und überzeugt war, diese Einlage gehöre zum Stück. Man musste den Vorhang herunterlassen. Gefahr lauert eben überall.

Mai 2009

Ich bekomme eine SMS: »Ein Jahr ohne dich, denkst du noch an mich wie ich an dich?«

Ich schicke meinen Brief los, der schon seit Monaten bereitliegt, und klebe hübsche Briefmarken für Australien drauf: Fünf müssen es sein. Leider braucht man sie nicht mehr abzulecken, denn sie sind selbstklebend.

Yann antwortet. Auch mit ein paar Zeilen von Barbara:

»Au printemps, tu verras, je serai de retour. Le Printemps, c'est joli, pour se parler d'amour.«

Im Frühling, du wirst es sehen, werde ich zurück sein. Der Frühling ist eine hübsche Zeit, um von der Liebe zu sprechen.

Sein Vertrag wurde bis 2010 verlängert.

Australien, das ist nicht Amerika. Die Arbeiten haben viel mehr Zeit in Anspruch genommen als geplant. Außerdem ist der Boden Australiens voller Wasser. Mir hatte er aber doch von Ödland erzählt.

Ich schreibe nochmals, ohne Chanson, ohne Lyrik diesmal, teile ihm nur mit, dass ich ihn erst sehen möchte, wenn er endgültig nach Frankreich zurückkehrt, vorher nicht. Ich möchte sicher sein, dass er zurückkommt. Ich selbst könnte niemals außerhalb Frankreichs leben. Das ist einfach so. Es gibt schlimmere Gegenden als mein schönes Land. Ich hätte keine Kraft mehr für weitere Trennungen, weitere Erschütterungen. Heitere Gelassenheit ist mir jetzt lebensnotwendig. Kein Takotsubo mehr. Meinen Herzinfarkt erwähne ich nicht.

Yann schreibt wieder zurück. Ich liebe seine Briefe, seine Schrift, den Yann, der unter den Schriftzügen wieder erkennbar wird. Die Post aus Australien braucht Ewigkeiten. Sollte ich etwa ungeduldig werden?

»Je te dis cette fois, c'est le dernier voyage.«

Ich sage dir heute, es ist meine letzte Reise. Wieder ein Text von Barbara.

Juli 2009

Gemeinsam mit Jean-Michel Zecca moderiere ich eine Radiosendung auf RTL, die immer sehr lebhaft und oft auch rührend ist. Sie trägt den Titel *On peut vous aider … même l'été.* »Wir können euch sogar im Sommer helfen.« Wir fungieren dort als Vermittler zwischen verschiedenen Menschen und suchen nach Lösungen für Probleme aller Art:

Einem behinderten Jungen ist sein Spaniel davongelaufen, ein King Charles, eine seltene und kostspielige Rasse. Mir gelingt es, ein nettes und großherziges Züchterpaar in der Sarthe ausfindig zu machen, das unserem jungen Zuhörer bald schon einen neuen Gefährten schenken wird. Das Paar ist entzückend und lädt mich spontan zu einem Wochenende aufs Land ein. Tara träumt von einem Hund. Also fahre ich nach Le Mans. Ein winziger Welpe, eine kleine Kugel, gewinnt sofort mein Herz. Der Züchter ist ehrlich. Der Kleine sei ein Bastard unbekannter Abstammung, keine kontrollierte Zucht. Das komme vor, auch wenn man noch so wachsam sei, könnten Tiere entwischen. Aber auf die Abstammung kommt's mir nicht an, die Größe ist entscheidend, ich möchte einen ganz kleinen Hund, der überall sein Eckchen finden und auch in meiner Dreizimmerwohnung ohne Balkon glücklich sein könnte. Die Frau beteuert, dass der Welpe in Anbetracht der Rasse der Mutter und der vermutlichen Hundeväter genau das sein dürfte, was ich suchte. Und so nehme ich mein neues Hündchen mit zurück nach Paris und nenne ihn Vishnu. Tara liebt ihn abgöttisch, ich auch. Doch leider wird diesmal die Vernunft über das Herz siegen müssen. Jeder Monat mit ihm bedeutet für mich Stress. Die Wachstumsphase von Vishnu scheint endlos. Er ist noch jung und reicht mir schon übers Knie. Außerdem terrorisiert er Caviar, der sich wieder unter der Badewanne verkriecht. Besorgt suche ich einen Tierarzt auf, der meinem Hund seine außergewöhnliche Größe attestiert, die mit meiner Lebensweise unvereinbar sei. Ich weine mit Tara und fahre Vishnu zurück in die Sarthe, denn er ähnelt mehr und mehr einer deutschen Dogge. Er wird eingetauscht gegen Pti Bout, eine weitere Chinchillakatze, die aufgrund ihrer Hasenscharte als unverkäuflich eingeschätzt wurde.

November 2009

Direkt nach Allerheiligen fahre ich zu meinem Cousin in den Süden. Ich möchte in Callian, im Hügelland des Var, das Grab von Sœur Emmanuelle besuchen. Der Friedhof am Fuße des Dorfs sieht aus wie so viele andere auch. Das Grab ist leicht zu finden, gleich rechts vom Eingang ein wenig hangabwärts. Schwarzer Granit, genau wie die anderen Gräber der Ordensschwestern von Notre-Dame de Sion. Auf dem Grabstein steht nichts Persönliches geschrieben. Daneben befindet sich lediglich ein Topf mit Plastikblumen. Unvorstellbar! Ich lese nochmals den Namen und die Daten, 1908–2008. Hier ruht doch Sœur Emmanuelle, die ihr Leben der Menschheit dargebracht hat! Und keine Blume zu Allerheiligen? Nichts? Ich lege ein paar weiße Rosen auf den schwarzen Grund, knie nieder und bete. Am Ausgang teile ich meinem Cousin meine Empörung mit. Diesmal zitiert er den *Fürsten* von Machiavelli, der der Menschheit misstraute: »Denn man kann von den Menschen insgemein sagen, dass sie undankbar, wankelmütig und falsch sind.« Dann fügt er noch hinzu: »Aber so schlimm ist es auch wieder nicht, dass da keine Blumen stehen. Sœur Emmanuelle hat ja nicht gegeben, um etwas dafür zurückzubekommen.«

2010

Meine Kontrolluntersuchung bei Professor Helft liefert die wichtigste gute Nachricht zum Beginn dieses Jahres. Mein Zustand ist vollkommen stabil. Die kritischen sieben Jahre werden bald geschafft sein. Dünnflüssiges Blut strömt in mein Herz. Die gefürchtete »Nachoperation« rückt in weite Ferne.

Lili hat mir, damit das Jahr gut beginnt, Gojibeeren geschenkt. Das ist etwas Neues. Sie sehen aus wie beigebraune Rosinen und kommen aus Tibet. Sie kosten ein Vermögen und enthalten eine Menge medizinischer Wirkstoffe zur Regulierung des gesamten Organismus.

»Ein Wundermittel. Es bringt all deine Energien wieder in Schwung, ein Gesundheitsdoping. Ein Bio-Must!«

»Okay, ich werd's versuchen.«

Ich schlucke schon mal gleich eine Handvoll.

Abscheulich! Ich spucke die Gojibeeren eine nach der anderen aus, mitten auf den Tisch. Lili ist entsetzt. Ich bleibe lieber bei meinen Windbeutelchen.

Wir feiern Taras zehnten Geburtstag, und ich male mir aus, wie sie mit zwanzig aussehen wird.

Mein Bankkonto wird auf Diät gesetzt, sehr ratsam in diesen Krisenzeiten, meine Ausgaben übersteigen meine Einnahmen erheblich. Es reicht noch für sechs Monatsmieten, aber dann ist Ebbe. Freundlicherweise hat mein Hausbesitzer die Miete seit Jahren nicht mehr erhöht. Lili ist bereit, mir zu helfen, aber ich habe mir noch nie von jemandem Geld geliehen und werde doch nicht mit vierzig damit anfangen!

Ich denke an die Hauptanteilseignerin von L'Oréal, Liliane Bettencourt. Sie besitzt ein Vermögen von siebzehn Milliarden Euro, das je nach Börsenkurs um ein paar Milliarden variiert.

17 000 Millionen Euro! Das würde meine Mietkosten für 46 575 Jahre decken … So viel braucht eine einzelne Person doch nicht. Wie in Trance lese ich im *Paris Match* ein Interview mit der besagten Dame. Auf die Frage: »Warum haben Sie dem komischen Fotografen tausend Millionen Euro geschenkt?«, antwortet sie: »Weil er mich darum gebeten hat.« Aha, mehr braucht es nicht. In Windeseile ergreife ich mein schönstes Stafford-Blatt, in Gelb, für Geschäftskorrespondenz, und verfasse einen netten

und persönlich adressierten Brief unter strikter Einhaltung der Verfahrenstechnik, von der ich soeben gelesen habe:

> *Liebe Liliane Bettencourt,*
> *ich bitte Sie um ein Geldgeschenk.*
> *Es wäre mir angenehm, wenn Sie mir von den 46 757 Jahren meiner Mietkosten, die Sie besitzen, ein Jahr schenken könnten, bis ich wieder flüssig bin.*
> *Mitteilen möchte ich Ihnen außerdem, dass auch ich recht komisch sein kann und bereit bin, mich zur Fotografin ausbilden zu lassen, zumal ich über sehr viel freie Zeit verfüge. Ich wäre Ihnen für diese Spende dankbar.*
> *Mit Dank im Voraus,*
> *Charlotte Valandrey*

Bevor ich ihn in den Kasten stecke, lese ich meinen Brief noch Lili vor, die begeistert applaudiert. Als Adresse schreibe ich nur den Namen dieser vermögenden Person auf den Umschlag und ihren Wohnort Neuilly-sur-Seine. Das dürfte genügen.

Leider habe ich bis heute keine Antwort erhalten.

Über eine gewisse Schwelle hinaus, seien wir großzügig, eine Milliarde Euro pro Person, müsste der Rest doch verteilt werden. Und um die Motivation solch reicher Menschen wachzuhalten, müsste es für jede verteilte Milliarde eine Medaille geben sowie einen Eintrag in die Top-Class der Großherzigkeit. Eine Art Worldcup. Eine elegante Methode und nützlich für viele. Auch Lili findet meine Methode der Güterverteilung plausibel und sagt, Bill Gates habe den Weg bereits geebnet, als er neunzig Prozent seines Vermögens für den Kampf gegen Aids in Afrika spendete. Ein kluger Kopf.

Im weiteren Verlauf dieses strengen Winters treffe ich in der Rue du Cherche-Midi auf Gérard Depardieu. Bevor er sich auf seine dicke Maschine schwingt, entschließe ich mich, ihn anzusprechen. Für mich ist sein Auftauchen ein Fingerzeig. Ich bin erstaunt, dass er mich gleich erkennt, und verhehle ihm nicht meine Bewunderung. Er bedankt sich, gratuliert mir zu meinem Mut, zu meinem Buch, muss dann aber weg, weil er mit der Regisseurin Josée Dayan zur Besprechung des schönen Fernsehprojekts *Raspoutine* verabredet sei. Er umarmt mich überschwänglich, kneift mir in die Wangen, wirft mir noch ein »Au revoir, Madame« hin und knattert davon.

Da haben wir ja den Fingerzeig, auf den ich in dieser auftraglosen Zeit gewartet hatte. Josée Dayans Telefonnummer habe ich ja, also rufe ich sie gleich einmal an. Wer nichts wagt …

»Bonjour, Josée, ich bin's, Charlotte Valandrey!«

»Salut.«

»Ich störe hoffentlich nicht. Ich habe gerade Gérard Depardieu getroffen, er ist ja hellauf begeistert, mit dir *Raspoutine* machen zu können …«

»Ich sag dir gleich, eine Frauenrolle gibt's darin nicht.«

»Nur Männer?«

»Ja, sozusagen … Ich muss auflegen, Charlotte, Küsschen …«

In *Raspoutine* gibt's also keine Rolle für mich. Worin denn dann?

Dass ich nichts zu tun bekomme, macht mir Sorgen. Wie soll ich's bloß anpacken? Lili macht mir einen Vorschlag: »Warum schreibst du nicht deine Geschichte auf, deine Träume, Yann, den Kardiologen? Sie ist doch unglaublich, deine Story.«

Per Zufall entdecke ich auf ein paar in Paris aushängenden Plakaten, dass Walt Disney, ohne dass man mich gefragt hätte, aus meinem Leben einen Zeichentrickfilm gemacht hat: *Die Prinzessin und der Frosch*. Ich habe ihn mir mit Tara gleich zweimal angesehen.

Wieder warte ich auf den Frühling. In ein paar Monaten wird Yann wieder da sein. Das hat er mir versichert.

Als ich wieder einmal an der Kapelle der Wundertätigen Madonna vorbeikomme, beschließe ich, hineinzugehen. Ich habe es mir zur Gewohnheit gemacht, von Zeit zu Zeit zu beten.

Ich gehe also auf den Altar zu und knie nieder vor der Jungfrau Maria. Der Strahlenkranz, der diese erhabene Frauengestalt aus weißem Marmor umgibt, erinnert mich an meine befremdlichen Träume: auch da hatten die Figuren einen schmalen Lichtschein …

Es wird ein langes Bittgebet an Maria und an den Gottvater, an die Lebenden und meine Engel. Wenn ich bete, finde ich wieder zu mir und kann aussprechen, was mir wichtig ist.

Als ich durch die Seitentür hinausgehe und mich bekreuzige, kehrt eine Erinnerung zurück.

»Im Namen des Vaters, des Sohnes und des Heiligen Geistes.«

»Des was?« Ich war sechs oder sieben Jahre alt, als man mich lehrte, wie man das Kreuzzeichen schlägt, und verstand es nicht ganz. Erst lege man sachte die Hand auf die Stirn, dann die flachen Finger auf den weichen Bauch und danach aufs Herz. Zum Abschluss falte man die Hände, schließe die Augen und mache ein frommes Gesicht.

Den »Vater« verstand ich. Das war der Gottvater. Auch mein Vater war mein Gott, mein Schöpfer.

»Sohn«, das war Jesus, Gottes Sohn, der am Kreuz gestorben ist. Ich war die quicklebendige Tochter meines Vaters. Bis dahin war alles klar.

Aber »Heiliger Geist«? Das verstand ich nicht.

»Eine unsichtbare, wundertätige Kraft …« Ich war zwar wissbegierig, aber für abstraktes Denken noch nicht alt genug.

»Der Heilige Geist, Charlotte, das ist Gottes Atem, der uns die Lebensfreude schenkt, das ist alles, was sich unserem Verständnis entzieht, was größer ist als wir, die Liebe, die große göttliche Liebe …« Da auch die Erklärungen meines Vaters mir nicht restlos einleuchteten, beschloss ich, mir nur das Wort zu merken, mit dem ich etwas anfangen konnte: Liebe.

Deswegen legte man also bei der Erwähnung des »Heiligen Geistes« die Hand aufs Herz, weil dort ja die Liebe entsteht. Ich war zufrieden mit meiner Schlussfolgerung. So wurde mir auch der »Heilige Geist« etwas klarer. Wenn ich die Hand aufs Herz legte, spürte ich ja, dass unter meiner Handfläche etwas Geheimnisvolles geschah. Mit dem Erlernen des Kreuzzeichens entdeckte ich meine Herzschläge, den Rhythmus meines Lebens.

Daher erfand ich mein ganz persönliches Kreuzzeichen und sprach dazu, was mir gefiel, was ich verstand. Und damit es geheim blieb, murmelte ich immer ganz leise: »Im Namen des Vaters, des Sohnes und des Herzens.«

Im Namen des Herzens.

Eine SMS auf meinem Display: »29. April, 11 AM, Qantas 181 aus Sydney, Rückkehr zu dir.«

Das Taxi wendet und setzt mich vor dem letzten Eingang ab, genau vor der Rampe, die vom Terminal 1 zur Autobahn führt. Dort hat auch die Flughafenpolizei ein schmales Büro. Nichts hat sich verändert in Roissy. Ich erkenne den Ort wieder. Genau hier sah ich auch ihn zum letzten Mal, meinen Lover, den Rocker. Es regnete wie heute, und ich flog nach Kanada zu den Dreharbeiten für *Les Fous de Bassan*. Ich war siebzehn Jahre alt. Dieser rund gebaute Flughafen, diese Betonarena beeindruckte mich zutiefst. Ich fühlte mich verloren auf diesen gigantischen Rolltreppen unter freiem Himmel und verfluchte die schrägen Gänge mit ihren Kreuzungen. Ich weinte, weil ich wusste, dass es vorbei sein würde, wenn ich jetzt ginge. Aber ich hatte einen Vertrag unterschrieben und musste zur Arbeit. Ich flog ab. Hier fand meine erste Liebesgeschichte ihr Ende. Genau hier, vor diesen Glastüren, sogar der Fußbodenbelag ist noch derselbe.

Der Verlauf unseres Lebens ist so rund wie der des Erdballs. Man kann sich weit entfernen, für lange Zeit, kommt aber doch immer wieder zum Ausgangspunkt zurück. Und da die Fixpunkte sich nicht ändern, erinnert man sich und geht in sich.

Wie habe ich diese Zeit, diese Umdrehung genutzt?

Heute ist ein anderer Tag. Ich bin gekommen, um Yann abzuholen. Wenn kein Gegenwind herrscht, wird er in einer Stunde hier auftauchen. Er wird etliche Koffer vor sich her schieben, das Haar wie immer lang, er wird wie immer aufrecht gehen, und nichts wird wirklich anders sein. Sobald er mich sehen wird, wird er alles stehen und liegen lassen, aber nicht auf mich zu rennen, sondern mich nur fest ansehen, mir die Arme entgegenstrecken, die Hände öffnen und mich empfangen.

Er wird mich nicht auf den Mund küssen, sondern warten. Er wird seine Lippen an meinem Hals lassen, unter meinem Haar vergraben. In meinem Schatten wird er die Augen schließen und verstehen.

In einer Stunde wird Yann mich davontragen.

Mein Herz klopft. Ich träume schon wieder.